O'REILLY®

# Das WordPress 5 Buch

Moritz »mo.« Sauer

Moritz »mo.« Sauer

Lektorat: Alexandra Follenius
Korrektorat: Sibylle Feldmann, *www.richtiger-text.de*
Satz: Ulrich Borstelmann, *www.borstelmann.de*
Herstellung: Stefanie Weidner
Umschlaggestaltung: Michael Oréal, *www.oreal.de*
Druck und Bindung: mediaprint solutions GmbH, 33100 Paderborn

Bibliografische Information der Deutschen Nationalbibliothek
Die Deutsche Nationalbibliothek verzeichnet diese Publikation in der Deutschen Nationalbibliografie; detaillierte bibliografische Daten
sind im Internet über *http://dnb.d-nb.de* abrufbar.

ISBN:
Print   978-3-96009-108-0
PDF     978-3-96010-300-4
ePub    978-3-96010-301-1
mobi    978-3-96010-302-8

Dieses Buch erscheint in Kooperation mit O'Reilly Media, Inc. unter dem Imprint »O'REILLY«. O'REILLY ist ein Markenzeichen und eine
eingetragene Marke von O'Reilly Media, Inc. und wird mit Einwilligung des Eigentümers verwendet.

4. Auflage 2019
Copyright © 2019 dpunkt.verlag GmbH
Wieblinger Weg 17, 69123 Heidelberg

PEFC zertifiziert
Das Papier für dieses
Buch stammt aus nach-
haltig bewirtschafteten
Wäldern und kontrol-
lierten Quellen.
PEFC/04-31-0810  www.pefc.de

*Hinweis:*
Dieses Buch wurde auf PEFC-zertifiziertem Papier aus nachhaltiger Waldwirtschaft gedruckt.

*Schreiben Sie uns:*
Falls Sie Anregungen, Wünsche und Kommentare haben, lassen Sie es uns wissen: kommentar@oreilly.de.

5 4 3 2 1 0

# Inhaltsverzeichnis

4

# Über den Autor

**Hallo!** Mein Name ist Moritz ›mo.‹ Sauer. Danke, dass Sie mein mittlerweile siebtes Buch für O'Reilly in die Hand genommen haben. Super auch, dass Sie darüber nachdenken, eine eigene Website zu bauen. In Zeiten, in denen soziale Netzwerke das Internet scheinbar auffressen und assimilieren, ist es wichtiger denn je, dass Sie unabhängig bleiben. Und WordPress ist dafür genau die richtige Wahl.

Auch wenn WordPress anfangs nicht ganz leicht zu meistern ist, so habe ich in meinen Seminaren und Workshops erlebt, dass mit Geduld und Spucke jeder eine professionelle Website bauen kann. Von der Rentnerin, die eine Website für Ihren Seniorenverein aufgebaut hat, über die junge Yogalehrerin bis hin zur kleinen Bierbrauerei oder dem Coach …

Alle haben mit WordPress ihr Ziel erreicht: eine selbst verwaltete individuelle Präsenz im weltweiten Netz.

Gern helfe ich auch Ihnen und stelle Ihnen mein Wissen zur Verfügung. Ich wünsche mir, dass jeder, der sich mitteilen will, mitmachen darf. Man muss kein Gigant sein, um auf die vorderen Plätze von Google zu kommen. Wichtiger sind die Geschichte und/oder das Produkt.

Das Ziel dieses Buchs ist, Ihnen dabei zu helfen, so locker und leicht wie möglich Inhalte, Projekte und Produkte mithilfe von WordPress im Internet zu präsentieren.

Wenn Sie wissen möchten, was ich sonst so treibe, finden Sie mich unter *http://moritz.sauer.io*.

# Kapitel 1
# WordPress kennenlernen und installieren

WordPress begleitet mich seit 2005, als es sich zu **der** Blogplattform mauserte und andere Systeme in den Schatten stellte. Die Entscheidung für WordPress fiel damals aus einem einfachen Grund: WordPress ist ein kostenloses, frei erhältliches Redaktionssystem, das jeder Nutzer nach seinen eigenen Vorstellungen anpassen und erweitern kann.

Diese Offenheit und die Flexibilität des Systems sind maßgeblich dafür verantwortlich, dass WordPress heute weltweit das meistgenutzte Redaktionssystem für Websites ist. Angeblich baut WordPress mittlerweile jede dritte Website. Aus den gleichen Gründen engagieren sich Tausende von Programmierern, Designern und Bloggern bei der Weiterentwicklung der Software. Während die einen im WordPress-Forum bei Problemen helfen, programmieren die anderen neue Erweiterungen, um WordPress Funktionen hinzuzufügen, die es von Hause aus nicht mitbringt. Vielen Designern verdanken wir wiederum die zahlreichen – oft kostenlosen – großartigen Designs.

Der größte Pluspunkt von WordPress ist in meinen Augen aber die Tatsache, dass WordPress damals wie heute **auch Laien eine einfache Möglichkeit zur Verfügung stellt, Gedanken, Ideen, Fotos und Projekte im Web zu veröffentlichen und zu präsentieren**. Das ist der Grund dafür, dass ich WordPress persönlich, für Webdesignkunden und in Seminaren nutze.

Und dass die Beliebtheit und die Entwicklung von WordPress nicht abreißen, beweist dieses Buch: Es ist die vierte komplett überarbeitete und erweiterte Version für **WordPress 5**. In diesem Buch zeige ich Ihnen, wie Sie eine professionelle Website aufbauen und dabei völlig ohne Programmier- oder Designkenntnisse auskommen. Los geht's!

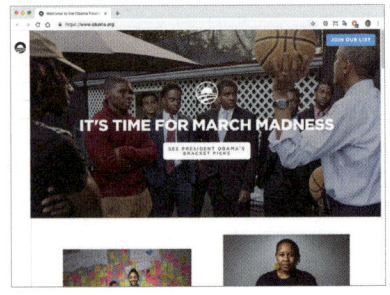

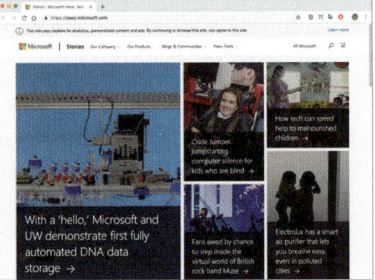

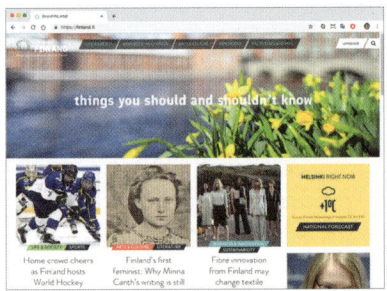

# Was ist WordPress?

WordPress ist ein Redaktionssystem, mit dem Sie eine Website aufbauen und betreuen können. Dazu müssen Sie keine Programmiersprache lernen oder sich mit HTML auskennen. Sie können sich ganz auf Ihre Inhalte wie Texte, Bilder und Medien konzentrieren – den Rest übernimmt das Redaktionssystem für Sie.

Ursprünglich für den Betrieb eines Blogs entworfen, hat sich WordPress in den letzten Jahren zu einem **Allroundtalent für die Betreuung von Websites** gemausert. WordPress pulsiert heute hinter großen Magazin-Websites wie *Mashable.com* oder *TechCrunch.com*. *Sylvester-Stallone.com* nutzt es genauso wie *obama.org* und *UsainBolt.com*. Große Medien-Websites wie *blogs.faz.net* betreuen ihre Blogs mit WordPress, und auch Blogs großer Unternehmen wie z. B. Microsoft unter *news. microsoft.com* laufen auf Basis des Redaktionssystems.

Ein Grund für den Erfolg von WordPress ist, dass Sie es **kostenlos** nutzen können und von seinem offenen Quellcode profitieren. Diesen dürfen Sie verändern, um beispielsweise die Optik Ihres Blogs an eine bestehende Website anzupassen, sodass sich das eine hervorragend in das andere einfügt. Mit anderen Worten: Sie können WordPress ganz nach Ihren eigenen Vorstellungen einsetzen. Ob Blog oder Unternehmens-Website, ob kleine Image-Website oder Magazin, die Möglichkeiten für den Einsatz sind vielfältig dank eines äußerst flexiblen und offenen Systems.

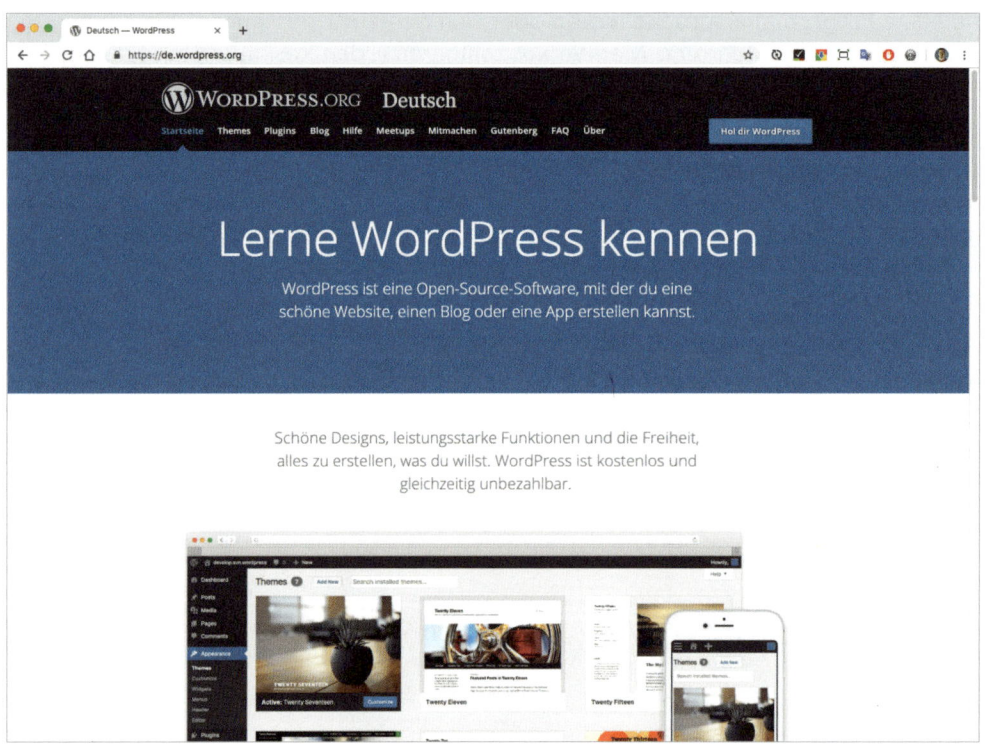

# WordPress.com oder eine eigene Installation?

Es gibt zwei Möglichkeiten, WordPress zu nutzen: Entweder legen Sie ein kostenloses Konto auf der Plattform *www.wordpress.com* an und stellen dort Ihren Webauftritt zusammen, oder Sie mieten sich eigenen Webspace und eine individuelle Internetadresse (URL) bei einem Webhoster, um das System selbst zu installieren und zu betreuen.

Mittlerweile greifen Ihnen viele große Webhoster bei der **Installation von WordPress** auch mit einer »Ein-Klick-Installation« unter die Arme (siehe Tipp). Oder Webhoster bieten Ihnen direkt ein vorinstalliertes Paket an, z. B. HostEurope. Das kostet zwar etwas mehr, aber Sie müssen sich nicht mit Techniken wie einem FTP-Programm und der Anbindung an eine Datenbank auseinandersetzen. Generell hängt die Installation also davon ab, ob und wie viel Zeit Sie haben und wie geduldig Sie darin sind, neue Techniken zu lernen. Eigentlich sollte Ihnen die Installation **ohne viel technisches Know-how** gelingen.

Damit Sie sich aber für das zu Ihnen passende Paket entscheiden können, werfen wir zunächst einen Blick auf die Unterschiede zwischen einem Konto bei WordPress.com und einer selbst gehosteten Website. Auf dieser Basis können Sie dann entscheiden, welche Lösung für Ihr Webprojekt die richtige ist.

> ## Tipp
>
> Zahlreiche Webhoster bieten Ihnen Hilfeseiten für die WordPress-Installation an. Hier eine kleine Auswahl:
>
> - *https://www.hosteurope.de/Wordpress-Hosting/*
> - *https://all-inkl.com/wordpress-hosting/*
> - *https://www.strato.de/hosting/wordpress-hosting/*

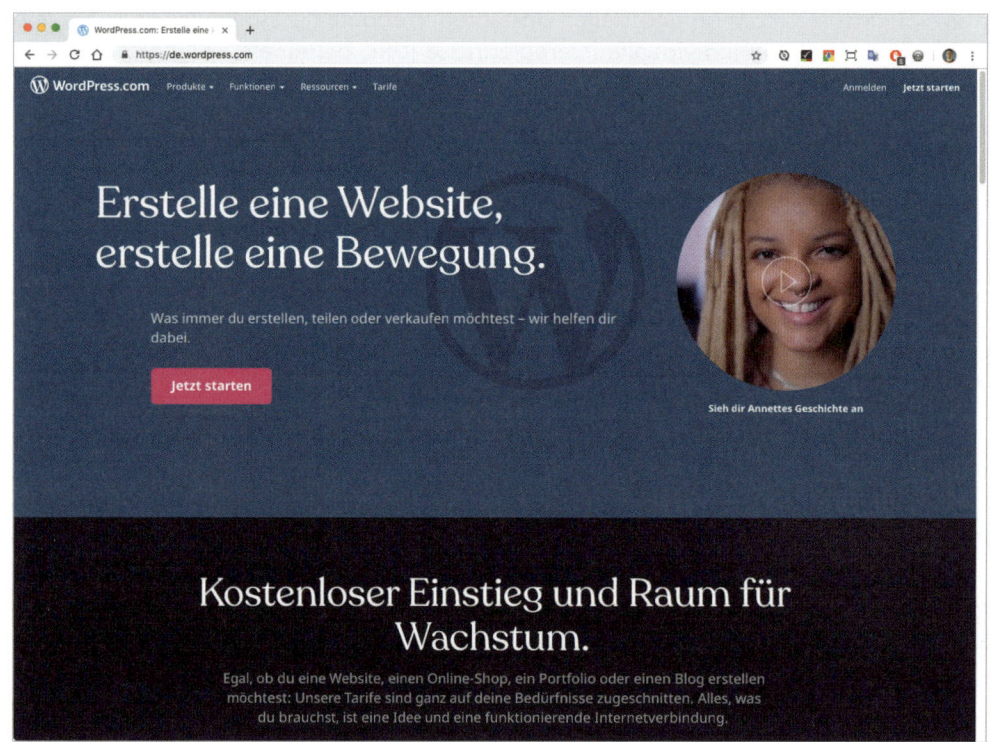

# Die Vorzüge von WordPress.com

Wenn Sie WordPress als Plattform kennenlernen oder z. B. für ein kleines Non-Profit-Projekt benutzen wollen, ist für Sie WordPress.com der ideale Ort. Denn einerseits dürfen Sie mit einem WordPress.com-Konto mehrere Blogs anlegen und verwalten, und andererseits können Sie ein Projekt auch einfach ruhen lassen, ohne es löschen zu müssen. Schließlich fallen keine Kosten an. Weitere Vorteile von WordPress.com sind:

- Sie benötigen **keinerlei technische Kenntnisse**, um mit WordPress.com sofort loszulegen. Der Umgang mit einem FTP-Programm samt Installation entfällt vollständig.
- Es fallen **keinerlei Kosten für Webspace und Webhosting** für Sie an.
- Zahlreiche für WordPress.com installierte **Plug-ins** wie das Kontaktformular, ein Antispam-Plug-in oder Erweiterungen zum Einbinden von Google-Karten, Video- und Audiodateien sind bereits installiert.
- Die **Sicherung Ihrer Daten** übernimmt der professionelle Service von WordPress.com.
- **Aktualisierungen** von Erweiterungen und neuen Versionen von WordPress entfallen.
- Auch wenn es sich die Betreiber von WordPress.com vorbehalten, auf Ihrer Website **Werbung** zu schalten, wurden in den letzten Jahren kaum Werbebanner auf der Website gesichtet. Werbung können Sie gegen einen geringen Aufpreis sogar komplett entfernen.

Dank der Exportfunktion ermöglicht WordPress.com Ihnen jederzeit den **Umzug auf ein selbst gehostetes WordPress-System**.

## Hinweis

Mit einer kleinen Investition von 18 Dollar pro Jahr buchen Sie sich eine .com-, .net-, .info-, .biz- oder .org-Domain oder auch ähnliche, die Ihnen dann gehört und Ihre ihrname.wordpress.com-Domain ersetzt. Mehr erfahren Sie unter *https://de.support.wordpress.com/domains/alles-uber-domains/*.

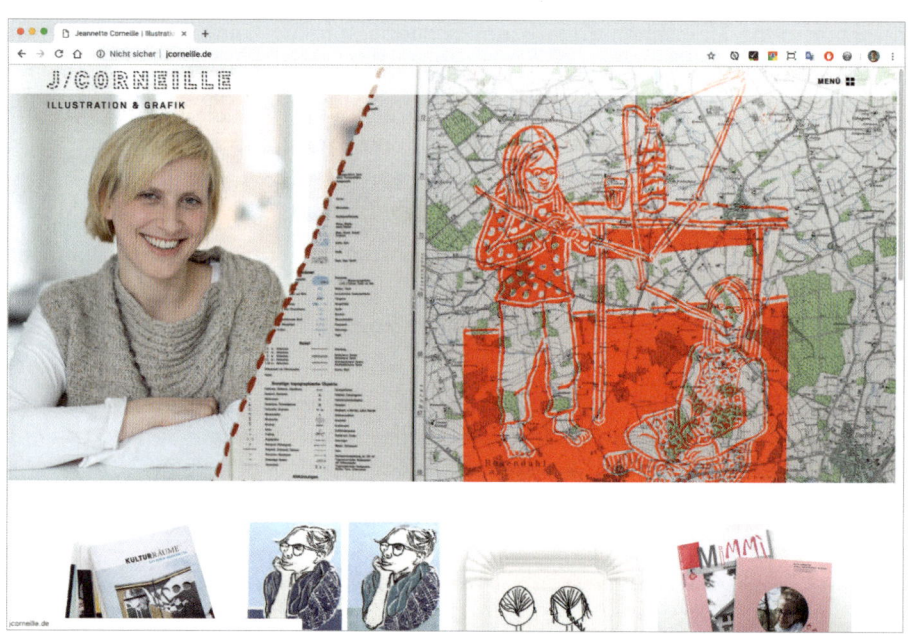

# Mindestens sieben Gründe für die Installation auf eigenem Webspace

Obwohl eine bei WordPress.com gehostete Website bzw. ein Blog viele Vorteile bietet, gibt es auch gewichtige Nachteile. Die folgenden Beschränkungen sollten Sie sich bewusst machen:

- Die Internetadresse hat immer die Struktur ihr-domainname.wordpress.com – sofern Sie nicht eine Domain dazukaufen. Websites mit einer .de-Endung sind nur über technische Hürden möglich.
- Die Auswahl an Designs ist limitiert. 120 kostenlose Designs auf WordPress.com stehen ca. 7.100 kostenlosen Designs auf WordPress.org gegenüber.
- Erweiterungen können lediglich gegen Aufpreis aktiviert werden. Wenn Sie auf eine eigene Installation setzen, stehen Ihnen derzeit mehr als 54.000 Erweiterungen auf WordPress.org zur Verfügung.
- Sie haben nur eine begrenzte Kontrolle über Ihre Inhalte. Mit Ihrer WordPress.com-Website dürfen Sie kein Geld verdienen und z. B. keine Werbung schalten.
- Es gibt keinen FTP-Zugang zu den hochgeladenen Dateien.
- Der Zugang zur Datenbank ist nur gegen Aufpreis möglich. Sie können Ihre Beiträge, Seiten und Kommentare lediglich als Textdatei exportieren und herunterladen.
- Bei gekaufter Domain sind E-Mail-Adressen nur als Weiterleitungs-E-Mails möglich.

Dieses Buch richtet den Fokus auf den Umgang mit einer eigenen WordPress-Installation. Es eignet sich aber auch für alle, die WordPress.com verwenden, denn die Benutzeroberfläche ist in den meisten Punkten identisch. Lediglich die Kapitel 6 bis 8 sind nur für Anwender mit einer eigenen WordPress-Installation interessant, da Themes und Plug-ins nicht auf WordPress.com hochgeladen werden können.

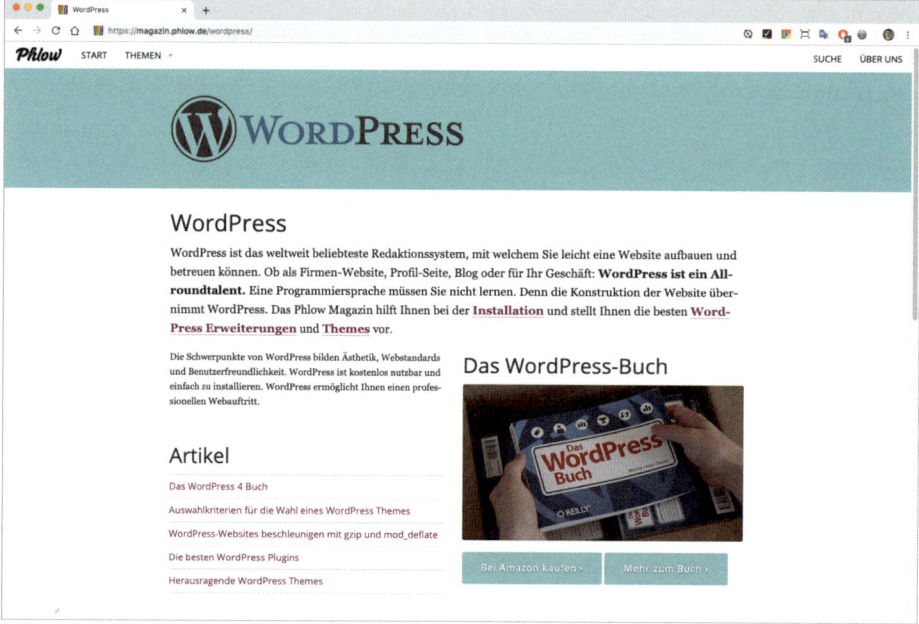

# Bevor Sie starten

Ein Sachbuch wie dieses begleitet Sie bei den wichtigsten Schritten mit WordPress, aber es kann nicht alle Themen abdecken, die in diesem Zusammenhang aufkommen könnten. Extra für dieses Buch habe ich **zwei Videoanleitungen** produziert, um denjenigen unter Ihnen eine Hilfestellung zu geben, die WordPress selbst installieren möchten und denen die Informationen im Buch nicht ausreichen. Unter *www.phlow.de/wordpress-installation* finden Sie die Anleitung »Installation: Word-Press installieren – Schritt für Schritt«, und unter *www.phlow.de/ftp* wird Ihnen erklärt, wie Sie das kostenlose FTP-Programm FileZilla nutzen, um Dateien auf Ihren Server hochzuladen.

Und dann gibt es natürlich noch die **Webseite zum Buch**. Auf *www.phlow.de/das-wordpressbuch* finden Sie alle wichtigen Links aus und zu diesem Buch. Sollte der Fehlerteufel kleine Schnitzer in dieses Buch hineingeschmuggelt haben, finden Sie die Korrekturen und Hilfestellungen ebenfalls dort.

Im Blog unter *www.phlow.de/wordpress* trage ich kontinuierlich Neuigkeiten, Tipps und Tricks zu WordPress zusammen. Dort gibt es auch weitere Videoanleitungen, die Sie alternativ auf YouTube (*youtube.com/c/phlow*) ansehen und – wenn Sie möchten – abonnieren können.

Nun aber genug der Vorrede – es wird Zeit, dass Sie WordPress kennenlernen!

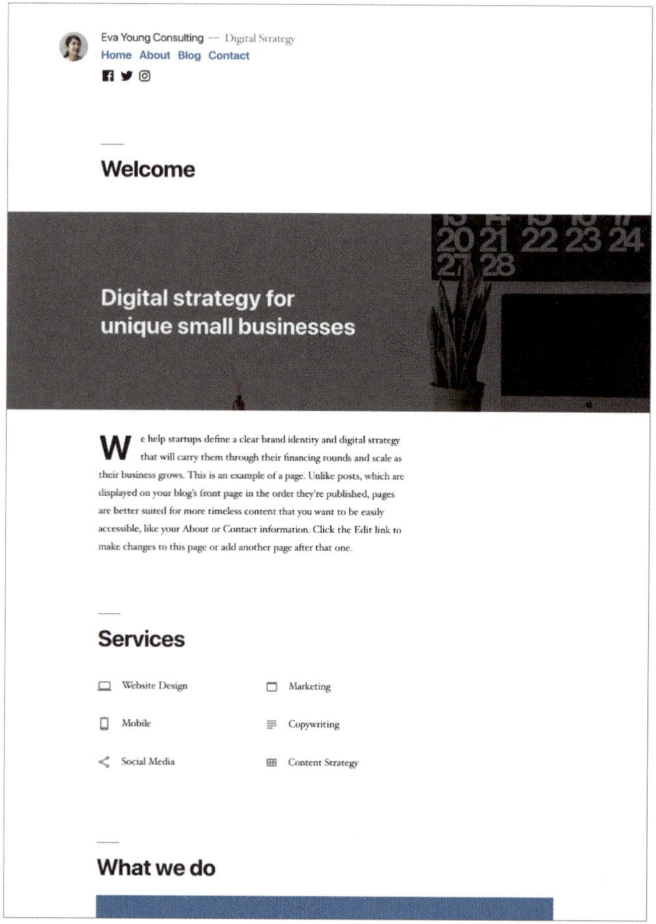

Eva Young Consulting — Digital Strategy
Home About Blog Contact
Welcome
Digital strategy for unique small businesses
We help startups define a clear brand identity and digital strategy that will carry them through their financing rounds and scale as their business grows. This is an example of a page. Unlike posts, which are displayed on your blog's front page in the order they're published, pages are better suited for more timeless content that you want to be easily accessible, like your About or Contact information. Click the Edit link to make changes to this page or add another page after that one.
Services
Website Design
Marketing
Mobile
Copywriting
Social Media
Content Strategy
What we do

Eva Young Consulting —
Digital Strategy
Home About Blog
Welcome
Digital strategy for

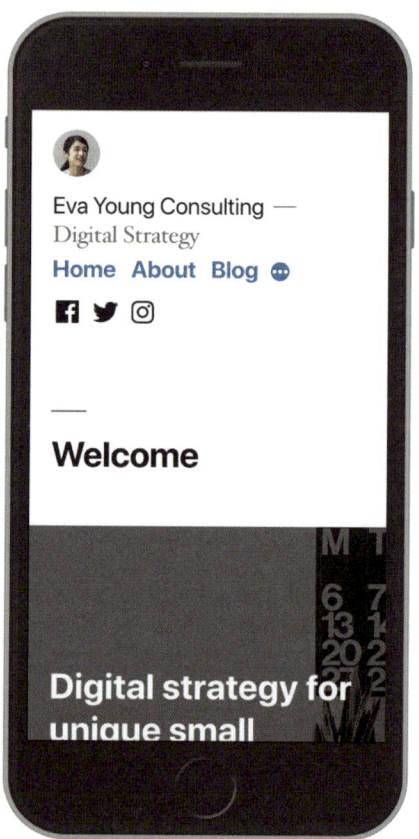

# Das Beispielprojekt: Geschäftsseite

Um die WordPress-Installation und später auch die Arbeit mit dem Redaktionssystem besser zu veranschaulichen, habe ich als Beispiel eine Website für den fiktiven Webdesigner Ari Glamslam gewählt. Das Beispiel dient Ihnen als Vorlage sowohl für eine Geschäftsseite als auch für ein Blog. Es wird Ihnen leichtfallen, mit Struktur und Ideen die Website Ihren Wünschen entsprechend anzupassen.

Ziel der Website: Als Webdesigner will Ari Glamslam einerseits sich selbst und sein Portfolio darstellen und andererseits seine Website mit eigenen Blogbeiträgen erweitern. Die Blogbeiträge produziert Ari Glamslam, um potenzielle Kunden in den Suchmaschinen zu erreichen und auf seine Website zu locken.

Ausgewählt hat er das Standarddesign, weil er den neuen Editor mit einer kompatiblen Vorlage maximal ausnutzen möchte.

## Hinweis

Jedes Jahr erscheint ein neues Standard-Theme, das nach der Installation von WordPress automatisch aktiviert ist. Der Name des Themes entspricht dem Jahr der Veröffentlichung (2019 = Twenty Nineteen). Für die Projektseite zu diesem Buch habe ich mich für das Standard-Theme **Twenty Nineteen** entschieden, weil es zahlreiche Möglichkeiten bietet, Inhalte variabel in Szene zu setzen. Denn Twenty Nineteen setzt voll auf die Unterstützung des neuen Gutenberg-Editors, der mit WordPress 5 eingeführt wurde. Der Gutenberg-Editor bietet Ihnen zahlreiche Möglichkeiten, Inhalte mit verschiedenen Blöcken abwechslungsreich zu gestalten. Alternative Designs finden Sie in Kapitel 7 über Themes ab Seite 231.

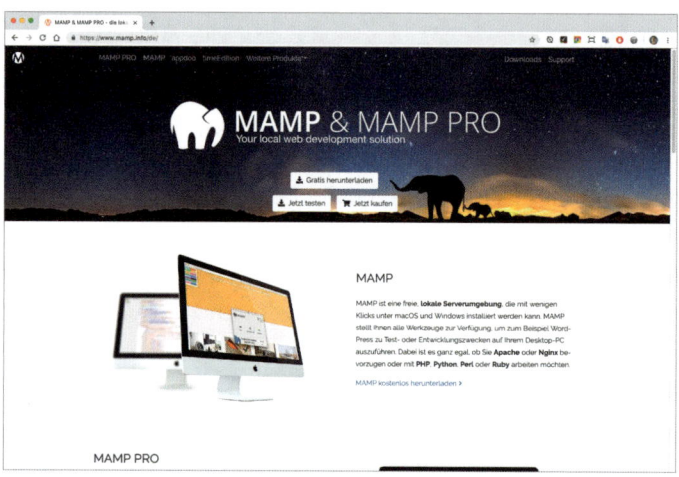

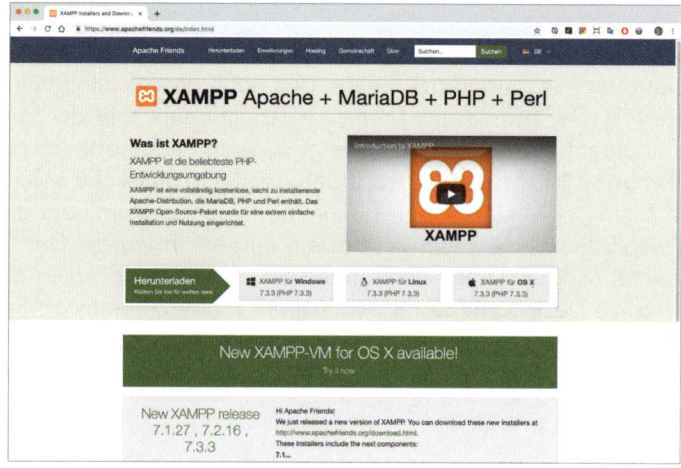

# WordPress auf dem eigenen Rechner installieren

Die Installation von WordPress auf dem eigenen Rechner taugt nur für eine Testfahrt mit WordPress und die Entwicklung eigener Themes (mehr zu Themes auf Seite 231). Denn niemand kann Ihre WordPress-Website auf Ihrem Computer über das Internet aufrufen. Dennoch: Hier können Sie WordPress in Ruhe kostenlos testen und mit dem System experimentieren. Nur der Umzug einer WordPress-Website von Ihrem Rechner ins Internet gestaltet sich eventuell als recht kompliziert. Mit dem Plug-in Duplicator sollte es aber klappen.

Um WordPress auf Ihrem Rechner starten zu können, müssen Sie **lokal** – sprich, auf Ihrem Rechner – **einen eigenen Server samt Datenbank** starten können. Über die Adresse des Servers können Sie dann WordPress im Browser aufrufen. Man könnte sagen, Sie starten das Internet auf dem eigenen Rechner.

Das klingt zunächst kompliziert, ist aber in Wirklichkeit ganz einfach, denn für diesen Zweck gibt es für jedes Betriebssystem kostenlose Softwarepakete, die für Sie die benötigten Komponenten installieren. Dank eines Installationsprogramms ist das kinderleicht. Das Installationsprogramm installiert auf Ihrem Rechner einen Apache-Server und eine MySQL-Datenbank. Um diese Komponenten nach der Installation zu starten, rufen Sie das Startprogramm auf und starten damit Server und Datenbank.

Die bekanntesten Softwarepakete heißen **XAMPP** und **MAMP**. Für macOS empfehle ich Ihnen MAMP, für Windows-Rechner ist XAMPP sehr beliebt. Dennoch würde ich Ihnen eher die Windows-Variante von MAMP empfehlen, da es eine exzellente und ausführliche Dokumentation unter *www.mamp.info/de/dokumentation/* gibt, die XAMPP fehlt. Dafür bietet XAMPP ein Forum, das auch Anfängern hilfreich unter die Arme greift: *https://community.apachefriends.org/f/viewforum.php?f=32*.

- XAMPP (Windows, Linux, macOS): *www.apachefriends.org/de/index.html*
- MAMP (macOS und Windows [beta)]): *www.mamp.info/de/*

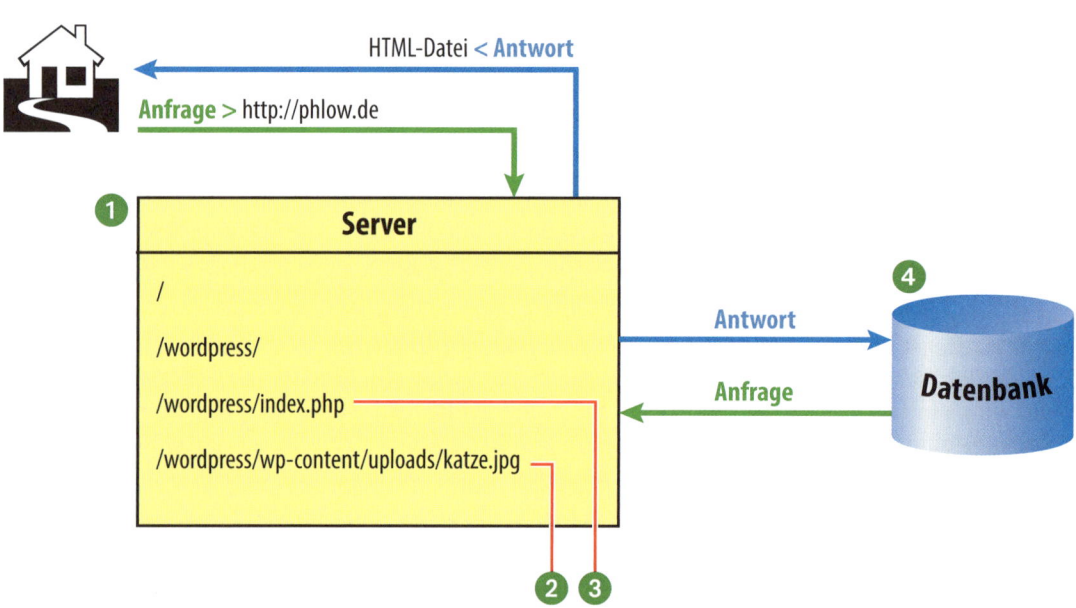

HTML-Datei < **Antwort**

**Anfrage** > http://phlow.de

**1**

**Server**

/

/wordpress/

/wordpress/index.php

/wordpress/wp-content/uploads/katze.jpg

**2**  **3**

**Antwort**

**4**

**Datenbank**

**Anfrage**

# So arbeiten Server, Datenbank und WordPress zusammen

Arbeiten Sie mit Ihrer eigenen Installation von WordPress, hilft es Ihnen, den Arbeitsablauf der drei Hauptelemente Server, Datenbank und WordPress zu verstehen. Mit diesem Verständnis finden Sie schneller die Fehlerquelle, falls eine Fehlermeldung auftaucht. Was also macht ein Server? Was macht die Datenbank? Und was hat das mit WordPress zu tun?

**Auf dem Servercomputer liegen die Dateien ❶.** Dazu gehören unter anderem Ihnen bekannte Dateiformate wie Bild-, Audio- und Videodateien sowie Dokumente wie z. B. PDFs. Der Servercomputer funktioniert also wie Ihr eigener Computer, auf dem Sie per Dateisystem Inhalte in Ordnern strukturieren. Und jede Datei hat einen eigenen Pfad, über den Sie sie aufrufen können. Dieser Pfad spiegelt sich in der URL (z. B. einer Domain) wider: http://phlow.de/wp-content/uploads/katze.jpg ❷.

Der Server kann aber noch ein bisschen mehr als Ihr Computer. Der Servercomputer interpretiert Dateien mit der Endung .php und führt die Befehle dieser Dateien aus, wenn sie aufgerufen werden. WordPress besteht aus diesen PHP-Dateien, die wie alle anderen Dateien in Ordnern auf dem Servercomputer liegen ❸. Wird eine PHP-Datei von WordPress aufgerufen, führt der Server die Befehle dieser Datei aus – z. B. den Upload eines Bilds.

Während Dateien auf dem Server gespeichert werden, **speichert WordPress Inhalte wie Texte, Einstellungen und Ähnliches in der Datenbank ab ❹.** Die Datenbank können Sie sich wie eine riesige Excel-Tabelle vorstellen, die kontinuierlich editiert wird.

Somit haben Sie es beim Einsatz mit WordPress immer mit zwei Komponenten zu tun: Server und Datenbank. Funktioniert eine der Komponenten nicht, z. B. die Datenbank, funktioniert auch die WordPress-Website nicht.

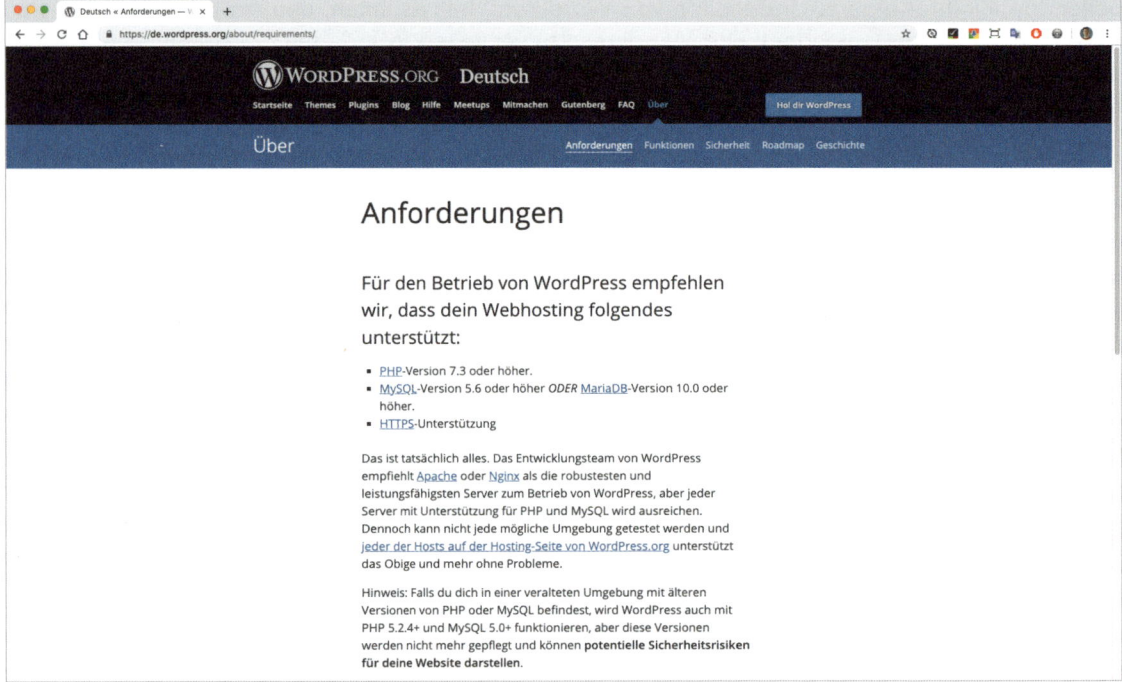

# Einen passenden Webhoster finden

Damit Sie WordPress installieren können, müssen Sie sicherstellen, dass Sie Zugang zu einem Server mit Webspace haben. Das kann – wie auf den vorherigen Seiten beschrieben – auf Ihrem eigenen Computer sein oder auf einem Servercomputer, der dauerhaft mit dem Internet verbunden ist.

Webspace können Sie bei Webhostern wie HostEurope, Hetzner, Strato und so weiter mieten. Auf diesem Webspace speichern Sie WordPress ab. Damit WordPress funktioniert, muss der Server die PHP-Dateien, aus denen WordPress besteht, verarbeiten können. Zusätzlich benötigen Sie für den Betrieb von WordPress eine Datenbank. Auch die Datenbank müssen Sie bei Ihrem Webhoster mieten. Genau für solche Zwecke bieten Ihnen die Webhoster sogenannte Webpacks oder Webpakete an. **Achten Sie darauf, dass Sie ein Webpaket mit den folgenden Grundvoraussetzungen mieten**:

- Der Server kann PHP-Dateien ab Version 7.3 oder höher verarbeiten und bietet ein PHP-Memory-Limit von mindestens 64 MByte.
- Das Paket beinhaltet mindestens eine Datenbank vom Typ MySQL-Version 5.6 oder höher oder vom Typ MariaDB-Version 10.0 oder höher.
- Der Server erlaubt die Verwendung des mod_rewrite-Moduls bzw. den Zugriff auf die .htaccess-Datei, um lesbare Links zu generieren. Mehr dazu erfahren Sie auf Seite 113.

Die aktuellen Anforderungen finden Sie immer unter *https://de.wordpress.org/about/requirements/*. Damit Sie Ihren Webspace im Internet aufrufen können, brauchen Sie natürlich auch noch eine eigene Domain. Die Domain wird mit Ihrem Webspace verknüpft und spiegelt den Pfad zu sämtlichen Ihrer Dateien wider. Über die Domain rufen Sie WordPress auf.

## Hinweis

Wenn Sie nicht sicher sind, ob das Paket das richtige für Sie ist, wenden Sie sich an den Support, und fragen Sie einfach nach, ob Sie mit Webpaket X auch WordPress nutzen können.

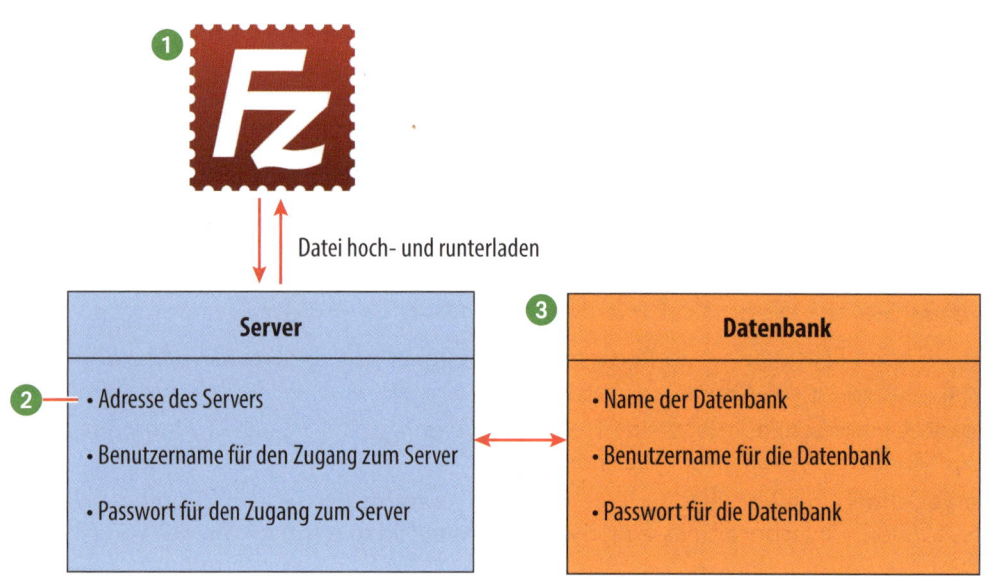

**1**

Datei hoch- und runterladen

**Server**

**2** • Adresse des Servers

• Benutzername für den Zugang zum Server

• Passwort für den Zugang zum Server

**3** **Datenbank**

• Name der Datenbank

• Benutzername für die Datenbank

• Passwort für die Datenbank

# Vorbereitungen für die Installation von WordPress

Wenn Sie Webspace bei einem Webhoster gemietet haben, müssen Sie sich Zugang zum Webspace verschaffen. Um Dateien auf Ihren Webspace hochzuladen, benötigen Sie ein FTP-Programm. Dieses Programm funktioniert wie der Explorer (Windows) oder Finder (Mac). Es kopiert Dateien über das Internet hin und her. Ein beliebtes FTP-Programm ist das kostenlose FileZilla ❶. Wie FileZilla arbeitet, zeigt meine Videoanleitung unter *www.phlow.de/ftp*.

Damit nicht jeder auf Ihrem Webspace Daten speichern kann, ist Ihr Webspace mit einem Benutzernamen und einem Passwort geschützt. Diesen Zugang müssen Sie sich bei Webhostern über deren Benutzeroberfläche in der Regel selbst anlegen. Anschließend sollten Sie folgende Informationen haben:

- Adresse des Servers ❷
- Benutzername für den Zugang zum Server
- Passwort für den Zugang zum Server

Für WordPress brauchen Sie außerdem eine Datenbank ❸. Auch die Datenbank müssen Sie sich in der Regel selbst über die Benutzeroberfläche Ihres Webhosters anlegen. Schützen Sie Webspace und Datenbank mit einem starken Passwort. Damit Sie WordPress bei der Installation mit der Datenbank verbinden können, benötigen Sie folgende Informationen:

- Name der Datenbank
- Benutzername für die Datenbank
- Passwort für die Datenbank

Zum Schluss müssen Sie nur noch WordPress als ZIP-Archiv unter *https://de.wordpress.org/down load/* herunterladen. Entpacken Sie das ZIP-Archiv auf Ihrem Rechner. Anschließend sollte sich ein Ordner namens wordpress auf Ihrem Rechner befinden. Sie können mit der Installation beginnen.

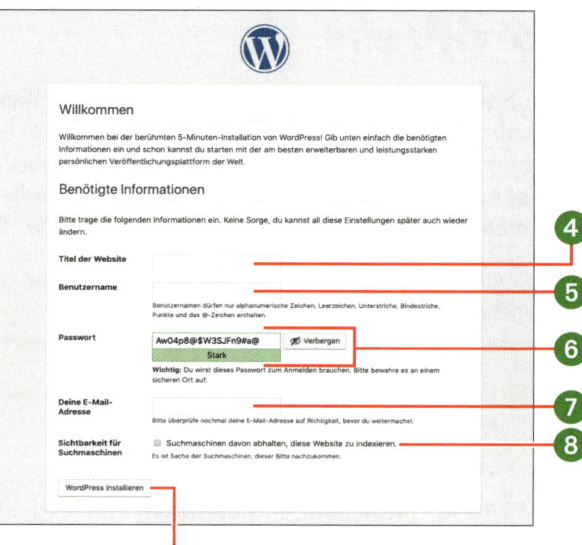

# WordPress installieren

Haben Sie alle Vorbereitungen getroffen, können Sie mit der Installation von WordPress beginnen.

1. Öffnen Sie Ihr FTP-Programm.

2. Legen Sie ein Profil mit den Zugangsdaten zu Ihrem Webspace an.

3. Verbinden Sie sich mit Ihrem Webspace.

4. Laden Sie die Inhalte des wordpress-Ordners hoch.

5. Rufen Sie WordPress über die mit Ihrem Webspace verknüpfte Domain auf. Haben Sie den gesamten Ordner hochgeladen, lautet die URL *www.ihre-domain.de/wordpress/*, haben Sie nur die Inhalte des Ordners hochgeladen, lautet die URL *www.ihre-domain.de*.

6. Wenn alles richtig abläuft, begrüßt Sie WordPress mit Fragen zu Ihrer Datenbank ❶.

7. Befolgen Sie die Anweisungen des Installationsassistenten auf dem Bildschirm und geben Sie in Ruhe die erforderlichen Datenbankinformationen ein ❷. Um Ihre Installation gegen Hacker zu schützen, vergeben Sie ein eigenes Tabellenpräfix. Nutzen Sie dazu keine Leerzeichen, sondern am besten nur Kleinbuchstaben mit Unterstrich ❸.

8. Hat WordPress die Datenbank gefunden, müssen Sie Ihrer WordPress-Website im nächsten Schritt noch einen Namen geben ❹ und sich selbst ein eigenes Benutzerkonto ❺ samt Passwort ❻ zulegen. Geben Sie auch Ihre E-Mail-Adresse an ❼. Diese nutzt WordPress, um Ihnen ein neues Passwort zuzuschicken, wenn Sie Ihr altes vergessen haben. Belassen Sie den Haken bei Sichtbarkeit für Suchmaschinen ❽, wenn Sie mit Ihrer Website in Suchmaschinen gefunden werden wollen.

9. Klicken Sie auf die Schaltfläche WordPress installieren ❾, und der WordPress-Log-in-Bildschirm begrüßt Sie dann im nächsten Schritt. Geben Sie Ihren Benutzernamen und das Passwort ein ...

10. ... und herzlich willkommen im Redaktionssystem von WordPress.

Ihre WordPress-betriebene Website finden Sie jetzt unter *www.ihre-domain.de/wordpress/* oder unter *www.ihre-domain.de*.

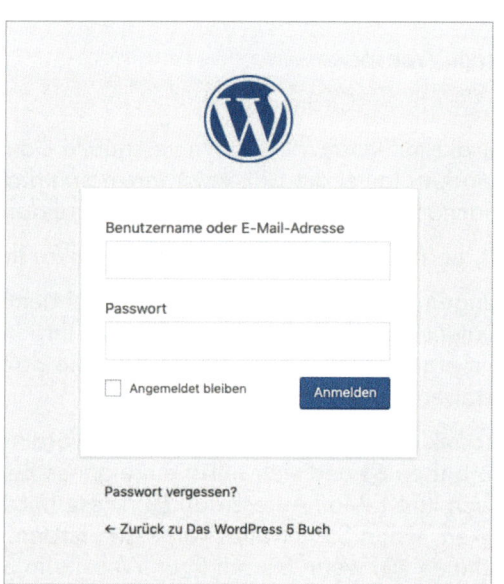

# In WordPress einloggen

Bereits während der Installation wurde die Datenbank mit ein paar Testdaten gefüllt. Dazu gehört auch der übliche »Hallo Welt!«-Artikel. Ansonsten präsentiert sich die Website sehr puristisch und wartet auf die Eingabe Ihrer Inhalte sowie die weitere Konfiguration.

Sicherlich brennen Sie darauf, auch das Backend, also das eigentliche Redaktionssystem, von WordPress zu sehen. Um sich einzuloggen, müssen Sie den Log-in-Bildschirm über die Browserzeile aufrufen. Dazu müssen Sie lediglich wp-login.php an die Adresse anhängen. Das sieht dann so aus: *www.ihre-domain/wp-login.php*.

Geben Sie dort Ihren Benutzernamen und Ihr Passwort ein, um sich einzuloggen. Wenn Sie nicht jedes Mal erneut den Benutzernamen samt Passwort eingeben wollen, setzen Sie ein Häkchen bei Angemeldet bleiben. WordPress speichert dann ein Cookie in Ihrem Browser ab und lässt Sie beim nächsten Mal direkt durch. Auf einem fremden Rechner sollten Sie zur Sicherheit das Häkchen nie setzen und sich immer abschließend bei WordPress ausloggen. Ansonsten kann jeder über diesen Rechner auf Ihr Redaktionssystem zugreifen und Dinge ändern.

## Hinweis

Wenn Sie an irgendeiner Stelle nicht weiterkommen, wenden Sie sich an den Support oder suchen Hilfe in den Anleitungen Ihres Webhosters. Zahlreiche Webhoster bieten auch Foren für den Austausch bei Problemen an.

# Kapitel 2
# Ein WordPress-Projekt planen

Wenn Sie WordPress erfolgreich installiert haben, wollen Sie sicherlich gleich loslegen und ausprobieren, wie man Inhalte publiziert. Bevor Sie das tun, müssen Sie sich aber mit ein paar Besonderheiten von WordPress vertraut machen, damit Sie Ihr Webprojekt von Anfang an auf ein solides Fundament stellen. Wie ein solches Fundament aussieht, erfahren Sie in diesem Kapitel.

Außerdem gibt es einige wichtige Fragen, mit denen Sie sich als künftiger Website-Betreiber beschäftigen sollten: Möchten Sie ein Blog oder lieber eine Website entwickeln? An wen möchten Sie sich mit Ihrem Webauftritt richten? Sind diese Fragen geklärt, wird es Ihnen später umso leichter fallen, Ihr Blog bzw. Ihre Website mit Leben zu füllen.

## Logo & Slogan

**Ari Glamslam**
Webdesign & Social Media Marketing

## Kurzbeschreibung

Ich unterstütze Sie als Webdesigner und Social Media Experte und baue für Sie responsive Websites und helfe Ihnen bei der Vermarktung in sozialen Netzwerke.

## Farbpalette

## Schriftfamilie Roboto

Thin
*Thin Italic*
Light
*Light Italic*
Regular
*Regular Italic*
Medium
*Medium Italic*
**Bold**
***Bold Italic***
**Black**
***Black Italic***

Light
*Light Italic*
Regular
*Regular Italic*
**Bold**
***Bold Italic***

Thin
Light
Regular
**Bold**

# Ein Ziel und eine Zielgruppe für Ihren Webauftritt definieren

Wenn Sie dieses Buch gekauft haben, wissen Sie sicherlich bereits, wofür Sie WordPress einsetzen wollen. Vielleicht möchten Sie aber auch einfach mal ausprobieren, ob Sie Spaß an einem Blog oder einer eigenen Website haben und ob es sich für Sie lohnt. Ganz gleich, was Sie mit WordPress vorhaben – aus Erfahrung weiß ich, dass es sich immer bewährt, ein **kleines Konzept** zu entwerfen, sich ein paar **Ziele** zu setzen und zu überlegen, welches **Publikum** man ansprechen möchte. Weder Konzept noch Ziele sollten starr sein, erfahrungsgemäß verwandelt sich ein Projekt, wenn es sich weiterentwickelt. Mithilfe von Statistiken erhalten Sie außerdem wertvolle Informationen über die Besucher und die Inhalte, die besonders gut ankommen.

Konzept und Ziel helfen Ihnen aber, während der ersten Schritte wichtige Fragen zu beantworten, zum Beispiel diese: Wie könnte der **Slogan oder Titel meiner Website** lauten? Wie präsentiere ich passend meine Inhalte? Welche Wörter geben Suchende in eine Suchmaschine ein, um meine Inhalte zu finden? Welche **Farben** möchte ich für mein Projekt nutzen? Welche **Schrift** passt dazu?

So lautet der Slogan von Ari Glamslam »Webdesign, Marketing & SEO«. Die Farbpalette besteht aus Tönen der Farben Rot, Orange und Blau. Als Hausschrift greift der Webdesigner auf die bekannte und viel genutzte Schriftfamilie Roboto zurück, die modern, elegant und am Bildschirm sehr gut lesbar ist. Das Logo kombiniert eine Rakete mit seinem außergewöhnlichen Namen.

**Logo**
Slogan

**Kopfzeile/Header**

Start   Neues   Über Mich   Blog   Kontakt          Suche 🔍

**Hauptspalte für Inhalte/Content**

**Seitenleiste/Sidebar**

Seite 1 2 3 4 5 . . . 99

**Fußzeile/Footer**

Navigation          Logo/Slogan          🔍

**Kopfzeile/Header**

**Hauptspalte für Inhalte/Content**

Seite 1 2 3 4 5 . . . 99

**Seitenleiste/Sidebar**

**Fußzeile/Footer**

# Der typische Aufbau von Websites und Blogs

Es gibt zahlreiche unterschiedliche Arten, eine Website aufzubauen. Mittlerweile finden mehr als 60 % der Webseitenaufrufe über mobile Geräte wie Smartphones oder Tablets statt. Dadurch haben sich die Designansprüche in den letzten Jahren deutlich verändert. (Mehr über diese neuen Anforderungen ans Webdesign, die unter dem Stichwort »Responsive Webdesign« zusammengefasst werden, und WordPress' Antwort darauf können Sie auf Seite 195 nachlesen.)

Trotz aller Unterschiede in den Details hat sich in den vergangenen Jahren auf Desktopgeräten und Tablets vor allem ein Layout durchgesetzt, das aus einer Seitenspalte und einer Hauptspalte für die Inhalte besteht (Abbildung links). Für mobile Geräte hat sich dagegen ein einspaltiges Layout mit ausklappbarem Menü durchgesetzt (Abbildung rechts).

Beide Layouts kommen auch in zahlreichen WordPress-Designs zum Einsatz. Das Design setzt sich häufig aus fünf Hauptbereichen zusammen:

- **Kopfzeile** (Header)
- **Horizontale oder ausklappbare Navigationsleiste** (Navigation Bar)
- **Hauptspalte** (Content)
- **Seitenleiste** (Sidebar)
- **Fußzeile** (Footer)

Je nach WordPress-Design – bei WordPress **Theme** genannt – lassen sich die verschiedenen Seitenbereiche mal mehr, mal weniger flexibel gestalten. In der Regel können Sie aber die Navigation anpassen und in der Seitenleiste sowie in der Fußzeile verschiedene Sonderbereiche wie z. B. eine Suche oder eine Liste mit den letzten Beiträgen einbauen. Dazu erlauben moderne Themes den Upload eines Hintergrundbilds (mehr zu Themes lesen Sie in Kapitel 6 ab Seite 187).

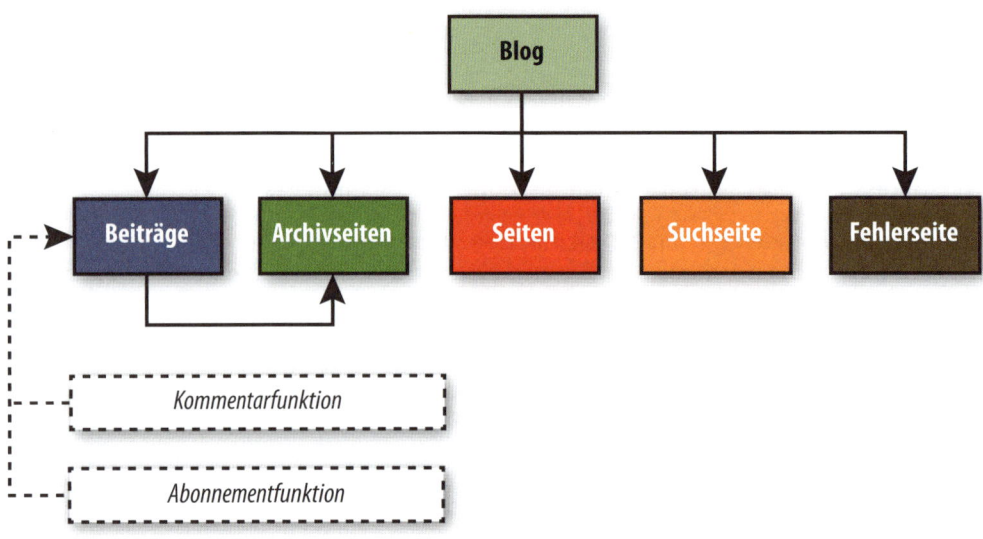

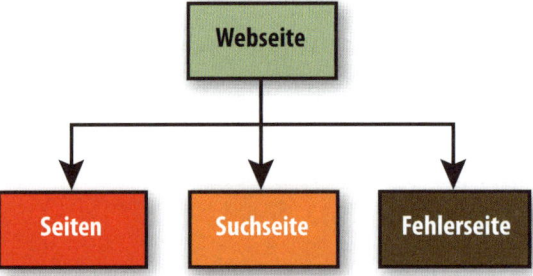

# Was unterscheidet ein Blog von einer »normalen« Website?

Auf der vorherigen Seite habe ich Ihnen erklärt, wie eine einzelne Webseite in den meisten Fällen aufgebaut wird. Internetauftritte für Projekte, Produkte oder Services sowie Blogs nutzen diesen gängigen Aufbau einer Webseite und variieren ihn bei Bedarf – z. B. bei einer Fotogalerie, die mehr Platz für großformatige Bilder durch eine fehlende Seitenleiste schafft.

Was unterscheidet aber ein Blog von einem herkömmlichen Internetauftritt? Ein Blog hebt sich vor allem durch das Ziel ab, **mit dem Besucher interagieren** zu wollen. So nutzen Blogs zahlreiche interaktive Funktionen wie die Kommentarfunktion, Module, die Interaktionen anzeigen (letzte Kommentare, meistgelesene Beiträge), und Funktionen für Abonnements neuer Beiträge (per RSS-Feed oder E-Mail-Benachrichtigung).

Ein weiteres typisches Merkmal von Blogs ist die **chronologische Sortierung von Beiträgen**. Blogs listen Beiträge auf der Startseite und über verschiedenartige Archivseiten meist in chronologischer Reihenfolge auf, wobei der oberste Beitrag der zuletzt veröffentlichte ist.

Außerdem zeigen Blogs die Beiträge auf verschiedenartigen **Archivseiten**. Das können Kategorieseiten genauso wie Autorenarchive oder datumsbasierte Archive sein. Solche Archivseiten trifft man seltener auf »normalen« Webseiten an. Archivseiten erscheinen auf Websites meist nur in Form von Pressemitteilungen, Newslettern oder verwandten Inhalten.

# Vier Arten von Webseiten

Index

Beitrag

Seite

Archivseiten

- Kategorienarchive
- Schlagwortarchive
- Autorenarchive
- Datumsbasierte Archive

# Webseitenformate in WordPress: Beiträge, Seiten, Archive und Index

Um mit WordPress zu arbeiten, muss man das Konzept und die verschiedenen Typen von Webseiten verstehen, die WordPress baut. Generell unterscheidet WordPress vier verschiedene Webseitentypen:

- Die **Startseite** (auch Indexseite genannt) listet die aktuellen Beiträge auf oder dient als Begrüßungs- bzw. Orientierungswebseite.
- **Beiträge** sind Artikel, die kategorisiert und verschlagwortet werden.
- **Seiten** sind ein eigenständiges Webseitenformat, das man für Webseiten wie Kontakt, Impressum oder Informationen zur Website nutzt. Sie werden nicht kategorisiert.
- **Archivseiten** listen Beiträge nach einem Parameter auf – z. B. Archivseiten einer Kategorie oder nach Erscheinungsdatum sortierte Blogbeiträge.

Diese unterschiedlichen Webseitentypen baut WordPress auf verschiedene Weise auf. Während es Beiträge und Seiten anhand der von Ihnen eingegebenen Inhalte zusammenstellt, werden die Startseite und die Archivseiten automatisch anhand von Vorlagen generiert und ausgegeben.

**Beitrag**

Seite

Archivseiten

- Kategorienarchive
- Schlagwortarchive
- Autorenarchive
- Datumsbasierte Archive

# Der Unterschied zwischen Beiträgen und Seiten

Bei Anfängern sorgt das Konzept von Beiträgen und Seiten oft für Konfusion. Wichtig ist, dass Sie am Ende immer eine Webseite erstellen, egal ob Sie einen Beitrag oder eine Seite anlegen. Was ist aber der Unterschied? Das ist ganz einfach: Ein **Beitrag** wird automatisch von WordPress einer Kategorie, einem Autor und einem Datum zugeordnet. Dieses einheitliche Verfahren, nach dem man Objekte klassifiziert, also ein Klassifikationsschema nutzt, nennt man **Taxonomie**. So veröffentlicht Ari Glamslam seine Blogbeiträge als Beitrag und sortiert die Beiträge nach Kategorien, z. B. »Suchmaschinenoptimierung«, »Social Media Marketing« oder »HTML & CSS«.

**Seiten** besitzen dagegen keinerlei Taxonomie (Klassifikationsschema). Sie können aber Seiten hierarchisieren und einer Seite Unterseiten (oder Unter-Unterseiten und so weiter) zuweisen. Das Webseitenformat Seite **setzt man immer dann ein, wenn eine Klassifizierung keinen Sinn ergibt**. Das ist z. B. bei einer Kontakt- oder Impressumseite der Fall. Dies sind Inhalte bzw. Webseiten jenseits von Kategorien, Autor und Zeit. So kommt das Seitenformat z. B. bei Ari Glamslam für die Webseite seiner Selbstdarstellung, **Über Mich,** zum Einsatz. Diese Seite hat wiederum drei Unterseiten – jeweils eine für seine Biografie, seine Projekte und eine mit seiner Arbeitsphilosophie. Die Hierarchie sieht dann so aus:

- Über Mich
  - Biografie
  - Eigene Projekte
  - Philosophie

Ari Glamslam
Webdesign, Marketing & SEO

# Kopfzeile/Header

Start    Service    Portfolio    Info    Kontakt    Blog                                                Suche 🔍

Suchmaschinenoptimierung

Social Media Marketing

HTML & CSS

# Inhalte und Navigation skizzieren

Wenn Sie eine Website mit WordPress planen, lohnt es sich, im ersten Schritt auf einem Blatt einfach mal eine Webseite zu skizzieren. Stellen Sie sich Fragen: Wie sortiere und kategorisiere ich Beiträge? Möchte ich eine blogtypische Startseite mit chronologisch sortierten Beiträgen, oder starte ich mit einer Übersichtsseite, die das Projekt vorstellt? Tendiere ich überhaupt zu einem Blog, oder möchte ich lieber auf einer klassischen Website mein Produkt oder Projekt vorstellen?

Wenn Sie sich eine Struktur erarbeitet haben, ergibt sich die Navigation oft von selbst. Als Leitlinie gilt: **Vermeiden Sie mehr als sieben Menüpunkte!** Mehr sind von Besuchern schwierig zu erfassen. Zahlreiche WordPress-Designs ermöglichen Ihnen auch Ausklappmenüs, mit deren Hilfe Sie einem Hauptmenüpunkt weitere Untermenüpunkte zuweisen können. Diese werden erst dann eingeblendet, wenn der Besucher den Menüpunkt weiter erforschen will und darauf klickt.

So sieht das Menü von Ari Glamslam aus:

| Menübeschreibung | Menütitel | Seitenformat in WordPress |
|---|---|---|
| Startseite | Start | Indexseite |
| Dienstleistungen von Ari Glamslam | Service | Seite |
| Portfolio mit aktuellen Arbeiten | Portfolio | Kategorieseite »Portfolio« |
| Vorstellungsseite von Ari Glamslam | Über Mich | Seite |
| Kontaktformular | Kontakt | Seite |
| Archivseite mit allen Blogbeiträgen | Blog | Kategorieseite »Blog« |

Haben Sie die Planung und das Konzept abgeschlossen, können Sie sich im nächsten Kapitel an die Umsetzung begeben und erste Inhalte veröffentlichen und editieren.

# Kapitel 3

# Inhalte mit dem Gutenberg-Editor veröffentlichen

Nachdem Sie die Vorarbeiten erledigt haben, kann es nun richtig losgehen. Auf den folgenden Seiten erfahren Sie, wie Sie Ihre ersten Beiträge veröffentlichen, Bilder hochladen und einbauen, YouTube-Videos in Ihre Website einbetten und ein Impressum sowie eine Datenschutzerklärung anlegen. Während dieses Kapitel eine Art Schnellstart mit grundlegenden Funktionen bietet, vertiefen Sie Ihr Wissen später in Kapitel 5. Fragen, die in diesem Kapitel offenbleiben, werden dort ausführlich beantwortet.

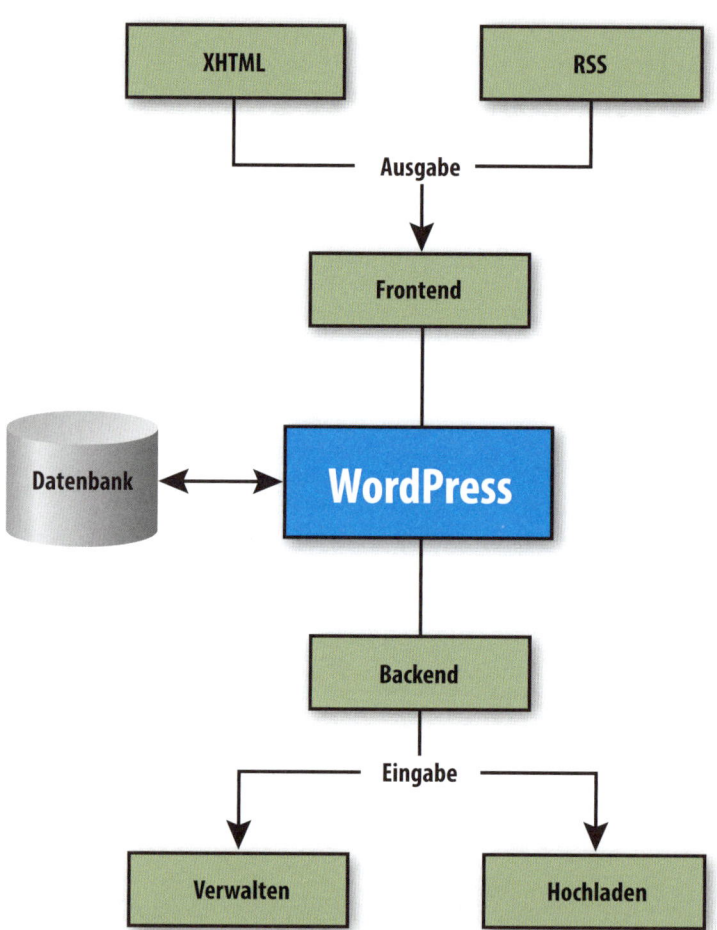

# Wie funktioniert ein Redaktionssystem?

In den vorangehenden Kapiteln ist im Zusammenhang mit WordPress häufiger der Begriff »Redaktionssystem« gefallen. Was verbirgt sich genau dahinter? Ein Redaktionssystem besteht aus zwei Bereichen: dem **Frontend** und dem **Backend**. Das Frontend ist der Bereich, den jeder Besucher sehen kann – die eigentliche Website. Das Backend ist der passwortgeschützte Bereich, über den Sie die Website verwalten. Um Inhalte über das Backend einzugeben, hochzuladen und zu veröffentlichen, müssen Sie sich zuerst mit einem Benutzernamen und einem Passwort anmelden, wie Sie es von Facebook, Google Mail und so weiter kennen.

In diesem und den beiden folgenden Kapiteln zeige ich Ihnen, wie Sie mit WordPress umgehen. Sie konfigurieren, verwalten und erweitern Ihre WordPress-Website im **Backend**. Hier können Sie auch neue Inhalte eingeben, die Website administrieren, Bilder und andere Dateien hochladen, das Layout verändern und Plug-ins installieren, um das WordPress-System um hilfreiche Funktionen zu erweitern. Das gesamte WordPress-System und alle hochgeladenen Dateien liegen auf einem Server, der auf das Redaktionssystem vorbereitet wurde und der es »versteht«.

Ruft ein Besucher eine Webseite im Browser auf, wird die Internetadresse der Webseite an das Redaktionssystem übergeben. WordPress »schaut« daraufhin in die Datenbank, um festzustellen, welche Inhalte mit der Internetadresse verknüpft sind. Gibt es Inhalte unter der Internetadresse, baut das Redaktionssystem die Webseite zusammen, indem es die dazu nötigen Informationen aus der Datenbank zieht. Die fertige Webseite schickt der Server dann an den Browser des Besuchers. Diese dynamische Ausgabe der Website übernimmt das sogenannte **Frontend**.

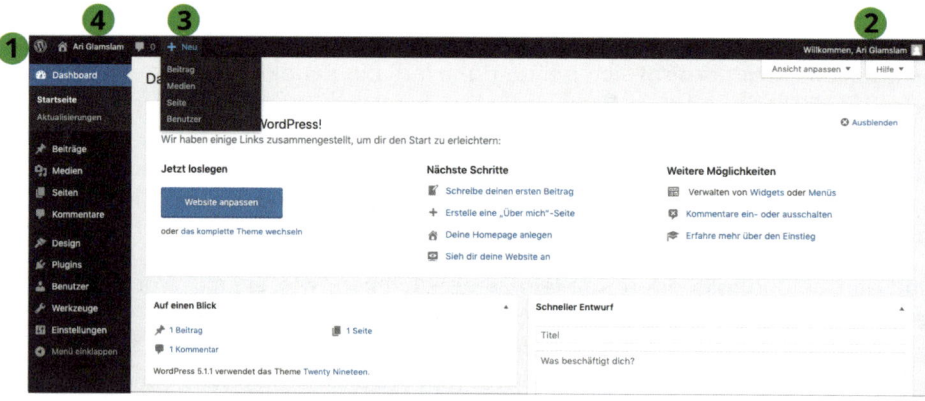

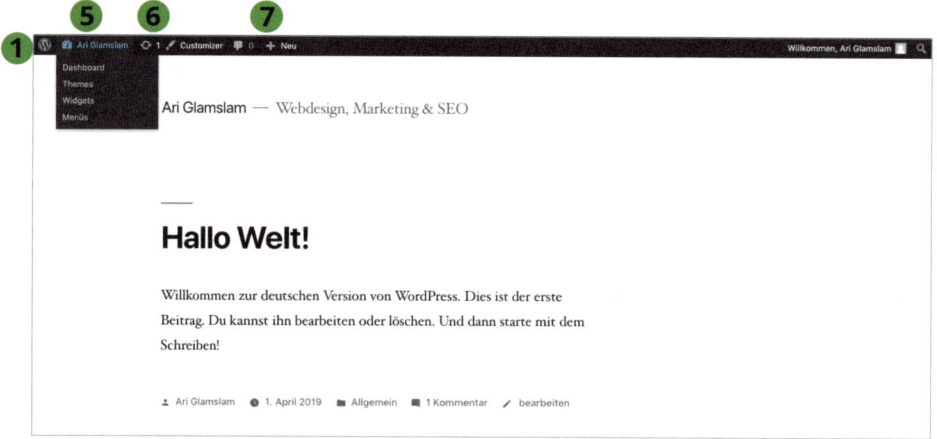

# Zwischen Frontend und Backend wechseln

Wenn Sie sich bei WordPress eingeloggt haben, können Sie jederzeit zwischen Frontend und Backend über die oben angezeigte dunkelgraue Adminleiste ❶ wechseln. Diese Leiste wird nur eingeloggten Nutzern angezeigt.

Die Adminleiste ist in zwei Bereiche unterteilt. Über den rechten Bereich ❷ gelangen Sie schnell zu Ihrem WordPress-Profil oder melden sich vom System ab.

Über den linken Bereich springen Sie in die verschiedenen administrativen Bereiche. Legen Sie über den Menüpunkt +Neu ❸ neue Beiträge, Seiten und Benutzer an oder Sie laden eine Datei in die Mediathek hoch.

Wenn Sie auf den Titel Ihrer Website ❹ klicken, wechseln Sie schnell zwischen Frontend und Backend hin und her. Befinden Sie sich im Frontend, blendet das Ausklappmenü verschiedene Adminbereiche ein ❺.

Gibt es Aktualisierungen von Themes, Plug-ins oder von WordPress selbst, erscheinen zwei kreisförmig angeordnete Pfeile plus Zahl ❻. Die Zahl weist darauf hin, wie viele Komponenten auf Aktualisierung warten. Die Sprechblase ❼ wiederum zeigt an, ob neue Kommentare auf die Freischaltung warten.

## Tipp

Wenn Sie die Adminleiste stört, können Sie sie einfach und unkompliziert über das Menü Benutzer → Dein Profil deaktivieren. Löschen Sie dazu das Häkchen bei Werkzeugleiste für mich auf der Website anzeigen.

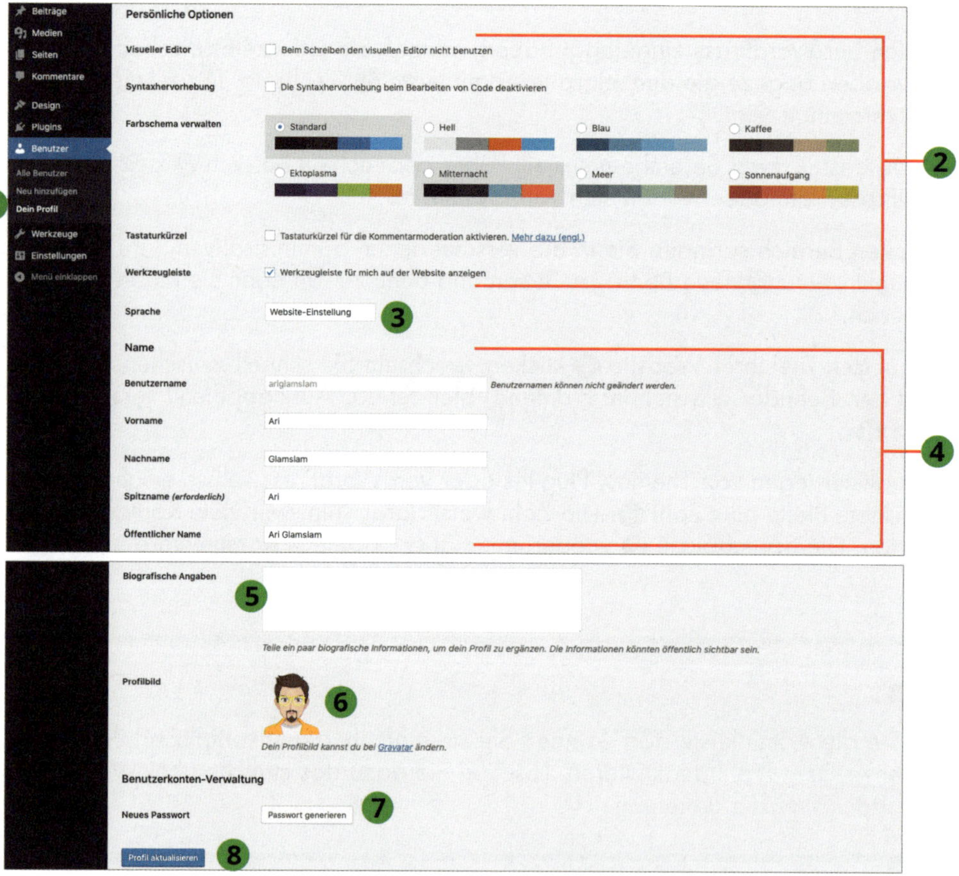

**Persönliche Optionen**

Visueller Editor ☐ Beim Schreiben den visuellen Editor nicht benutzen

Syntaxhervorhebung ☐ Die Syntaxhervorhebung beim Bearbeiten von Code deaktivieren

Farbschema verwalten

- ● Standard
- ○ Hell
- ○ Blau
- ○ Kaffee
- ○ Ektoplasma
- ○ Mitternacht
- ○ Meer
- ○ Sonnenaufgang

Tastaturkürzel ☐ Tastaturkürzel für die Kommentarmoderation aktivieren. Mehr dazu (engl.)

Werkzeugleiste ☑ Werkzeugleiste für mich auf der Website anzeigen

Sprache Website-Einstellung **3**

**Name**

Benutzername ariglamslam   Benutzernamen können nicht geändert werden.

Vorname Ari

Nachname Glamslam

Spitzname *(erforderlich)* Ari

Öffentlicher Name Ari Glamslam

**Biografische Angaben** **5**

Teile ein paar biografische Informationen, um dein Profil zu ergänzen. Die Informationen könnten öffentlich sichtbar sein.

Profilbild **6**

Dein Profilbild kannst du bei Gravatar ändern.

**Benutzerkonten-Verwaltung**

Neues Passwort Passwort generieren **7**

Profil aktualisieren **8**

Sidebar navigation:
- 📌 Beiträge
- ♪ Medien
- 📄 Seiten
- 💬 Kommentare
- 🎨 Design
- 🔌 Plugins
- 👤 Benutzer
- Alle Benutzer
- Neu hinzufügen
- **Dein Profil**
- 🔧 Werkzeuge
- ⚙ Einstellungen
- Menü einklappen

# Das eigene WordPress-Profil

Jeder Benutzer verfügt über ein eigenes Profil. Für den Administrator legt WordPress automatisch bei der Installation ein Profil an. Dieses finden Sie entweder über die linke Navigation unter Benutzer → Dein Profil ❶ oder indem Sie in der oberen Adminleiste ganz rechts auf Ihren Namen klicken.

Über Ihr Profil steuern Sie Persönliche Optionen ❷ und legen z. B. fest, ob der visuelle Editor eingeblendet werden soll oder nicht (siehe dazu Seite 285). Sagt Ihnen die farbliche Gestaltung des Backends nicht zu, können Sie hier zwischen acht verschiedenen Farbschemata ein neues auswählen. Über das Ausklappmenü Sprache ❸ überschreiben Sie die Spracheinstellungen aus den Einstellungen.

Über die Felder im Bereich Name ❹ steuern Sie, mit welchem Namen Ihre Beiträge gekennzeichnet werden. Füllen Sie dazu alle Felder aus, speichern Sie die Änderungen anschließend mit einem Klick auf Profil aktualisieren ❽ und wählen Sie erst dann über das Ausklappmenü Öffentlicher Name aus, unter welchem Namen Sie Ihre Beiträge veröffentlichen wollen. Der anschließende Bereich Kontaktinfo (nicht in der Abbildung zu sehen) erklärt sich von selbst. Wichtig ist noch die Kurzbeschreibung unter Biografische Angaben ❺. Je nachdem, mit welcher Designvorlage (Theme) Sie arbeiten, wird diese Beschreibung unter Ihren Beiträgen eingeblendet. Wollen Sie gegebenenfalls auch ein Profilbild ❻, wie links zu sehen ist, einbauen, müssen Sie über den Service Gravatar (siehe Seite 109) ein Konto anlegen und ein Bild hochladen.

Über Neues Passwort ❼ ändern Sie unkompliziert Ihr Passwort, indem Sie auf Passwort generieren klicken. Editieren Sie bei Bedarf das Passwort und speichern Sie dann über Profil aktualisieren ❽ sämtliche Eingaben ab.

57

## Hinweis

Nicht jedes Theme zeigt biografische Informationen an. So präsentiert das Theme **Twenty Fourteen** biografische Informationen erst dann, wenn es mindestens zwei Benutzer gibt, die jeweils mindestens einen Beitrag veröffentlicht haben.

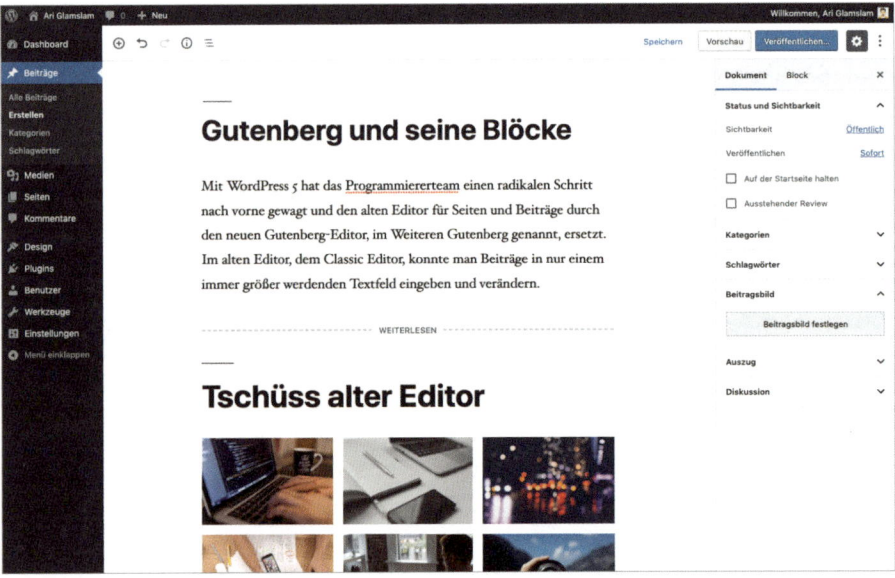

# Hallo Gutenberg, tschüss, alter Editor

Mit WordPress 5 hat das Programmiererteam einen radikalen Schritt nach vorne gewagt und den alten Editor für Seiten und Beiträge durch den neuen **Gutenberg-Editor**, im Weiteren Gutenberg genannt, ersetzt. Im alten Editor, dem **Classic Editor**, konnte man Beiträge in nur einem immer größer werdenden Textfeld eingeben und verändern. Während also im Classic Editor Texte, Bilder, Überschriften, Galerien oder Medien wie z. B. Videos »zusammengemischt« wurden, trennt Gutenberg die verschiedenen Inhaltselemente jetzt in **Blöcke** auf.

Zuerst mag das ein wenig befremdlich und auch umständlich wirken. Aber durch die radikale Trennung von z. B. Text, Überschriften und Bildern können Sie jetzt einerseits die Blöcke viel schneller verschieben, und andererseits erlaubt es Designern und Programmierern eine viel detailliertere Gestaltung der Elemente. So nutzen moderne Themes die neuen Funktionen von Gutenberg und ermöglichen zahlreiche neue Varianten, Inhalte in Szene zu setzen.

Beispielsweise ist es jetzt möglich, einen Block einzufügen, der Text über ein Bild legt. Was zuvor nur umständlich mit WordPress-Erweiterungen, den sogenannten Page Buildern, erledigt werden konnte, ist jetzt direkt realisierbar.

Wenn Ihnen Gutenberg aber zu viel des Guten ist oder Sie mit dem Classic Editor arbeiten müssen, funktioniert das einwandfrei über das gleichnamige Plug-in. Dieses soll noch mindestens bis 2022 gepflegt werden. Ausführlich erkläre ich die Erweiterung und den Editor auf Seite 285.

## Hinweis

Nicht jedes Theme – mehr dazu in Kapitel 6 ab Seite 187 – harmoniert mit Gutenberg. Lesen Sie sich bei der Wahl des Themes die Beschreibung genau durch und fragen Sie gegebenenfalls den Entwickler, ob das Theme »Gutenberg-ready« ist.

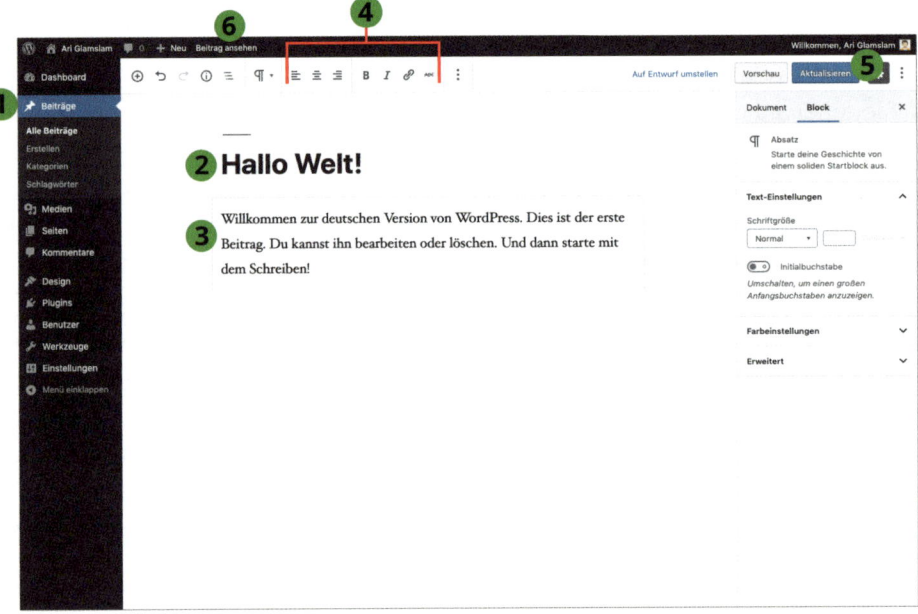

# Der erste Beitrag: »Hallo Welt!«

Sicherlich haben Sie bereits den »Hallo Welt!«-Beitrag Ihrer WordPress-Installation entdeckt. Um diesen und andere Beiträge zu bearbeiten, gibt es verschiedene Wege. Der klassische Weg ist, dass Sie den Beitrag im Backend über die linke Menüleiste aufrufen, indem Sie auf Beiträge ❶ und danach auf den Titel des Beitrags – hier Hallo Welt! – klicken. Sie können den Beitrag aber auch über die Website im Frontend öffnen. Rufen Sie dazu einfach den zu bearbeitenden Beitrag im Browser auf und klicken Sie in der dunkelgrauen Adminleiste (direkt neben der +Neu-Schaltfläche) auf Beitrag bearbeiten. Anschließend öffnet sich der Beitragseditor, wie in der linken Abbildung zu sehen ist.

An dieser Stelle ändern wir nur die wesentlichen Bestandteile eines Beitrags: den Titel ❷ und den Textblock ❸. Probieren Sie ruhig auch die Icons in der oberen Gutenberg-Zeile ❹ aus. Auf den kommenden Seiten und insbesondere in Kapitel 5 ab Seite 121 erläutere ich Ihnen alle Funktionen einzeln.

Wenn Sie mit den Änderungen zufrieden sind, klicken Sie abschließend auf Aktualisieren ❺. WordPress speichert den Beitrag in der Datenbank ab und informiert Sie darüber mit der Meldung Der Beitrag wurde aktualisiert. Klicken Sie in der Adminleiste auf Beitrag ansehen ❻, um das Resultat zu betrachten. Wollen Sie den Beitrag weiter editieren, klicken Sie in der Adminleiste wieder auf Beitrag bearbeiten.

# Der Aufbau des Gutenberg-Editors (1)

Wenn Sie über die Seitenleiste einen neuen Beitrag erstellen ❶, begrüßt Sie ein leerer Bildschirm, wie in der Abbildung gezeigt. Grundsätzlich hat jeder Beitrag einen Titel, den Sie editieren, indem Sie auf Titel hier eingeben ❷ klicken. Darunter fordert Sie das Feld Schreib etwas oder tippe / zur Blockauswahl auf ❸, den Beitrag zu erweitern. Alternativ fügen Sie einen neuen Block über die Gutenberg-Leiste hinzu, indem Sie auf das Plussymbol klicken ❹.

Direkt neben dem Plussymbol befinden sich die gebogenen Pfeile für Rückgängig machen bzw. Wiederholen ❺. Das i-Symbol ❻ zeigt Ihnen jederzeit Informationen zur inhaltlichen Struktur Ihres Beitrags an, wie Anzahl der Wörter, Überschriften, Absätze und Blöcke. Vergrößert sich Ihr Beitrag, springen Sie schnell über die Blocknavigation ❼ zu bestimmten Blöcken. Das hilft besonders bei Beiträgen mit vielen Blöcken.

Wenn Sie jetzt auf Schreib etwas … ❸ klicken, blendet Gutenberg Optionen zum jeweiligen ausgewählten Block in der oberen Leiste ❽ ein. Gleichzeitig erscheint links vom Block ❾ ein weiteres Plussymbol. Egal wo die Plussymbole auftauchen, sie haben immer die gleiche Funktion: einen neuen Block einzufügen. Klicken Sie auf ein Plussymbol, öffnet sich sofort das Auswahlmenü für Blöcke.

Je nachdem, welchen Block Sie auswählen, variieren die Symbole und Möglichkeiten in der Gutenberg-Leiste. So sehen Sie bei ❽ mögliche Formatierungen für einen Absatz und bei ❿ mögliche Ausrichtungen für ein Bild. Das einzige Symbol, das immer angezeigt wird, wenn Sie einen Block anklicken, ist das mit den gestapelten drei Punkten ⓫. Über dieses Menü duplizieren Sie den aktuellen Block, fügen neue Blöcke vor oder nach dem Block ein, oder Sie entfernen den aktuellen Block. Noch schneller löschen Sie einen Block jedoch, wenn Sie ihn auswählen und die ←- oder Entf-Taste drücken.

Hinweis: Die meisten Menüpunkte und Funktionen erreichen Sie auch über Tastaturkürzel. Diese blendet WordPress ein, wenn Sie mit dem Mauszeiger über das Symbol fahren. So funktioniert unter anderem auch Ctrl+z (Windows) bzw. Cmd+z (Mac), wie Sie es von anderen Programmen gewohnt sind.

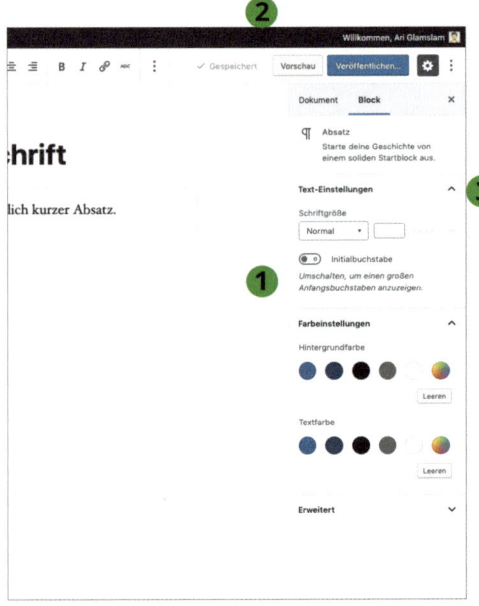

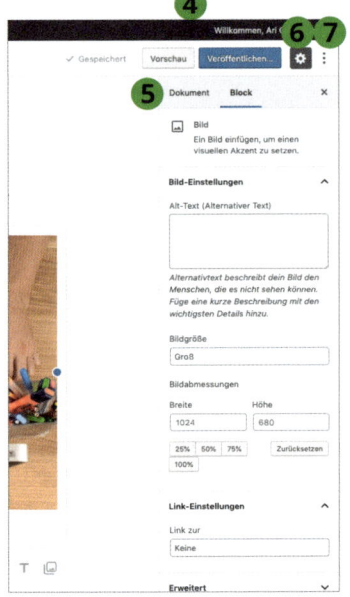

# Der Aufbau des Gutenberg-Editors (2)

Aber auch in der rechten Seitenleiste ❶ ändern sich die Einstellungsmöglichkeiten abhängig davon, auf welchen Block Sie klicken. In ❷ sehen Sie alle Einstellungsmöglichkeiten für einen Absatz, wenn der Absatzblock angeklickt wurde. Sämtliche Angebote habe ich über die Pfeilsymbole ❸ bereits ausgeklappt. In ❹ sehen Sie sämtliche Einstellungsmöglichkeiten für einen Bildblock. Auf die jeweiligen Einstellungen gehe ich auf den kommenden Seiten noch genauer ein.

Wenn Sie auf den Titel des Beitrags klicken, öffnen sich keine Blockeinstellungen, sondern die Einstellungen zum aktuellen Dokument. Diese können Sie jederzeit auch direkt mit einem Klick auf Dokument ❺ öffnen. Hier sortieren Sie Beiträge oder bearbeiten die Eigenschaften eines Beitrags. Die Möglichkeiten stelle ich Ihnen später noch genauer vor.

Direkt über der rechten Seitenleiste befindet sich ein Zahnradsymbol ❻. Mithilfe dieses Zahnrads klappen Sie die Seitenleiste ein und aus. Über die gestapelten Punkte ❼ direkt daneben stellen Sie Gutenberg nach Ihren Wünschen ein ❽. So blenden Sie dauerhaft Zusatzfunktionen der oberen Werkzeugleiste aus oder ein. Oder Sie aktivieren den Spotlight-Modus ❾, der den aktuellen zu bearbeitenden Block besonders hervorhebt, indem er alle anderen Blöcke leicht ausgraut. Etwas Besonderes stellt auch der Vollbildmodus ❿ dar, der Ihnen helfen soll, sich auf Ihren Beitrag zu fokussieren. Erschrecken Sie sich nicht: Er blendet die Administrationsoberfläche komplett aus oder wieder ein.

Weiter unten wechseln Sie über den Unterpunkt Editor vom visuellen Gutenberg-Editor in den Code-Editor ⓫, in dem Sie HTML-Befehle direkt bearbeiten können. Die Punkte Werkzeuge und Ansicht anpassen sind selbsterklärend. Achten Sie bei Ansicht anpassen nur dabei auf, welche Felder Sie ausblenden. Fürs Erste rate ich Ihnen, alle Einstellungen erst einmal so zu belassen.

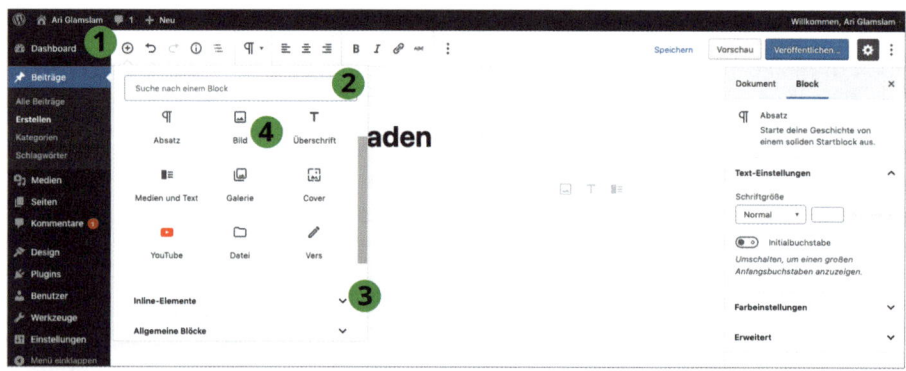

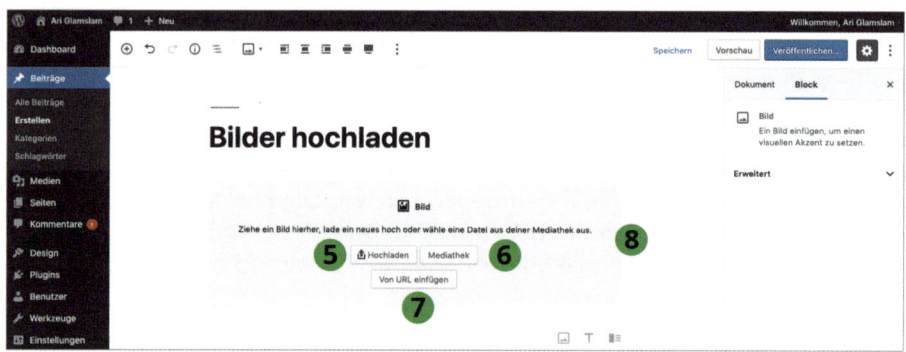

# Ein Bild in einen Beitrag einfügen (1)

Die meisten Blogartikel und Webseiten zeigen neben Texten auch Fotos oder Grafiken. Dateien wie z. B. Bilder können Sie auf zwei verschiedene Arten mittels WordPress hochladen: entweder direkt bei der Eingabe eines Beitrags oder über die Mediathek. Es ist am unkompliziertesten, Dateien direkt bei der Eingabe des Beitrags hochzuladen, denn WordPress bringt sie dann auf direktem Weg in die Mediathek. Beachten Sie beim Upload von Bildern unbedingt das **Urheberrecht**. Laden Sie nur Fotos und Bilder hoch, deren Rechte Sie selbst besitzen. Sonst könnte es eine Abmahnung geben.

Um ein Bild einzufügen, müssen Sie einen Bilderblock einsetzen. Das geschieht über das Plussymbol ❶. Dieses klappt das umfangreiche Auswahlmenü für Blöcke aus. Die Blöcke können Sie entweder durchsuchen ❷, oder Sie erreichen die verschiedenen Blocksektionen durch Scrollen. Über die Ausklapppfeile ❸ öffnen oder schließen Sie eine Blocksektion.

Um ein Bild einzufügen, wählen Sie das Icon mit dem Titel Bild ❹ aus, und WordPress fügt den Bildblock dem Beitrag hinzu. Um ein neues Bild einzufügen, klicken Sie auf die Schaltfläche Hochladen ❺. Möchten Sie ein bereits hochgeladenes Bild auswählen, öffnen Sie die Mediathek über die gleichnamige Schaltfläche Mediathek ❻. Die Schaltfläche Von URL einfügen ❼ erlaubt Ihnen, ein Bild einer anderen Website einzufügen. Um ein neues Bild hochzuladen, ziehen Sie ein Bild entweder per Drag-and-drop von Ihrem Rechner in das graue Blockfeld ❽, oder Sie klicken auf Hochladen ❺.

Wählen Sie die schnelle Variante, lädt WordPress automatisch das Bild hoch und zeigt es dann an. Wählen Sie die zweite Variante und klicken auf Mediathek, öffnet WordPress erst einmal das Upload-Fenster und zeigt Ihnen Bilder der Mediathek an. Auch jetzt können Sie eine Datei per Drag-and-drop hochladen, indem Sie sie mit der linken Maustaste festhalten und über das Fenster ziehen. Wird das Fenster blau, lassen Sie die Maustaste los, und die Datei wird hochgeladen. Oder aber Sie klicken auf die Schaltfläche Dateien hochladen ❻ und wählen die Datei im Dateimanager Ihres Computers aus, um sie dann hochzuladen. Zum Einfügen des Bilds klicken Sie dann nur noch unten rechts auf Auswählen, und WordPress fügt das Bild als Block ein.

Sie können auch mehrere Dateien in einem Rutsch hochladen, z. B. um eine **Galerie** zu erstellen. Markieren Sie dazu die entsprechenden Bilder und ziehen Sie sie anschließend in das Fenster.

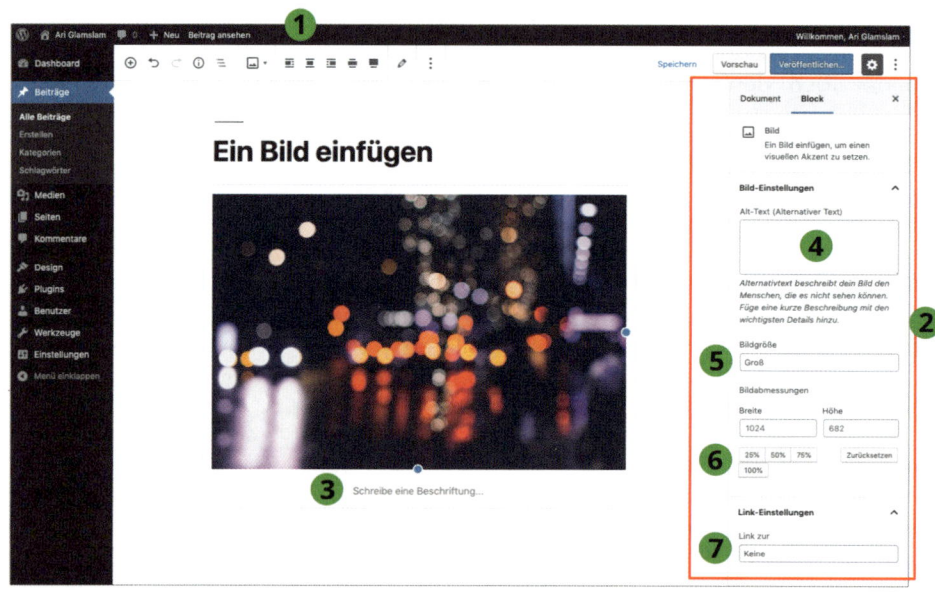

# Ein Bild in einen Beitrag einfügen (2)

Sobald Sie das Bild als Block im Editor eingefügt haben, klicken Sie einmal auf das Bild, um den Bildblock auszuwählen. Sofort ändern sich die obere Leiste ❶ und die rechte Seitenleiste ❷ von Gutenberg. Während Sie über die obere Leiste die Formatierung des Bilds steuern, bearbeiten Sie in der rechten Seitenleiste hauptsächlich die Eigenschaften. Direkt unter dem Bild fügen Sie diesem auf Wunsch mit einem Klick auf Schreibe eine Beschriftung… ❸ eine Bildunterschrift hinzu.

Bevor ich zur Formatierung komme, möchte ich Ihnen zuerst die grundlegenden Bildeinstellungen erläutern. Ein wichtiges Eingabefeld ist Alt-Text (Alternativer Text) ❹. Generell richtet sich dieses Feld an Sehbehinderte und Blinde, deren Browser die von Ihnen eingegebene Bildbeschreibung vorlesen. Darüber hinaus ist das Feld für die Suchmaschinenoptimierung interessant, da sich Google & Co. aus diesem Feld Informationen zum Bild herauspicken. Beschreiben Sie also das Bild und benutzen Sie passende Begriffe zum Thema Ihres Beitrags.

Über Bildgröße und Bildabmessungen steuern Sie die Anzeige ❺ des Bilds. Laden Sie Bilder immer in einer guten Auflösung – z. B. 3.000 × 2.000 Pixel – hoch, denn beim Upload erstellt WordPress automatisch drei verschiedene Bildgrößen: Vorschaubild, Mittelgroß, Groß. Diese wählen Sie dann über Bildgröße oder die Schaltflächen mit den Prozentzahlen ❻ aus. Über Breite und Höhe steuern Sie pixelgenau die Bildgröße.

Wenn Sie das Bild verlinken wollen, nutzen Sie die Link-Einstellungen ❼. Drei Varianten der Verlinkung bietet WordPress:

- Link zur Medien-Datei: Verlinkt das Originalbild.
- Anhang-Seite: Verlinkt eine eigene Webseite, die das Bild darstellt.
- Individuelle URL: Verlinkt das Bild mit einer Webseite Ihrer Wahl.

Möchten Sie, dass der Link in einem neuen Fenster geöffnet wird, klicken Sie auf den Schieberegler In neuem Tab öffnen.

Beachten Sie: Wenn Sie ein kleines Bild hochladen und es vergrößert anzeigen lassen, wird es wahrscheinlich verschwommen dargestellt.

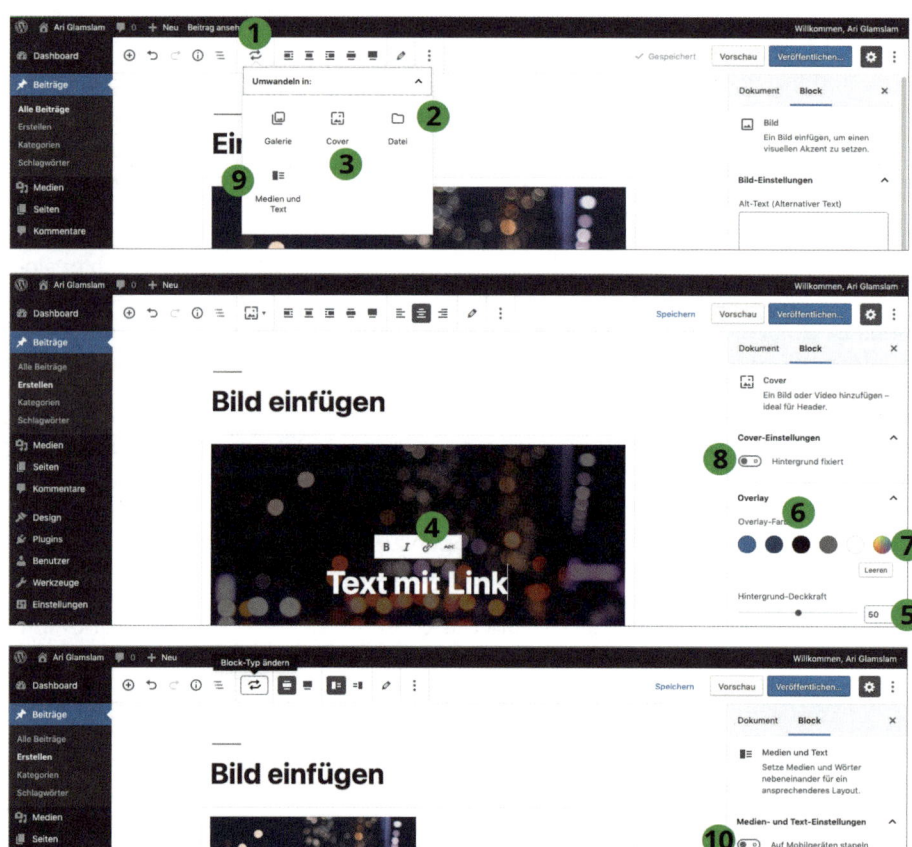

# Darstellungsvarianten: Ein Bild in einen Beitrag einfügen (3)

Seit der Einführung von Gutenberg bietet WordPress mehrere Varianten an, ein Bild anzuzeigen. Welche das neben einem normalen Bild sind, hängt vom jeweiligen Theme ab. Die zur Verfügung stehenden Möglichkeiten erfahren Sie, wenn Sie auf den Button für die Anzeige der Blocktypen ❶ klicken. Das Standard-Theme Twenty Nineteen bietet Ihnen vier Varianten an: Galerie, Medien und Text, Cover und Datei. Galerien behandele ich ausführlich auf Seite 131. Mit Datei ❷ können Sie einen Download-Link für das Bild erstellen. Das empfiehlt sich z. B. für Bilder-Downloads in hoher Auflösung. Interessant an dieser Stelle sind Cover sowie Medien und Text.

Mit Cover ❸ erstellen Sie ein Bild, über das Sie einen Text legen können. Den Text können Sie sogar verlinken ❹. Weitere Einstellungsmöglichkeiten bietet die rechte Seitenleiste. Damit sich der Text vom Bild abhebt, können Sie mit Hintergrund-Deckkraft ❺ das Bild abdunkeln. Welche Farbe beim Abdunkeln über das Bild gelegt wird, legen Sie mit der Farbpalette ❻ oder dem Farbwähler ❼ fest. Soll das Bild beim Scrollen an der Stelle »kleben bleiben«, klicken Sie auf den Schieberegler Hintergrund fixiert ❽.

Über die Bildvariante Medien und Text ❾ platzieren Sie Text nicht auf, sondern neben einem Bild. Um die Eigenschaften des Bilds oder Texts zu bearbeiten, klicken Sie auf das jeweilige Element. Hintergrundfarbe und alternativen Text kennen Sie bereits. Interessant ist beim Bildelement Auf Mobilgeräten stapeln ❿. Handelt es sich um ein größeres Bild, quetscht dieses auf Smartphones den Text eventuell an den Rand. Das verhindern Sie, indem Sie auf kleinen Bildschirmen Bild und Text stapeln. Wenn Sie auf den Text klicken, bietet WordPress in der rechten Seitenleiste die Möglichkeit, Schriftgröße, Text- und Hintergrundfarbe sowie einen Initialbuchstaben zu bestimmen. Klicken Sie auf den Schieberegler, hebt WordPress Ihnen wie bei einem Magazin oder in einem Buch den ersten Buchstaben des Absatzes hervor.

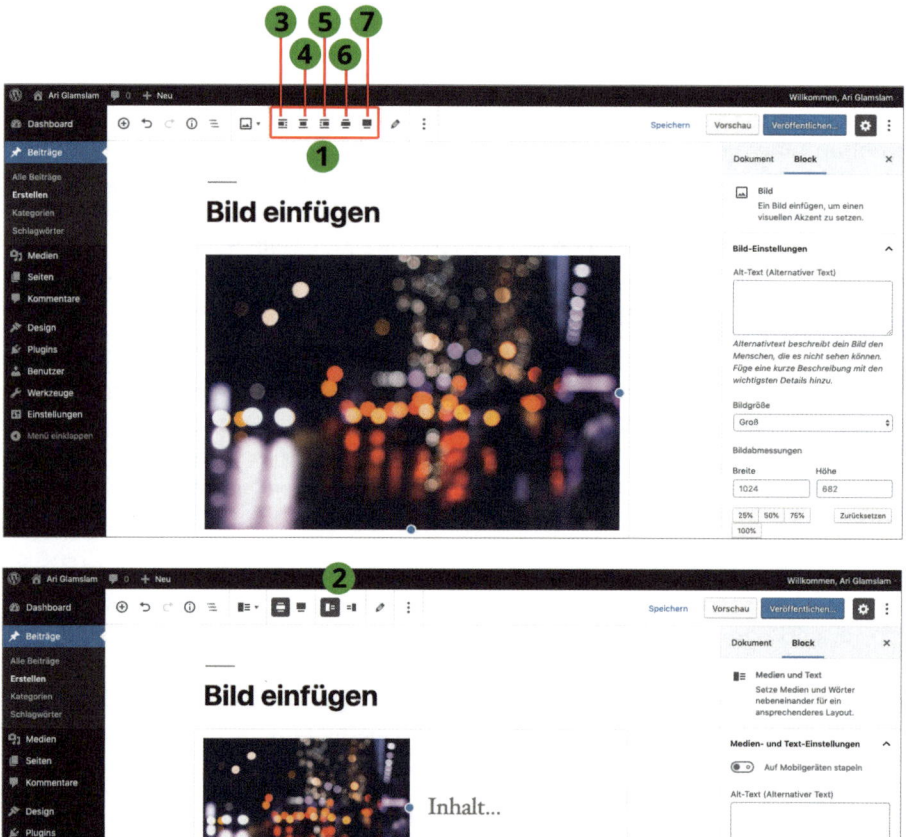

# Bildausrichtung: Ein Bild in einen Beitrag einfügen (4)

Klicken Sie zuerst auf das eingefügte Bild. Neben dem Icon für die Auswahl des Blocktyps finden Sie Icons für die Ausrichtung des angewählten Bilds ❶. Auch hier variieren die Möglichkeiten je nach Blocktyp manchmal. Beim Blocktyp Medien und Text finden Sie zwei Extraausrichtungen ❷, die bestimmen, ob der Text links oder rechts angezeigt werden soll.

In der Regel bietet WordPress für Bilder aber immer die folgenden Formatierungsmöglichkeiten:

- Linksbündig ❸: Text fließt an der rechten Seite des Bilds entlang.
- Zentrieren ❹: Zentriert das Bild.
- Rechtsbündig ❺: Text fließt an der linken Seite des Bilds entlang.
- Weite Breite ❻: Der linke und der rechte Rand des Bilds sind bündig mit den Textabsätzen.
- Volle Breite ❼: Zieht das Bild vom linken bis zum rechten Rand des Browserfensters.

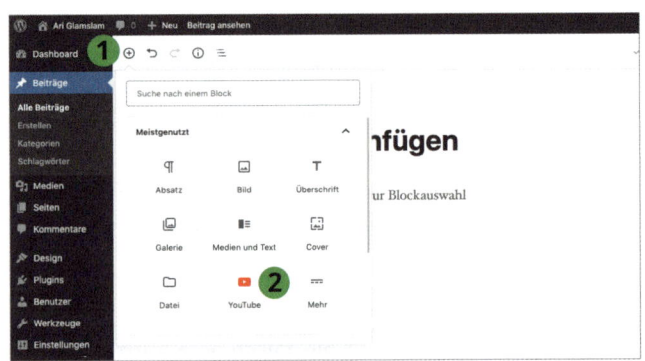

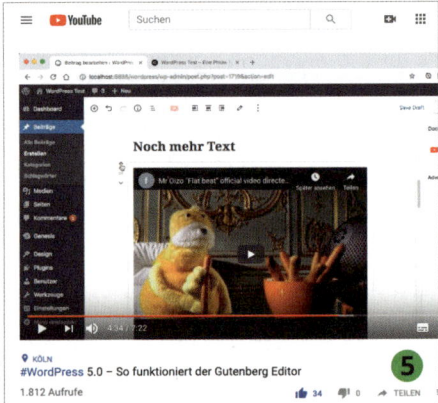

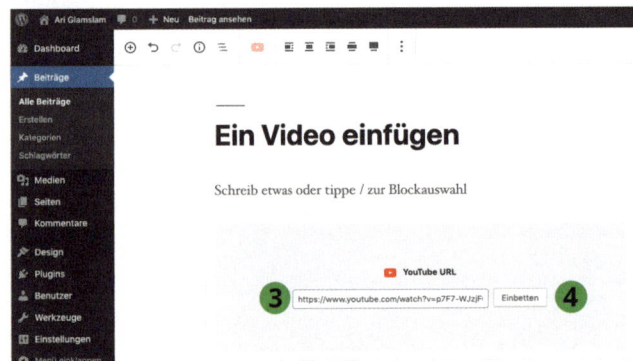

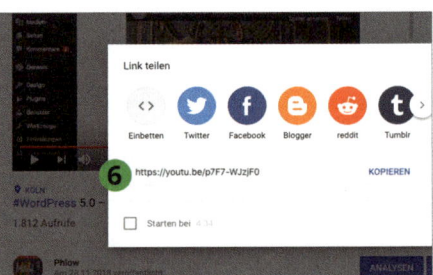

# Ein YouTube-Video einbinden

Ein YouTube-Video in einen Beitrag einzufügen, ist sensationell einfach. Suchen Sie sich für Ihren Beitrag einfach ein Video auf YouTube.com aus und kopieren Sie die Internetadresse (URL) aus der Browserzeile ❶ in Ihren Zwischenspeicher.

Öffnen Sie jetzt Ihren Beitrag und fügen Sie über das Plussymbol ❶ einen neuen Block ein. Wählen Sie den YouTube-Block ❷. Jetzt müssen Sie nur noch die YouTube-URL in das Eingabefeld ❸ kopieren und auf Einbetten ❹ klicken. Fertig!

## Hinweis

Damit die oben beschriebene Technik einwandfrei funktioniert, muss es sich um eine »pure« YouTube-Video-URL mit *https://* handeln, die wie folgt aussieht: *https://www.youtube.com/ watch?v=ZjBsNOM-PmE*. Am besten finden Sie die optimale URL, indem Sie unter den YouTube-Videos auf Teilen ❺ klicken und die anschließend angezeigte URL ❻ in Ihren Beitrag kopieren.

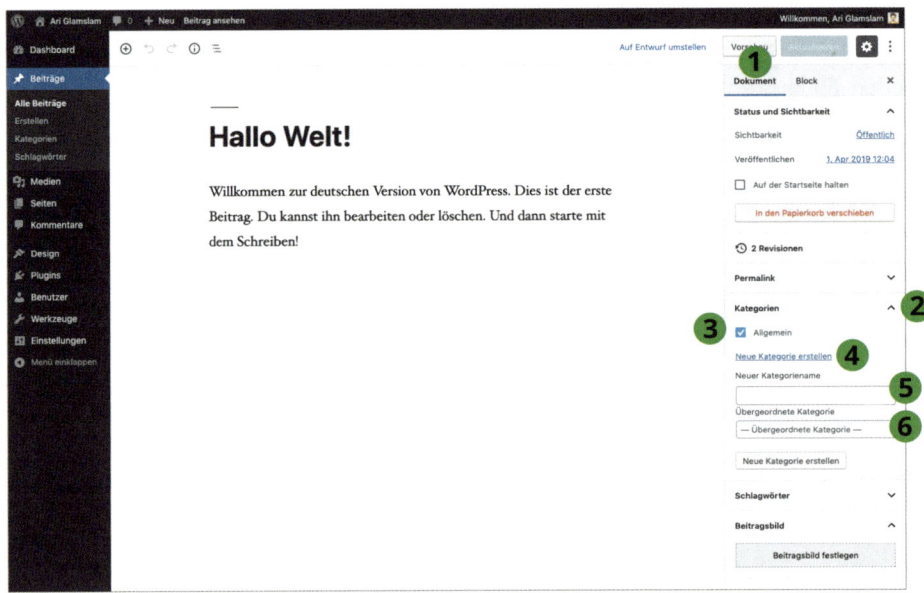

# Kategorien für Beiträge erstellen

Kategorien sind dazu da, um Beiträge zu sortieren bzw. zu klassifizieren. WordPress weist jedem Beitrag automatisch eine Kategorie zu, wenn man diese nicht aktiv auswählt. Beiträge können auch in mehrere Kategorien einsortiert werden.

Nach der Installation gibt es bereits eine Kategorie, die bei der deutschen Installation mit Allgemein betitelt ist. Der »Hallo Welt!«-Beitrag wurde dieser Kategorie schon zugewiesen.

Öffnen Sie erneut den Beitrag im Backend. In der rechten Seitenleiste bei den Eigenschaften unter Dokument ❶ finden Sie ein Ausklappmenü für die Kategorien ❷. Über den Pfeil nach unten klappen Sie das Menü aus.

Im Kategorien-Kasten ist standardmäßig ein Häkchen bei Allgemein ❸ gesetzt. Wenn Sie bereits bei der Bearbeitung eine neue Kategorie anlegen wollen, klicken Sie im Kasten Kategorien auf Neue Kategorie erstellen ❹. Geben Sie den Namen für die Kategorie in die eingeblendete Zeile ❺ ein. Haben Sie bereits Kategorien erstellt, können Sie die neue Kategorie einer bestehenden mithilfe des Ausklappmenüs Übergeordnete Kategorie ❻ unterordnen.

Wie Sie Kategorien editieren, erfahren Sie auf Seite 153.

Mein Webdesign für die EMCEL GmbH, ein Ingenieurbüro mit Sitz in Köln. Emcel bietet Beratung, Engineering und Service speziell zu den Themenfeldern: Brennstoffzelle, Wasserstofftechnologie und Elektromobilität.

👤 Ari Glamslam    🕐 9. April   **1**   🗂 Portfolio    🖿 Veröffentliche einen Kommentar
✏ bearbeiten

# Kategorieseiten aufrufen

Wie gerade erwähnt, wird jeder Beitrag mindestens einer Kategorie zugeordnet. Diese Kategorieseiten erstellt WordPress automatisch. Dadurch erhalten Ihre Besucher die Möglichkeit, Inhalte anhand von Kategorien zu durchsuchen oder zu lesen.

Um eine Kategorieseite anzuzeigen, öffnen Sie einfach Ihre Website im Browser (also im Frontend) und anschließend einen Beitrag. In der Regel finden Sie einen Link zur Kategorieseite – hier Portfolio – neben, über oder unter dem Beitrag. Beim Standard-Theme **Twenty Nineteen** finden Sie den Link zur oder zu den Kategorieseiten unter dem Beitrag ❶. Dagegen zeigt z. B. das Theme **Twenty Fourteen** die Kategorien über dem Beitragstitel ❷ an. Die Kategorienamen sind mit der Kategorieseite verlinkt, die chronologisch alle einsortierten Beiträge der jeweiligen Kategorie auflistet.

## Tipp

Die Anzahl der Beiträge pro Kategorieseite legen Sie im Backend im Menü Einstellungen → Lesen unter Blogseiten zeigen maximal fest. In der Standardeinstellung werden zehn Beiträge pro Seite angezeigt. Findet WordPress bei dieser Einstellung mehr als zehn Beiträge in einer Kategorie, stellt es einen Link auf die nächsten zehn Beiträge der Kategorie bereit.

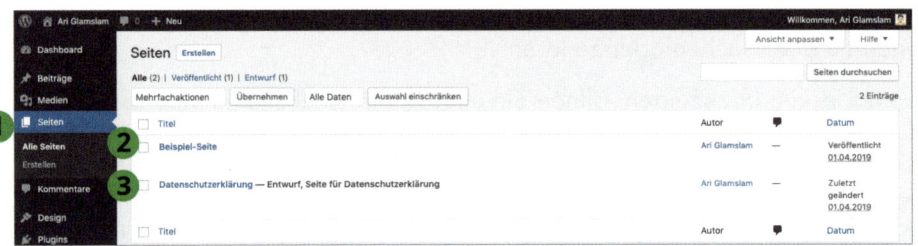

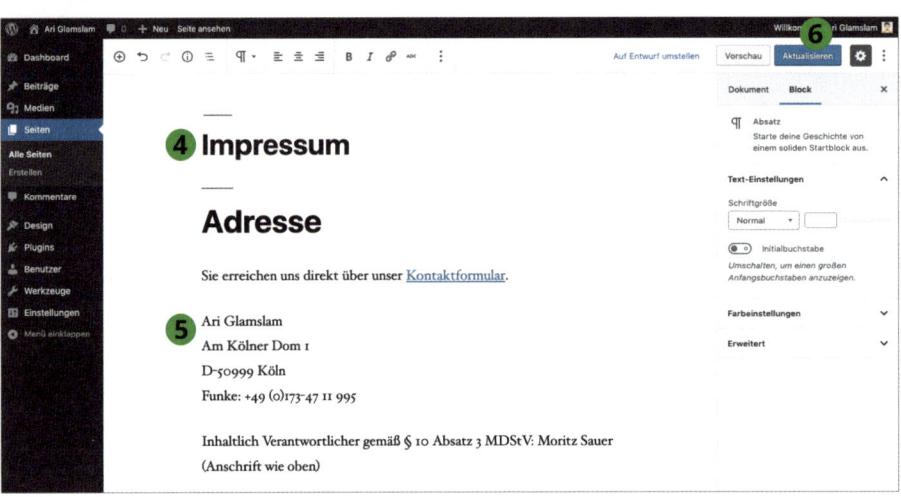

# Eine Impressumseite anlegen

Laut deutschem Telemediengesetz braucht jede Website ein Impressum. Der Link zum Impressum muss leicht zu finden sein und sollte auf jeder Webseite präsent sein. Da es wenig Sinn ergibt, ein Impressum zu kategorisieren, sollten Sie hierfür das Webseitenformat Seiten nutzen.

Den Unterschied zwischen Seiten und Beiträgen haben Sie auf Seite 47 bereits kurz kennengelernt. Seiten unterscheiden sich von Beiträgen dadurch, dass sie keine Klassifizierung aufweisen, sprich, sie unterliegen keiner Taxonomie. Seiten rufen Sie im Backend über die linke Menüleiste und den Unterpunkt Seiten ❶ auf.

Auch an dieser Stelle hat WordPress bei der Installation bereits »Dummy«-Seiten namens Beispiel-Seite ❷ und Datenschutzerklärung ❸ angelegt. Klicken Sie auf den Titel Beispiel-Seite, um die Seite zu editieren. Seiten bearbeiten Sie mit dem gleichen Editor wie Beiträge. Sie können nun die Seite umbenennen – z. B. in »Impressum« ❹. Löschen Sie dann den Dummy-Text und kopieren Sie den Text, den Sie mit einem Impressumgenerator – siehe Tipp – erstellt haben, in den Textblock ❺. Klicken Sie abschließend auf Aktualisieren ❻. Schauen Sie sich nun das Resultat im Frontend an.

Als Übung können Sie gleich noch die Seite Datenschutzerklärung fertigstellen. Nutzen Sie dazu ebenfalls einen Generator – z. B. den unter www.datenschutz-generator.de.

## Tipp

Ein juristisch einwandfreies Impressum können Sie online mit einem kostenlosen **Impressumgenerator** erstellen. Zwei gute Generatoren finden Sie unter *www.impressum-generator.de und www.e-recht24.de/impressum-generator.html*. Beide Werkzeuge führen Sie Schritt für Schritt zu einem rechtssicheren Impressum.

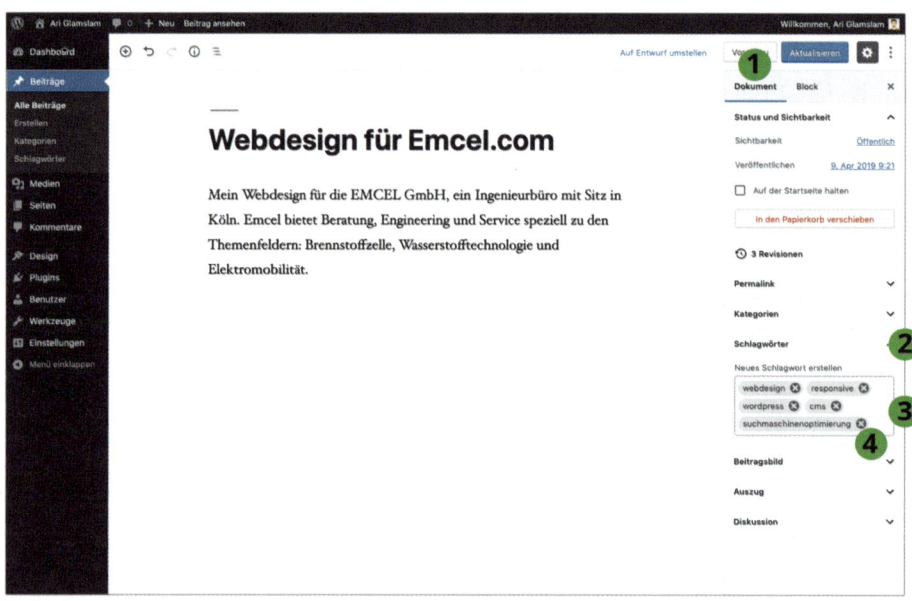

# Beiträge verschlagworten

**Schlagwörter** bilden ein mächtiges Werkzeug, um Inhalte einer Website untereinander zu verknüpfen. Der hauptsächliche Unterschied zwischen Schlagwörtern und Kategorien ist der, dass Schlagwörter Inhalte detaillierter klassifizieren. Kategorien bilden somit eher übergeordnete Bereiche, während Schlagwörter Bereiche noch einmal genauer unterteilen.

Wie bei Kategorien erstellt WordPress auch für Schlagwörter, die sogenannten **Tags**, automatisch Archive. Setzt man Schlagwörter clever ein, bündelt man thematisch zusammenpassende Beiträge für den Nutzer. Veröffentlicht man z.B. kontinuierlich Beiträge in der Kategorie Webdesign und verschlagwortet ausgewählte Beiträge zum Unterthema Suchmaschinenoptimierung, erhalten diese Beiträge ein eigenes Schlagwortarchiv. Ganz nach dem Amazon-Prinzip »Wenn Sie dies mögen, dann mögen Sie auch das« hilft man den Lesern, für sie interessante weitere Beiträge im jeweiligen Schlagwortarchiv zu entdecken. So können Sie z.B. die Leser bereits auf einer Beitragsseite darauf hinweisen, dass es noch mehr interessante Beiträge zum Thema gibt.

Beiträge zu verschlagworten, ist leicht. Öffnen Sie dazu einfach einen Beitrag – z.B. den »Hallo Welt!«-Beitrag. In der rechten Seitenleiste unter Dokument ❶ finden Sie das Ausklappmenü Schlagwörter ❷.

Geben Sie jetzt ein paar Schlagwörter, die inhaltlich zum Beitrag passen, in das Eingabefeld ❸ ein. Trennen Sie die Schlagwörter oder Schlagwortkombinationen durch Kommata ab oder bestätigen Sie das Schlagwort mit der ⏎-Taste. Wenn Sie bereits mehrere Beiträge verschlagwortet haben, schlägt WordPress bei der Eingabe automatisch Begriffe vor, wie man es auch aus der Google-Suche kennt.

Schlagwörter löschen Sie entweder über die ←-/Entf-Taste oder mit einem Klick auf das x ❹.

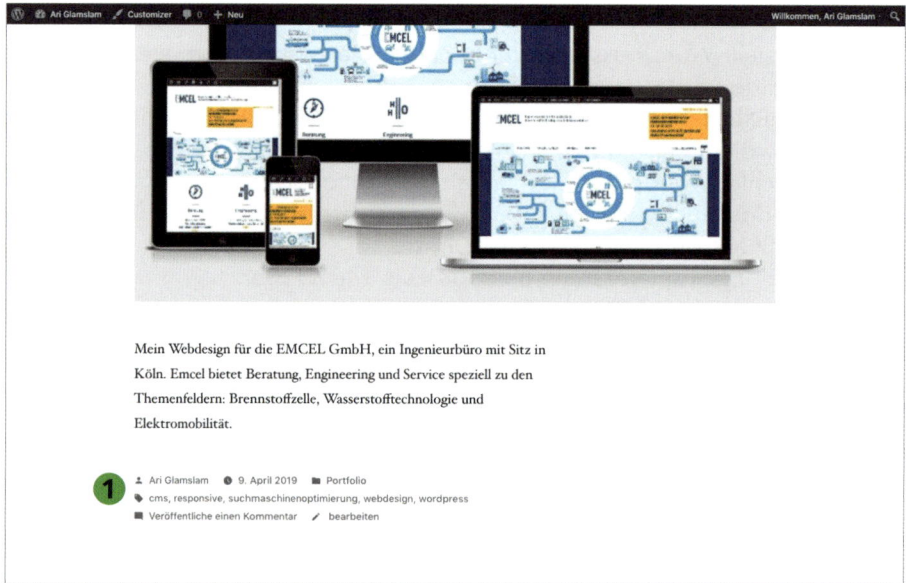

Mein Webdesign für die EMCEL GmbH, ein Ingenieurbüro mit Sitz in
Köln. Emcel bietet Beratung, Engineering und Service speziell zu den
Themenfeldern: Brennstoffzelle, Wasserstofftechnologie und
Elektromobilität.

👤 Ari Glamslam   🕐 9. April 2019   📁 Portfolio
🏷 cms, responsive, suchmaschinenoptimierung, webdesign, wordpress
💬 Veröffentliche einen Kommentar   ✏ bearbeiten

# Schlagwortarchive und Autorenseiten

Neben Archivseiten für Kategorien bietet WordPress auch **Archivseiten für Schlagwörter und Autoren** an. In der Regel finden Sie einen Link zum Schlagwortarchiv ober- oder unterhalb des Beitrags.

Wie Sie in der Abbildung sehen, listet das Theme Twenty Nineteen sowohl Autor als auch Schlagwörter unter dem Beitrag auf ❶. Die Schlagwörter haben dabei den Look eines Etiketts, und das Autorenarchiv erkennen Sie anhand des Profilumrisses. Ein Klick auf das jeweilige Schlagwort öffnet die dazugehörige Archivseite mit Beiträgen, die mit dem gleichen Schlagwort versehen wurden.

## Tipp

Zahlreiche Themes greifen für die Autorenseiten auf die Informationen zu, die Sie in Ihrem Profil – siehe dazu Seite 57 – hinterlegt haben. Dort gibt es auch das Feld Biografische Angaben, in das Sie eine Kurzbeschreibung eingeben können. Leider verwendet das Theme Twenty Nineteen diese Informationen nicht und blendet nur Ihren Namen ein.

Willkommen, Ari Glamslam

Ari Glamslam  💬 0  + Neu

Dashboard

Beiträge

Medien

Seiten

Kommentare

Design

Plugins

Benutzer

Werkzeuge

Einstellungen

Allgemein
Schreiben
Lesen
Diskussion
Medien
Permalinks
Datenschutz

Menü einklappen

## Einstellungen › Allgemein

Hilfe ▼

**Titel der Website**

Ari Glamslam

**Untertitel**

Webdesign, Marketing & SEO

*Erkläre in ein paar Worten, worum es auf deiner Website geht.*

**WordPress-Adresse (URL)**

http://localhost:8888/glamslam

**Website-Adresse (URL)**

http://localhost:8888/glamslam

*Gib hier die Adresse ein, wenn die Startseite deiner Website von deinem WordPress-Installationsverzeichnis abweichen soll.*

**E-Mail-Adresse**

webmaster@phlow.de

*Diese Adresse wird für administrative Zwecke verwendet. Wenn du diese änderst, bekommst du eine E-Mail an deine neue E-Mail-Adresse, um die Änderung zu bestätigen. Die neue Adresse wird erst nach dieser Bestätigung benutzt.*

**Mitgliedschaft**

☐ Jeder kann sich registrieren.

**Standardrolle eines neuen Benutzers**

Abonnent

**Sprache der Website**

de_DE

**Zeitzone**

Berlin

*Wähle entweder eine Stadt in deiner Zeitzone oder gib einen UTC-Zeitzonenversatz an.*

Koordinierte Weltzeit (UTC) ist 9.04.2019 10:34:19 . Die Ortszeit ist 9.04.2019 12:34:19 .

Diese Zeitzone ist zurzeit in der Sommerzeit.
Normalzeit beginnt am: 27. Oktober 2019 3:00 .

**Datumsformat**

⦿ 9. April 2019       j, F Y

# Titel und Slogan der Website ändern

Jede WordPress-Installation verfügt über einen eigenen Titel und einen eigenen Slogan. Das Beispielprojekt von Ari Glamslam nutzt den Slogan **Webdesign, Marketing & SEO**. Titel und Slogan tauchen in der Regel im Kopfzeilenbereich Ihrer Website auf und ersetzen das nach der Installation standardmäßig dort erscheinende »Eine weitere WordPress Website«.

Um den Slogan zu ändern, klicken Sie im Backend in der linken Menüleiste einfach auf Einstellungen und dann auf den Unterpunkt Allgemein ❶. Um Namen und Slogan zu ändern, geben Sie in die Eingabefelder Titel der Website ❷ und Untertitel ❸ Ihren Wunschnamen und -slogan ein.

Um die neuen Einstellungen wirksam werden zu lassen, klicken Sie ganz unten auf der Seite auf die Schaltfläche Änderungen speichern. Wenn Sie jetzt Ihre Website im Frontend erneut aufrufen, zeigt WordPress den neuen Namen und den neuen Slogan an.

## Hinweis

Mehr zu den Einstellungen erfahren Sie in Kapitel 4 ab Seite 91.

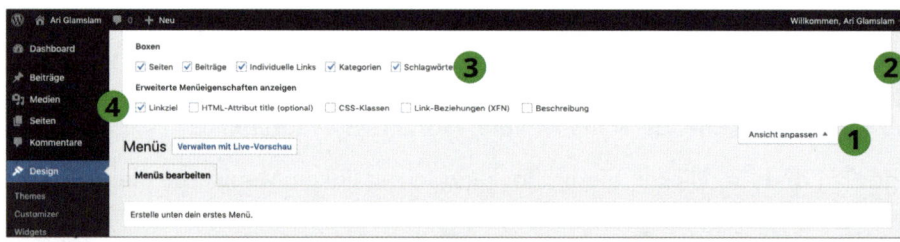

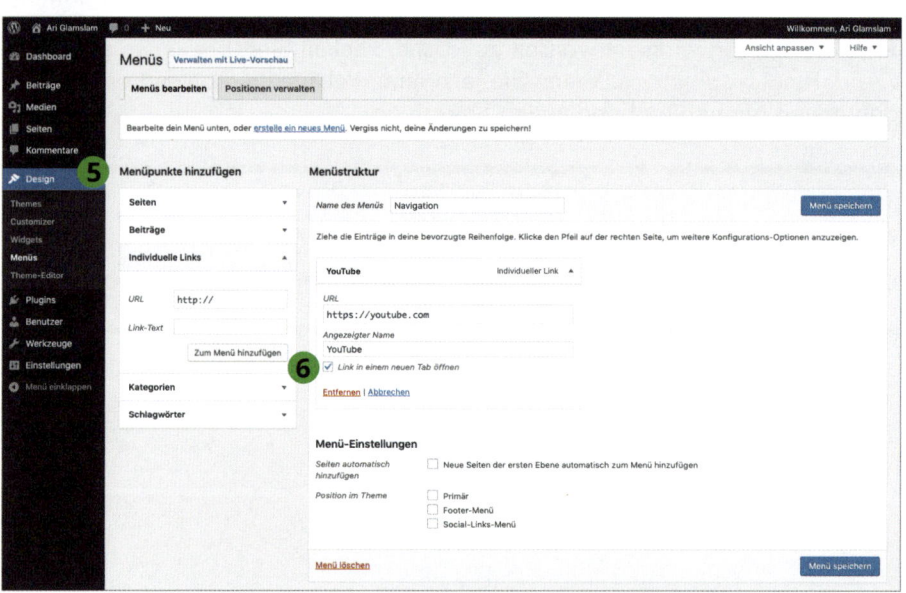

# Funktionen über Ansicht anpassen ein- und ausblenden

Selbst gestandene WordPress-Nutzer suchen manchmal Funktionen, bis ihnen einfällt, dass diese vielleicht »dank« des Panels Ansicht anpassen nicht angezeigt werden. Ansicht anpassen erlaubt Ihnen nämlich, WordPress den eigenen Vorlieben entsprechend anzupassen, und blendet auf Wunsch Funktionen und die dazugehörigen Kästen ein bzw. aus.

Diese Funktionalität sorgt ab und an für Verwirrung, weil WordPress nach der Installation nicht automatisch alle Funktionen einblendet. So sucht man z.B. bei der Erstellung eines Menüs erst einmal vergeblich die Schlagwortarchive. Diese sind zuerst ausgeblendet, können aber über Ansicht anpassen angezeigt werden. Und das funktioniert so:

Öffnen Sie den Menüpunkt Design → Menüs. Im nächsten Schritt klappen Sie über Ansicht anpassen ❶ das Panel aus ❷. Jetzt sehen Sie, welche Bausteine ein- und welche ausgeblendet sind. Spannend sind nur die beiden Checkboxen für Schlagwörter ❸ und Linkziel ❹. Setzen Sie bei beiden ein Häkchen.

Nachdem Sie Schlagwörter ausgewählt haben, erscheint sofort ein neuer Menüpunkt bei Menüpunkte hinzufügen ❺. Bei Linkziel passiert auf den ersten Blick nichts. Wenn Sie jedoch später das Menü bearbeiten, können Sie Linkziele ❻ auch in einem neuen Fenster bzw. einem Register öffnen, z.B. eine verlinkte Social-Media-Website – siehe dazu Seite 221.

# Kapitel 4
# WordPress konfigurieren

Wie jede Software oder jedes Programm können Sie auch WordPress konfigurieren, d. h. grundlegende Einstellungen für das System treffen. Die verschiedenen Möglichkeiten, WordPress zu justieren, finden Sie im Backend im linken Menü unter Einstellungen.

Hier bestimmen Sie Titel und Slogan Ihrer Website oder Ihres Blogs, und Sie nehmen wichtige Einstellungen für das Kommentarsystem oder die Medienverwaltung vor. Im Folgenden gehe ich mit Ihnen schrittweise die verschiedenen Einstellungsmöglichkeiten durch. Dabei lernen Sie WordPress besser kennen und konfigurieren das System genau nach Ihren Wünschen.

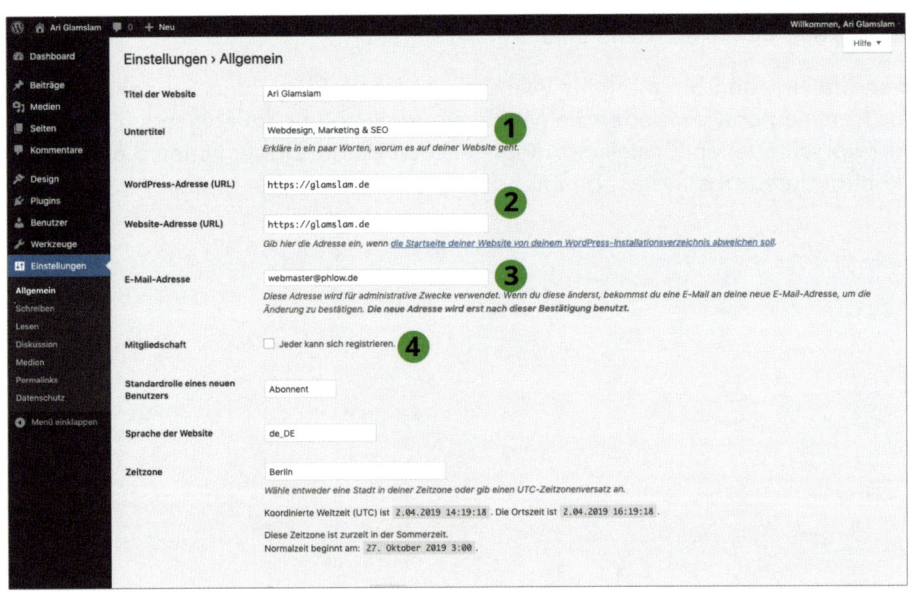

# Allgemeine Einstellungen (1)

Sollten Sie den voreingestellten Slogan ❶ noch nicht angepasst haben (siehe dazu Seite 87), klicken Sie im Backend in der linken Menüleiste einfach auf Einstellungen und dann auf den Unterpunkt Allgemein. Um Namen und Slogan zu ändern, geben Sie in die Eingabefelder Titel der Website und Untertitel Ihren Wunschnamen und -slogan ein.

Die beiden Eingabefelder WordPress-Adresse (URL) und Website-Adresse (URL) ❷ können Sie unberührt lassen. Hier tragen Sie nur dann Änderungen ein, wenn Ihre Startseite in einem anderen Verzeichnis liegt als die eigentliche WordPress-Installation. Auf die im Feld E-Mail-Adresse ❸ angegebene Adresse greift WordPress zurück, wenn das System Nachrichten verschickt, z. B. über neue Kommentare, die auf die Freigabe warten. Außerdem nutzen einige Plug-ins die hier eingegebene E-Mail-Adresse, um Ihnen administrative, das System betreffende Informationen zu schicken.

WordPress verfügt über eine **Benutzerverwaltung** mit verschiedenen Rollen für Benutzer. Jeder Benutzer hat einen Namen und ein Passwort und kann sich, wie bei Facebook, Gmail oder anderen Onlineservices, einloggen.

Die selbstständige Registrierung neuer Benutzer ergibt nur dann Sinn, wenn Sie einen passwortgeschützten Bereich mit Extrainhalten für registrierte Nutzer planen. Möchten Sie, dass sich Besucher selbstständig auf Ihrer Website registrieren können, setzen Sie ein Häkchen bei Mitgliedschaft → Jeder kann sich registrieren ❹. Anschließend können Sie noch die Standardrolle auswählen, die einem neuen Benutzer zugewiesen wird. Wenn Sie gerade erst anfangen mit dem Bloggen, ist es empfehlenswert, vorerst die Registrierung auszuschalten. Erstens ist Ihr System so besser vor Hackerangriffen geschützt, und zweitens benötigen Sie für einen passwortgeschützten Bereich ein passendes Theme. Mehr zur Benutzerverwaltung erfahren Sie auf den Seiten 117 bis 119.

**Einstellungen**

**Allgemein**
Schreiben
Lesen
Diskussion
Medien
Permalinks
Datenschutz

● Menü einklappen

**E-Mail-Adresse**

webmaster@phlow.de

*Diese Adresse wird für administrative Zwecke verwendet. Wenn du diese änderst, bekommst du eine E-Mail an deine neue E-Mail-Adresse, um die Änderung zu bestätigen. **Die neue Adresse wird erst nach dieser Bestätigung benutzt.***

**Mitgliedschaft**

☐ Jeder kann sich registrieren.

**Standardrolle eines neuen Benutzers**

Abonnent

**1** **Sprache der Website**

de_DE

**2** **Zeitzone**

Berlin

*Wähle entweder eine Stadt in deiner Zeitzone oder gib einen UTC-Zeitzonenversatz an.*

Koordinierte Weltzeit (UTC) ist `2.04.2019 14:19:18` . Die Ortszeit ist `2.04.2019 16:19:18` .

Diese Zeitzone ist zurzeit in der Sommerzeit.
Normalzeit beginnt am: `27. Oktober 2019 3:00` .

**3** **Datumsformat**

◉ 2. April 2019    `j. F Y`
◯ 2019-04-02    `Y-m-d`
◯ 04/02/2019    `m/d/Y`
◯ 02/04/2019    `d/m/Y`
◯ Angepasst:    `j. F Y`

Vorschau: 2. April 2019

**4** **Zeitformat**

◉ 16:19    `G:i`
◯ 4:19 PM    `g:i A`
◯ 16:19    `H:i`
◯ Angepasst:    `G:i`

Vorschau: 16:19

[Dokumentation zur Formatierung von Datum und Uhrzeit (engl.)](#)

**5** **Woche beginnt am**

Montag

**6** [Änderungen speichern]

# Allgemeine Einstellungen (2)

Mit Sprache der Website ❶ bestimmen Sie die Sprache im Backend und die verwendete Sprache des Themes. Diese Einstellungen funktionieren bei Themes nur dann, wenn das jeweilige Theme auch die ausgewählte Sprache unterstützt, also übersetzt wurde.

**UTC** bedeutet **Coordinated Universal Time** bzw. koordinierte Weltzeit. Die Zeitzone ❷ bekommt WordPress vom Serverrechner übermittelt. Sie können sie über das Auswahlmenü passend einstellen, damit sie Ihrer lokalen Zeit entspricht. Leben Sie in Deutschland, wählen Sie dazu einfach Berlin als Zeitzone/Stadt. Auf diese Zeitangabe greift WordPress immer dann zurück, wenn es z. B. das Erstellungsdatum eines Beitrags abspeichert oder ein Beitrag zeitgesteuert zu einem vorgegebenen Termin veröffentlicht werden soll. Mehr dazu erfahren Sie auf Seite 151.

Häufig zeigt WordPress ober- oder unterhalb der Beiträge das **Datum** und die **Zeit** an. Wie die Zeit dargestellt werden soll, können Sie über Datumsformat ❸ und Zeitformat ❹ festlegen. Wählen Sie dazu entweder eine der angezeigten Voreinstellungen oder konstruieren Sie sich die Anzeige des Datums mithilfe von Platzhaltern. Weitere Informationen finden Sie über den darunter angezeigten Link. Mit welchem Tag auf Ihrer Website die Woche beginnt ❺, legen Sie über das letzte Ausklappmenü fest.

Mit Änderungen speichern ❻ können Sie Ihre Einstellungen übernehmen.

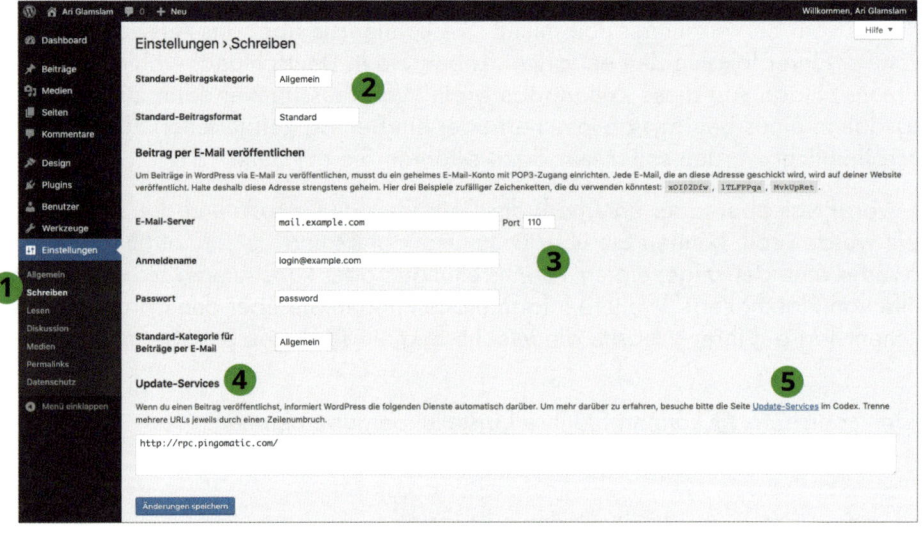

# Smileys, Lesezeichen und Standardkategorie editieren

Über den Menüpunkt Einstellungen → Schreiben ❶ bestimmen Sie, wie WordPress mit Ihren Inhalten bei der Veröffentlichung umgeht. Über Standard-Beitragkategorie und Standard-Beitragsformat ❷ legen Sie fest, welche **Kategorie bzw. Formatvorlage** für einen neuen Beitrag automatisch gewählt werden soll.

Ich kenne zwar niemanden, der Beiträge in WordPress per E-Mail veröffentlicht, aber es gibt diese Funktionalität ❸. Dazu müssen Sie sich ein E-Mail-Konto mit POP3-Zugang einrichten, das WordPress abrufen kann. Diese E-Mail-Adresse muss geheim bleiben, sonst können Fremde Inhalte auf Ihrer WordPress-Website veröffentlichen, indem sie an die Adresse eine E-Mail schicken. Mehr dazu erfahren Sie in der Beschreibung direkt unterhalb des Menüpunkts.

Die Option Update-Services ❹ sollten Sie belassen, wie sie ist. Hierbei handelt es sich um eine Möglichkeit, Update-Services über neue Beiträge zu informieren. Es gibt noch einige wenige spezialisierte Blogsuchmaschinen im Netz, die über den Update-Service Pingomatic informiert werden. Weiterführende Informationen bietet der Link Update-Services ❺.

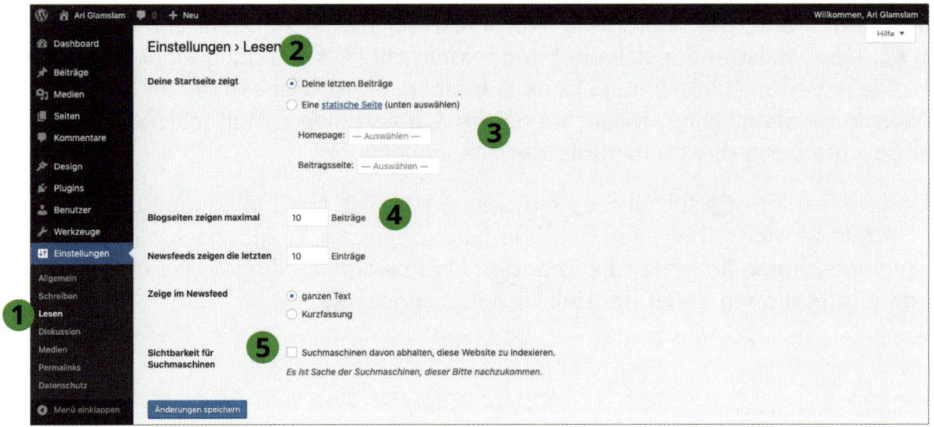

# Startseite bestimmen und Anzahl der Beiträge für Start- und Archivseiten festlegen

Über Einstellungen → Lesen ❶ bestimmen Sie, welche Startseite WordPress anzeigen soll und wie viele Beiträge auf der Startseite und im RSS-Feed (dazu gleich mehr) auftauchen sollen. Nach der Installation greift WordPress auf die Standardseite zurück. Hierbei handelt es sich um eine sogenannte **Indexseite**, die die letzten Beiträge ❷ anzeigt. Alternativ können Sie aber auch eine Seite Ihrer Wahl anzeigen lassen ❸. Welche das genau sein soll, entscheiden Sie über das Ausklappmenü. Mehr über diese Möglichkeit erfahren Sie auf Seite 169. Mit dem Auswahlmenü neben Blogseiten zeigen maximal ❹ legen Sie die Anzahl der Beiträge fest, die WordPress auf der Startseite auflistet. Beachten Sie, dass die Webseite bei Besuchern immer größer wird und sich immer langsamer aufbaut, je mehr Bilder und Inhalte Sie auf der Startseite anzeigen. Eine gute Anzahl sind fünf bis zwölf Beiträge – je nachdem, wie viele große Bilder Sie nutzen.

Mithilfe von RSS – auch **RSS-Feed** genannt – können Besucher die Inhalte Ihrer Website mit spezieller Lesesoftware (RSS-Reader) abonnieren. WordPress generiert automatisch einen RSS-Feed. Diesen können Sie über die URL *www.ihre-website.de/feed* aufrufen und z. B. mit einem Service wie Feedly abonnieren. Über Newsfeeds zeigen die letzten legen Sie fest, wie viele Beiträge der RSS-Feed beinhalten soll. Ob nur ein Auszug oder der gesamte Beitrag im RSS-Feed angeboten wird, bestimmen Sie mit der Option ganzen Text oder Kurzfassung. Wenn Sie über Google & Co. gefunden werden wollen, setzen Sie besser kein Häkchen bei Suchmaschinen davon abhalten, diese Website zu indexieren ❺, denn sonst ignorieren Suchmaschinen Ihre Website.

## Hinweis

Unter *www.phlow.org/rss-video* finden Sie ein Video, das Ihnen erklärt, wie Sie RSS zum Lesen von Nachrichten verwenden.

Einstellungen › Diskussion

| | |
|---|---|
| **Standardeinstellungen für Beiträge** | ☑ Versuchen, jedes in Beiträgen verlinkte Weblog zu benachrichtigen (verlangsamt das Veröffentlichen) |
| | ☑ Link-Benachrichtigungen von anderen Blogs (Pingbacks und Trackbacks) zu neuen Beiträgen ermöglichen |
| | ☑ Besuchern erlauben, neue Beiträge zu kommentieren |
| | *(Diese Einstellungen können für jeden Beitrag individuell geändert werden.)* |
| **Weitere Kommentareinstellungen** | ☑ Benutzer müssen zum Kommentieren Name und E-Mail-Adresse angeben |
| | ☐ Benutzer müssen zum Kommentieren registriert und angemeldet sein |
| | ☐ Kommentare zu Beiträgen, die älter als `14` Tage sind, automatisch schließen |
| | ☐ Das Opt-in-Kontrollkästchen für Kommentar-Cookies anzeigen, damit die Cookies des Kommentar-Autors gesetzt werden können. |
| | ☑ Verschachtelte Kommentare in `5` Ebenen organisieren |
| | ☐ Kommentare in Seiten umbrechen, mit `50` Top-Level-Kommentaren pro Seite und die `letzte` -Seite standardmäßig anzeigen. |
| | Die `ältesten` Kommentare sollen oben stehen |
| **Mir eine E-Mail senden, wenn** | ☑ jemand einen Kommentar schreibt. |
| | ☑ ein Kommentar auf Freischaltung wartet. |
| **Bevor ein Kommentar erscheint,** | ☐ muss der Kommentar manuell freigegeben werden. |
| | ☑ muss der Autor bereits einen freigegebenen Kommentar geschrieben haben. |

# Einstellungen für Kommentare und Moderation editieren

Über Einstellungen → Diskussion **❶** konfigurieren Sie, wie WordPress mit eingegebenen Kommentaren umgeht. Dazu bietet das System zahlreiche Einstellungsmöglichkeiten, die in erster Linie darauf abzielen, **Kommentar-Spam** zu vermeiden bzw. lästigen Kommentarschreibern, die es leider fast immer gibt, einen Riegel vorzuschieben.

Über die Option Standardeinstellungen für Beiträge **❷** entscheiden Sie, ob Ihr Blog bzw. Ihre Website versuchen soll, in Beiträgen verlinkte Websites automatisch zu kontaktieren (dieses Verfahren heißt **Trackback**, siehe dazu den Hinweis unten). Außerdem legen Sie fest, ob Sie eingehende Linkbenachrichtigungen akzeptieren oder ignorieren wollen. Ich empfehle Ihnen, hier Häkchen zu setzen, weil es die Kommunikation zwischen Websites erhöht.

Wollen Sie, dass neue Beiträge automatisch für Kommentare freigegeben werden, setzen Sie einen Haken bei Besuchern erlauben, neue Beiträge zu kommentieren **❷**. Diese Einstellung können Sie für jeden Artikel einzeln aktivieren oder deaktivieren.

---

## Hinweis

**Trackback** (auch **Pingback**) ist eine Benachrichtigungstechnik. Mit dieser Technik werden zusammenhängende Artikel auf verschiedenen Websites vernetzt. Veröffentlichen Sie z. B. einen Beitrag, der ähnliche Beiträge auf anderen Websites oder Blogs verlinkt, informiert WordPress deren Betreiber mittels Trackback automatisch über Ihren Artikel. Dadurch können Diskussionen zwischen Websites entstehen, und Sie bekommen im besten Fall mehr Aufmerksamkeit für Ihre Inhalte.

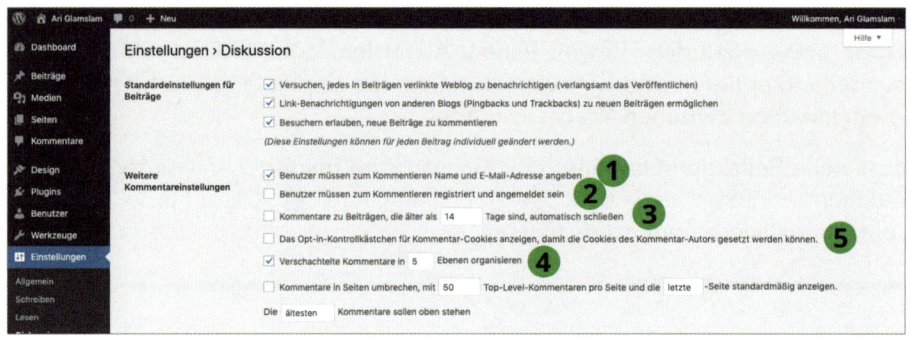

# Spam in Kommentaren erschweren

Mit Weitere Kommentareinstellungen justieren Sie WordPress, um Kommentar-Spam vorzubeugen. Viele Website-Betreiber und Blogger setzen bei der Option Benutzer müssen zum Kommentieren Name und E-Mail-Adresse hinterlassen ❶ ein Häkchen. Wenn Sie möchten, können Sie mit Kommentarschreibern aber auch restriktiver umgehen, indem Sie sie auffordern, sich zu registrieren und im System anzumelden ❷. Dazu müssen Sie Nutzern aber eine Möglichkeit bieten, sich zu registrieren. Das ermöglicht z. B. ein Widget in der Seitenleiste – mehr dazu auf Seite 211.

Spammer schreiben vorwiegend **Kommentare zu älteren Artikeln**. Um die Kommentarfunktion automatisch nach einem gewissen Zeitraum zu schließen, müssen Sie ein Häkchen bei Kommentare zu Beiträgen ... schließen ❸ setzen und den Zeitraum eingeben.

Viele Foren verschachteln Kommentare ineinander, um zu zeigen, wer auf welchen Kommentar reagiert hat. Auch WordPress bietet Ihnen diese Funktionalität. Mit Verschachtelte Kommentare in x Ebenen organisieren ❹ stellen Sie ein, ob und inwieweit Sie die Verschachtelung von Kommentaren erlauben.

Es kann vorkommen, dass ein Beitrag zahlreiche Kommentarschreiber anzieht. Mehr Kommentare bedeuten mehr Text und somit mehr Daten pro Webseite. Das verlängert dementsprechend die **Ladezeit**. Mit Kommentare in Seiten umbrechen ... ❺ bestimmen Sie, ab dem wievielten Kommentar diese auf eine separate Seite ausgelagert werden. Wird die Grenze von z. B. 50 Kommentaren überschritten, werden keine weiteren Kommentare abgebildet, stattdessen wird auf eine neue Webseite, die die nächsten Kommentare enthält, verlinkt.

Design
Plugins
Benutzer
Werkzeuge
Einstellungen
Allgemein
Schreiben
Lesen
**Diskussion**
Medien
Permalinks
Datenschutz
Menü einklappen

**Weitere Kommentareinstellungen**

☑ Benutzer müssen zum Kommentieren Name und E-Mail-Adresse angeben

☐ Benutzer müssen zum Kommentieren registriert und angemeldet sein

☐ Kommentare zu Beiträgen, die älter als [14] Tage sind, automatisch schließen

☐ Das Opt-in-Kontrollkästchen für Kommentar-Cookies anzeigen, damit die Cookies des Kommentar-Autors gesetzt werden können.

☑ Verschachtelte Kommentare in [5] Ebenen organisieren

☐ Kommentare in Seiten umbrechen, mit [50] Top-Level-Kommentaren pro Seite und die [letzte] -Seite standardmäßig anzeigen.

**(1)** Die [ältesten] Kommentare sollen oben stehen

**Mir eine E-Mail senden, wenn**

☑ jemand einen Kommentar schreibt. **(2)**

☑ ein Kommentar auf Freischaltung wartet.

**Bevor ein Kommentar erscheint,**

☐ muss der Kommentar manuell freigegeben werden.

**(3)** ☑ muss der Autor bereits einen freigegebenen Kommentar geschrieben haben.

# Kommentarreihenfolge und -moderation

Mit Die ältesten/neusten Kommentare sollen oben erscheinen ❶ entscheiden Sie über die Reihenfolge, in der WordPress die Kommentare anzeigt. Die Optionen bei Mir eine E-Mail senden, wenn … ❷ sind selbsterklärend.

Wenn Sie sichergehen wollen, dass Ihnen kein unliebsamer Kommentar durchflutscht, setzen Sie unbedingt ein Häkchen bei Bevor ein Kommentar erscheint, muss der Kommentar manuell freigegeben werden ❸. WordPress veröffentlicht Kommentare bei dieser Einstellung erst nach Ihrer Freigabe. Ein wenig lockerer, aber sehr effektiv ist die Option Bevor ein Kommentar erscheint, muss der Autor bereits einen freigegebenen Kommentar geschrieben haben. Diese Annahme geht davon aus, dass einmal abgenickte Kommentarschreiber bei weiteren Kommentaren ebenfalls die Etikette einhalten.

## Hinweis

Je restriktiver Sie WordPress einstellen, desto unwahrscheinlicher wird es, dass Besucher Kommentare zu Ihren Beiträgen schreiben, aber je laxer Sie WordPress einstellen, desto mehr Spam und Arbeit kommen auf Sie zu. Am Anfang empfehle ich Ihnen erst einmal lockere Einstellungen, die Sie bei Bedarf restriktiver gestalten. Bedenken Sie stets, dass Sie für die Kommentare – also auch rechtswidrige Kommentare – auf Ihrer Website immer haftbar gemacht werden können.

Allgemein
Schreiben
Lesen
**Diskussion**
Medien
Permalinks
Datenschutz

Menü einklappen

Kommentare in Seiten umbrechen, mit 50 Top-Level-Kommentaren pro Seite und die letzte -Seite standardmäßig anzeigen.

Die ältesten Kommentare sollen oben stehen

**Mir eine E-Mail senden, wenn**
- ✓ jemand einen Kommentar schreibt.
- ✓ ein Kommentar auf Freischaltung wartet.

**Bevor ein Kommentar erscheint,**
- ☐ muss der Kommentar manuell freigegeben werden.
- ✓ muss der Autor bereits einen freigegebenen Kommentar geschrieben haben.

**Kommentarmoderation**

Einen Kommentar in die Warteschlange schieben, wenn er 2 oder mehr Links enthält. (Eine hohe Anzahl von Links ist ein typisches Merkmal von Kommentar-Spam.) **1**

Wenn ein Kommentar im Inhalt, Namen, URL, E-Mail-Adresse oder der IP-Adresse eines der unten aufgeführten Wörter oder Werte enthält, dann schiebe diesen Kommentar zum Freischalten in die Warteschlange. Ein Wort oder IP-Adresse pro Zeile. Wortteile werden auch berücksichtigt, also wird durch „press" auch „WordPress" gefiltert.

**2**

**Kommentar-Blacklist**

Wenn ein Kommentar im Inhalt, Namen, URL, E-Mail-Adresse oder der IP-Adresse eines der unten aufgeführten Wörter oder Werte enthält, dann wird er als Spam markiert. Ein Wort oder IP-Adresse pro Zeile. Wortteile werden auch berücksichtigt, also wird durch „press" auch „WordPress" gefiltert.

**3**

# Kommentare automatisch filtern und als Spam markieren

Mithilfe der Kommentarmoderation ❶ können Sie WordPress anweisen, Kommentare in die **Warte-schleife** zu schicken, damit diese nicht automatisch veröffentlicht werden. So verschiebt WordPress bereits in den Standardeinstellungen automatisiert Kommentare mit mehr als zwei Links in die Warteschlange. Mehr als ein Link pro Kommentar ist oft ein Indiz für Kommentarbeiträge, die nur Eigenwerbung oder Spam in Form von Links beinhalten.

In das Eingabefeld darunter ❷ können Sie Wörter oder Werte eingeben, auf die WordPress neue Kommentare überprüfen soll. Taucht in einem Kommentar z. B. ein Name, eine Internet-, E-Mail- oder IP-Adresse aus der Liste auf, sortiert WordPress diesen automatisch in die Warteschlange ein.

Unter der Kommentarmoderation gibt es noch die Kommentar-Blacklist ❸. Dieser Filter funktioniert wie der vorherige, jedoch mit dem einzigen Unterschied, dass Kommentare mit den Wörtern oder Werten nicht in die Warteschlange geschickt, sondern als Spam markiert und in den **Spam-Ordner** verschoben werden. Gehen Sie darum vor allem mit diesem Filter vorsichtig um.

**Avatare**

Ein Avatar ist ein Bild, das dich von Website zu Website begleitet und neben deinem Namen erscheint, wenn du auf Websites kommentierst, die Avatare unterstützen. Hier kannst du aktivieren, dass von Leuten, die auf deiner Website kommentieren, Avatare angezeigt werden.

**Avataranzeige**

☑ Avatare anzeigen ①

**Avatare anzeigen mit der Einstufung bis einschließlich**

○ G — Jugendfrei
○ PG — Entspricht dem deutschen FSK12
○ R — Entspricht in etwa dem deutschen FSK18 ②
● X — Keine Jugendfreigabe

**Standard-Avatar**

Für Benutzer ohne eigenen Avatar, kann wahlweise ein allgemeines Logo oder ein auf Basis der E-Mail-Adresse erzeugter Avatar angezeigt werden.

● Geheimnisvolle Person
○ Kein Avatar
○ Gravatar-Logo
○ Identicon (automatisch generiert) ③
○ Wavatar (automatisch generiert)
○ MonsterID (automatisch generiert)
○ Retro (automatisch generiert)

[ Änderungen speichern ] ④

# Individuelle Bilder für Kommentarschreiber mit Gravatar

Kommentare gewinnen an Wert, wenn sie individueller und persönlicher präsentiert werden. Dafür eignet sich hervorragend ein kleines, jedem Nutzer zugeordnetes Bild, das als **Avatar** bezeichnet wird. Über den Unterpunkt Avatare unter Einstellungen → Diskussion konfigurieren Sie, ob WordPress Avatare anzeigen soll ❶.

Die Avatar-Bilder bezieht WordPress von *www.gravatar.com*. Über diesen Avatar-Service können Benutzer kostenlos ein Miniprofil erstellen und ein Avatar-Bild hochladen. Kommentiert ein Benutzer einen Beitrag auf einer Website, die den Service nutzt, erscheint neben dem Kommentar das Avatar-Bild.

Benutzer können bei Gravatar selbstständig bestimmen, ob ihr Bild jugendfrei ist. Auf diesen Filter greifen Sie mit den Einstellungen bei Avatare anzeigen mit der Einstufung bis einschließlich ❷ zurück. Verfügt ein Kommentarschreiber über kein eigenes Gravatar-Profil, entscheiden Sie mit Standard-Avatar ❸, welches Ersatzbild angezeigt werden soll.

Vergessen Sie nicht, Ihre neuen Einstellungen mit einem abschließenden Klick auf Änderungen speichern ❹ zu sichern.

## Tipp

Wenn Sie ein Blog betreiben, kann ich Ihnen nur herzlichst empfehlen, sich ein eigenes kostenloses Profil bei *Gravatar.com* anzulegen, denn durch das Bild werden auch Ihre Beiträge persönlicher. Achten Sie darauf, dass die E-Mail-Adresse Ihres Gravatar-Kontos mit der in Ihren WordPress-Profileinstellungen übereinstimmt. Nur dann erscheint Ihr Avatar-Bild auf Ihrer Website in den Kommentaren wie auch im Redaktionssystem.

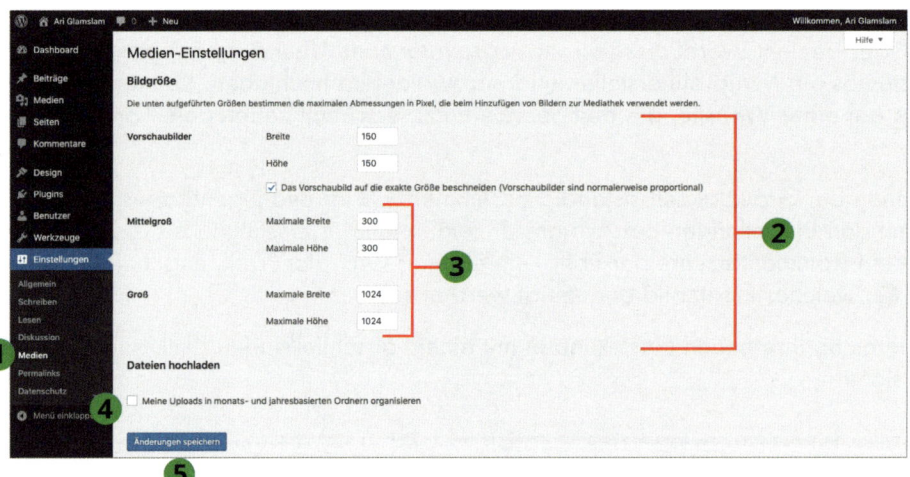

# Bildmaße und Organisation von Uploads festlegen

WordPress generiert beim Upload von Bildern automatisch Bilddateien mit verschiedenen Bildgrößen und erstellt pro Bild maximal drei weitere Varianten. Wie viele Extradateien das System erstellt, hängt von der Größe der Originalbilddatei ab (WordPress generiert nie Varianten mit Pixelmaßen, die größer als das Original sind).

Die Pixelmaße für die Varianten Vorschaubilder, Mittelgroß und Groß ❷ legen Sie unter Einstellungen → Medien ❶ fest. Während Sie für die mittelgroße und große Bildgröße ❸ lediglich die maximale Breite und Höhe bestimmen können, bietet WordPress für Vorschaubilder die Option Das Vorschaubild auf die exakte Größe beschneiden … Diese Einstellung ist nach der Installation aktiviert und erzeugt quadratische Vorschaubilder. Hierbei beschneidet WordPress die Bilder, indem es immer von der Mitte des Bilds ausgeht. Die Vorschaubilder können Sie nachträglich in WordPress bearbeiten.

Mit einem Häkchen bei Uploads in monats- und jahresbasierten Ordnern organisieren ❹ entscheiden Sie sich für oder gegen die datumsbasierte Organisation Ihrer Uploads. Setzen Sie das Häkchen, legt WordPress für jeden Upload zu einem Beitrag ein Monatsverzeichnis und ein Tagesverzeichnis abhängig vom Datum des Beitrags an. Das kann auf dem Server allerdings auch unnötig verschachtelte Verzeichnisstrukturen zur Folge haben – z. B. ein Verzeichnis samt Unterverzeichnis für einen Upload (*http://glamslam.de/wp-content/uploads/2013/04/katze.jpg*). Andererseits kann diese Struktur hilfreich sein, wenn man sehr viele Beiträge samt Uploads veröffentlicht. Ich persönlich bevorzuge die einfache Struktur (*http://glamslam.de/wp-content/uploads/katze.jpg*).

Die neuen Einstellungen übernehmen Sie mit einem abschließenden Klick auf Änderungen speichern ❺.

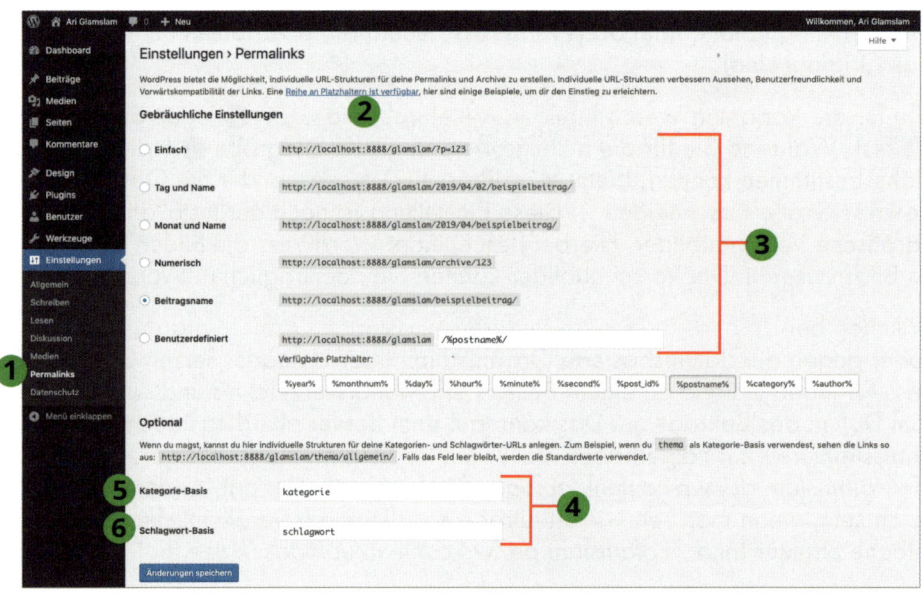

# Permalinks: Linknamen ändern, Linkstrukturen bestimmen

Ein Permalink ist die Internetadresse (URL) einer Webseite, unter der ein Beitrag dauerhaft zu finden ist. Über Einstellungen → Permalinks ❶ bestimmen Sie, wie WordPress die Permalinks aufbaut.

In den Grundeinstellungen verwendet WordPress für Permalinks Zeichen, die Fragezeichen und Zahlen beinhalten und wie folgt aussehen: *http://www.glamslam.de/?p=143*.

Solche Adressen sind nicht wirklich hilfreich, da sie keine wichtigen Schlagwörter enthalten und somit weder von Website-Besuchern noch von Suchmaschinen gut gelesen werden können. **Lesbare Links** können Sie mittels einer Vielzahl von **Platzhaltern** ❷ erzeugen und so eine eigene Permalinkstruktur aufbauen. Noch besser ist es, die Gebräuchlichen Einstellungen ❸ so einzurichten, wie in der Abbildung links gezeigt, und die Option Beitragsname zu wählen. Dadurch erhalten Beiträge Links wie z. B. *http://glamslam.de /social-media-marketing*.

Darunter können Sie noch optional ❹ die Begriffe in der **Permalinkstruktur für Kategorien** ❺ und **Schlagwörter** ❻ bestimmen. Auch das ist ratsam, weil sonst die beiden englischen Begriffe category und tag im Permalink auftauchen. So lautet dank der Einstellungen der Link zur Kategorie Webdesign wie folgt: *http://glamslam.de/kategorie/webdesign/*.

## Hinweis

Damit Sie schöne, lesbare WordPress-URLs erzeugen können, benötigt WordPress das Modul **mod_rewrite** aufseiten des Servers. Wenn Ihre Website auf einem Apache-Server liegt, sollte dieses Modul bereits aktiv sein. Ob es Ihnen zur Verfügung steht und wie Sie es gegebenenfalls aktivieren, erfahren Sie von Ihrem Webhoster.

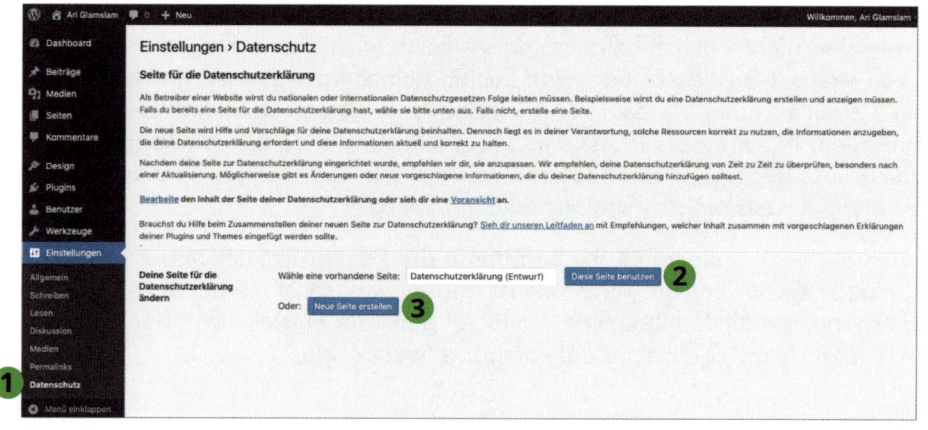

# Datenschutzerklärung anlegen

Wenn Sie eine Website betreiben, sammeln Sie unweigerlich Daten. Selbst die einfachste HTML-Webseite sammelt Daten, und zwar immer genau dann, wenn die Webseite über einen Browser abgefragt wird. Betreiben Sie eine WordPress-Website, sammelt WordPress noch eine ganze Menge mehr an Daten. Aus diesem Grund benötigen Sie auf jeden Fall neben Ihrem Impressum auch eine **Datenschutzerklärung**.

Bereits während der Installation hat WordPress für Sie einen Entwurf für eine Datenschutzerklärungsseite angelegt. Über Einstellungen → Datenschutz ❶ können Sie die Webseite jetzt veröffentlichen ❷ oder eine neue erstellen ❸. Anschließend kopieren Sie Ihre vollständige Datenschutzerklärung in die Seite.

Über das Thema Datenschutz allein könnten Juristen sicherlich ein ganzes Buch füllen. Ich kann Ihnen an dieser Stelle keine Rechtsberatung geben und verweise Sie auf einen Generator. Denn wie für ein Impressum stehen Ihnen im Internet auch für die Datenschutzerklärung Generatoren zur Verfügung. Diese unterstützen Sie bei der Erstellung einer einwandfreien Erklärung. Empfehlenswert ist der Generator der Rechtsanwaltskanzlei Dr. Schwenke unter *https://datenschutz-generator.de* oder der Generator von eRecht24 unter *https://www.e-recht24.de/muster-datenschutzerklaerung.html*.

Gehen Sie in Ruhe jeden Punkt durch, um einer Abmahnung vorzubeugen. WordPress sammelt insbesondere Daten, wenn Sie die Erweiterung Jetpack einsetzen, die Kommentarfunktion für ein Blog nutzen oder über ein Statistikprogramm Daten sammeln.

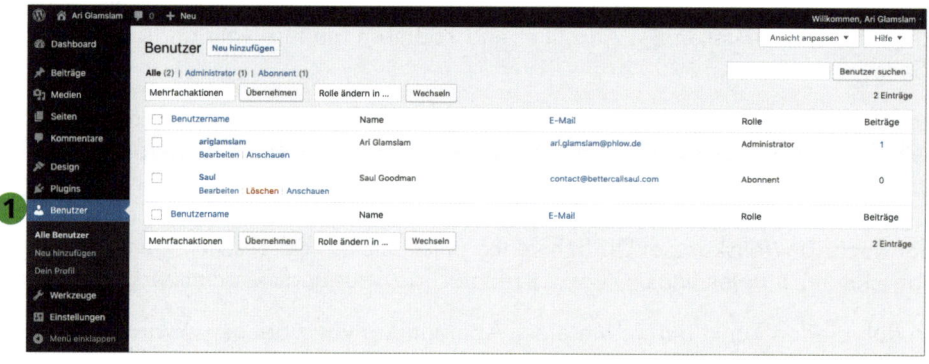

# Benutzerverwaltung: die verschiedenen Rollen für Benutzer

Damit auch Freunde, Mitarbeiter und Mitstreiter Ihre Website betreuen können, stellt Ihnen WordPress eine Benutzerverwaltung mit einem Rollen- und Rechtesystem zur Verfügung. Dieses Rollensystem unterscheidet fünf Arten von Rollen bzw. Nutzern, die jeweils unterschiedliche Rechte haben, und in welcher Form sie Änderungen auf der Website vornehmen dürfen: **Administrator**, **Redakteur**, **Autor**, **Mitarbeiter** und **Abonnent**. Die Benutzerverwaltung finden Sie über das linke Menü unter Benutzer ❶.

Möchten Sie z.B., dass neue Autoren Beiträge in das System eingeben können, aber die eigenmächtige Veröffentlichung nicht möglich ist, weisen Sie ihnen die Rolle des Mitarbeiters zu.

WordPress kennt folgende Rollen und Rechte:

**Administrator**: Der Administrator – das sind Sie – darf alles. Sie dürfen Einstellungen, Themes und Erweiterungen ändern, Sie dürfen Updates einspielen und alle Inhalte editieren.

**Redakteur**: Der Redakteur ist der einzige Nutzer, der wie der Administrator Seiten bearbeiten kann. Keinen Zugang hat er aber zu Plug-ins, Theme-Einstellungen und den allgemeinen Einstellungen.

**Autor**: Der Autor darf eigene Beiträge eigenhändig veröffentlichen und kann Mediendateien in die Mediathek hochladen.

**Mitarbeiter**: Der Mitarbeiter darf Beiträge schreiben und zur Revision vorlegen. Veröffentlichen kann diese Beiträge nur der Redakteur oder der Administrator.

**Abonnent**: Abonnenten sind registrierte Besucher Ihrer Website. Die Rolle des Abonnenten dient Programmierern der Umsetzung eines geschützten Bereichs, in dem z.B. nur eingeloggte Abonnenten Zugang zu bestimmten Informationen erhalten. Eine solche Funktionalität bieten die Standard-Themes nicht.

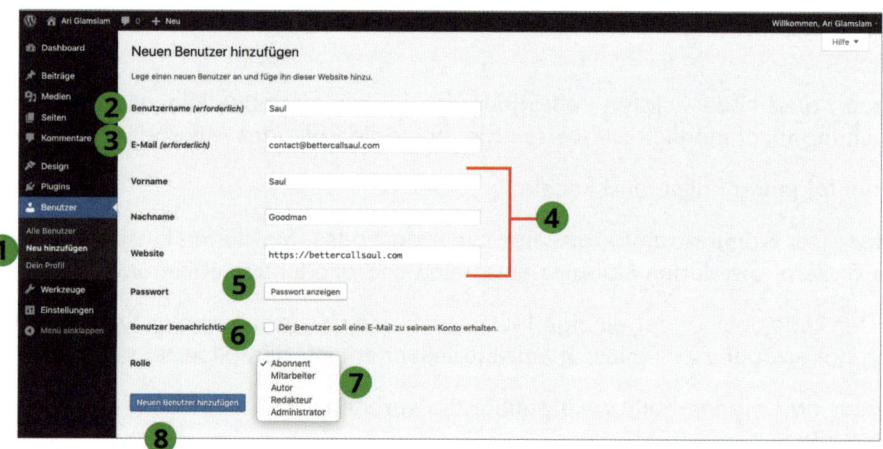

# Neue Benutzer hinzufügen

Neue Benutzer für Ihr WordPress-Projekt legen Sie im linken Menü über Benutzer → Neu hinzufügen ❶ an. Neuen Benutzern können Sie eine Rolle zuweisen, damit diese z. B. bei Ihrer Website als Redakteure oder Schreiber mitwirken. Um einen neuen Benutzer anzulegen, brauchen Sie drei Dinge: einen Benutzernamen ❷, eine E-Mail-Adresse ❸ und ein Passwort ❺. Während der Benutzer später seine E-Mail-Adresse und sein Passwort ändern kann, ist das beim Benutzernamen nicht der Fall.

Wenn Sie einen neuen Benutzer anlegen, ist es nicht notwendig, die Felder Vorname, Nachname und Website ❹ auszufüllen. Diese Informationen dürfen Benutzer selbstständig über ihr individuelles Profil jederzeit bearbeiten.

Erstellen Sie in Ihrem eigenen Interesse ein **starkes Passwort** für den neuen Benutzer. Starke Passwörter schützen Ihr System vor Hackerangriffen, insbesondere wenn der neue Mitarbeiter eine Rolle mit vielen Rechten erhält. WordPress erstellt Ihnen automatisch ein starkes Passwort. Um es zu sehen, klicken Sie einfach auf Passwort anzeigen. Beachten Sie jedoch, dass Benutzer/Mitarbeiter jederzeit ihr Passwort ändern können. Leider zwingt WordPress Benutzer derzeit noch nicht, starke Passwörter einzugeben. Leiten Sie deshalb WordPress-Nutzer dazu an, um Ihr System optimal zu schützen.

Die wichtigste Entscheidung beim Anlegen eines neuen Benutzers ist die zugewiesene Rolle – siehe vorherige Seite. Diese wählen Sie über das Ausklappmenü ❼.

Mit einem finalen Klick auf Neuen Benutzer hinzufügen ❽ erstellen Sie den neuen Benutzer und schicken diesem eine E-Mail mit dem Passwort, wenn Sie ein Häkchen bei Benutzer benachrichtigen ❻ gesetzt haben.

# Kapitel 5
## Inhalte hinzufügen, bearbeiten, löschen

Obwohl WordPress mit dem Ziel einer einfach zu bedienenden Benutzeroberfläche entwickelt wurde, gibt es zahlreiche Funktionen, die beim Erstkontakt mit dem System verwirrend wirken können. Dieses Kapitel hilft Ihnen, WordPress in den Griff zu bekommen, damit Sie Ihre Inhalte optimal auf Ihrer Website präsentieren können. Sie lernen, wie Sie den Gutenberg-Editor nutzen und ausreizen, um Beiträge zu erstellen, wie Sie Beiträge mit Links, Bildergalerien oder Schlagwörtern verfeinern und wie Sie Kommentare moderieren und editieren. Dazu stelle ich Ihnen die zahlreichen Blockelemente des Editors vor, mit denen Sie Inhalte wie Zitate, Spalten, Download-Buttons, Linktipps oder Videos besser in Szene setzen können. Schließlich erfahren Sie, wie Sie Kategorien und Schlagwörter anlegen und verwalten.

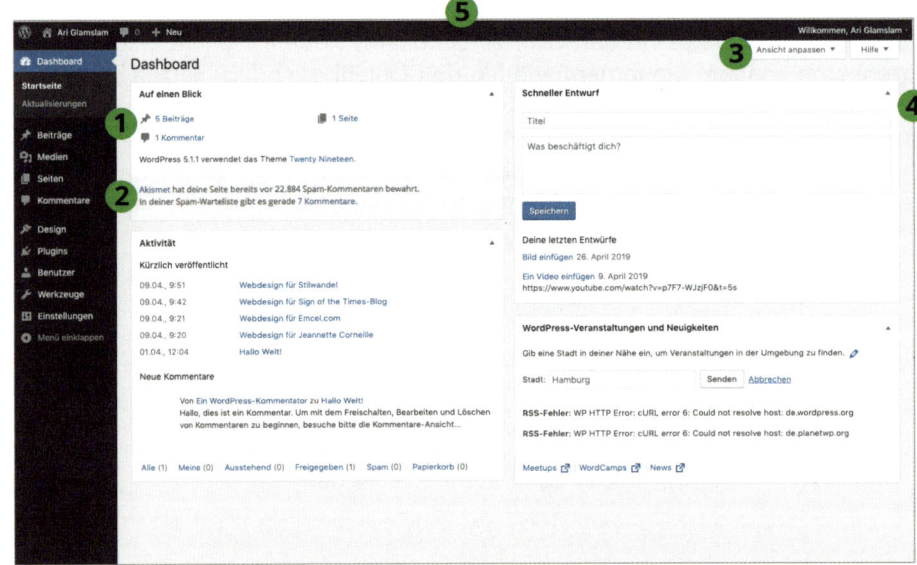

# Einloggen im Dashboard

Zum Log-in-Formular von WordPress gelangen Sie, indem Sie hinter der Internetadresse Ihrer WordPress-Startseite */wp-login.php* eingeben. So finden Sie den Log-in-Bildschirm von ari-glamslam.de z. B. unter *https://ari-glamslam.de/wp-login.php*.

Nach dem Log-in befördert WordPress Sie ins sogenannte Dashboard. **Dashboard** bedeutet so viel wie Instrumentenpult oder Armaturenbrett. Hier bekommen Sie einen generellen Überblick über das System und sehen Auf einen Blick ❶, wie viele Beiträge, Seiten, Spam und so weiter das System bereits verwaltet. Einige WordPress-Erweiterungen blenden an dieser Stelle auch zusätzliche Informationen ein, so z. B. das **Plug-in Akismet** ❷ – mehr dazu auf Seite 271.

Ihr Dashboard gestalten Sie mithilfe von Ansicht anpassen ❸. Blenden Sie hier unwichtige Kästen einfach aus, das erhöht die Übersicht (mehr zum Panel Ansicht anpassen lesen Sie auf Seite 89).

Mit dem Kasten Schneller Entwurf ❹ können Sie über das Dashboard Beiträge schnell veröffentlichen. Ich möchte Ihnen allerdings davon abraten, Schneller Entwurf zu nutzen. Der richtige und umfangreiche Editor ist lediglich einen Klick entfernt. Sie rufen ihn auf, indem Sie in der grauen Adminleiste ❺ auf +Neu klicken.

## Tipp

Um sich schneller in bestimmte WordPress-Bereiche einzuloggen, können Sie die entsprechende URL zum jeweiligen Menüpunkt auch in Ihrer Browser-Linkleiste ablegen. Öffnen Sie in eingeloggtem Zustand dazu den jeweiligen Menüpunkt und speichern Sie dann den Link in Ihren Favoriten ab. Um z. B. einen neuen Beitrag anzulegen, öffnen Sie die URL *http://ihre-website.de/wp-admin/post-new.php*. Wenn Sie noch nicht eingeloggt sind, führt Sie WordPress zuerst zum Log-in-Bildschirm und nach erfolgreichem Log-in direkt zur Eingabe eines Artikels.

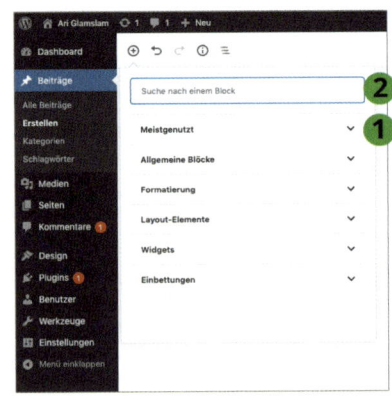

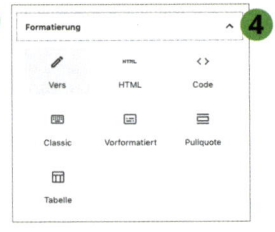

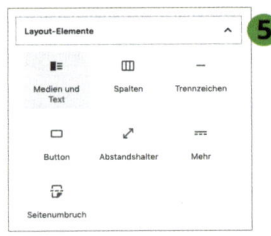

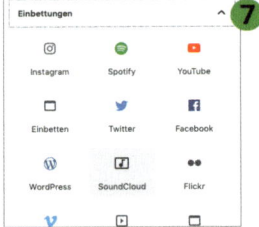

# Gutenberg und seine Blöcke

Die Gestaltungsmöglichkeiten, die Gutenberg mit sich bringt, sind gewaltig. Das sorgt beim Erstkontakt zu Beginn eventuell für Frustration, da die Blockelemente so zahlreich sind. Geben Sie sich darum Zeit und studieren Sie erst einmal das Angebot. Das stelle ich Ihnen im Weiteren vor und erläutere auf den folgenden Seiten die wichtigsten Blöcke im Detail.

Schnell werden Sie feststellen, dass Sie bestimmte Elemente immer wieder benutzen. Diese finden Sie dann entweder automatisch unter dem Ausklappmenü Meistgenutzt ❶, oder Sie wissen, wie die Blockkategorie oder das Blockelement heißt. In dem Fall finden Sie den jeweiligen Block schnell über die Suche ❷.

**Allgemeine Blöcke** ❸ versammelt die Blöcke, die Sie sicherlich am häufigsten nutzen: Absätze, Zwischenüberschriften, Listen und Bilder.

Unter **Formatierung** ❹ finden Sie spezialisierte Blöcke, wie z. B. den Block Classic, der Ihnen den guten alten Editor in Form eines Blocks einbaut, HTML für ebensolche Befehle oder Tabelle.

**Layout-Elemente** ❺ bietet Ihnen zahlreiche Gestaltungsmöglichkeiten, um Beiträge/Seiten anspruchsvoll zu designen. Dazu gehören Spalten, Abstandshalter, Mehr (Lesen), Seitenumbruch oder Buttons.

Mit **Widgets**-Blöcken ❻ bringen Sie Abwechslung und Bewegung in Artikel. Diese Elemente basieren auf Widgets – mehr dazu auf Seite 209 –, die dynamisch funktionieren. So zeigt Neue Kommentare, Neue Beiträge oder RSS aktuelle Informationen an, unabhängig vom Artikel.

**Einbettungen** ❼ deckt schließlich zahlreiche externe Websites und Services ab, die Sie in Ihre Webseite einfügen können. So bauen Sie mit Instagram Medien von Instagram in einen Beitrag ein, während Spotify den Einbau einer Playlist oder von Songs erlaubt.

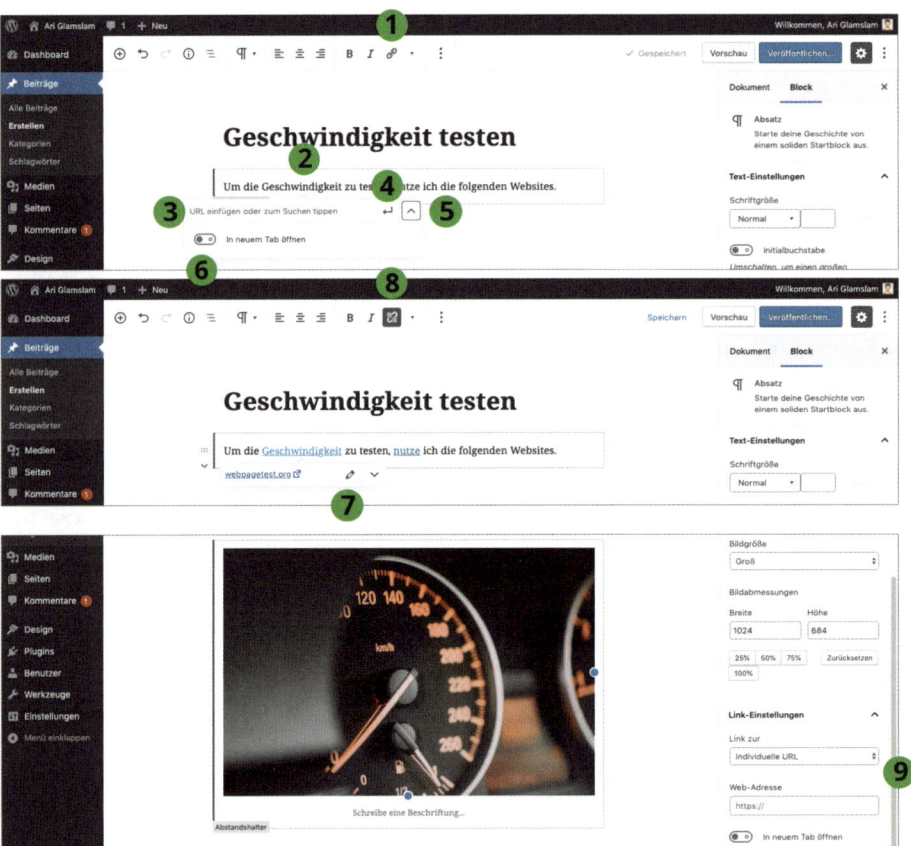

# Andere Webseiten und eigene Artikel verlinken

Links sind der Klebstoff des Internets. Um mit dem Editor Links einzufügen oder zu löschen, stehen Ihnen die beiden Verkettungssymbole zur Verfügung. Für Textlinks dient das Link-Icon ❶ in der oberen Symbolleiste. Wenn Sie Bilder verlinken möchten, finden Sie die Link-Einstellungen in der rechten Seitenleiste ❾. Und so verlinken Sie Inhalte:

1. Markieren Sie den Text, der als Link dienen sollen ❷.

2. Klicken Sie in der oberen Zeile auf das Symbol mit der Kette ❶.

3. Wählen Sie jetzt eine externe oder interne Webseite aus, die verlinkt werden soll. Mit externen Seiten sind Webseiten gemeint, die auf einem anderen Server liegen, sprich, die nicht zu Ihrem Blog bzw. Ihrer Website zählen. Interne Seiten gehören zu Ihrem Webauftritt.

   **Externe Links**: Kopieren Sie den Link der zu verlinkenden Webseite samt http:// in das Einga-befeld ❸ und drücken Sie die ⏎-Taste oder klicken Sie auf das Symbol für die Enter-Taste ❹.

   **Interne Links**: Wenn Sie eigene Beiträge oder Seiten verlinken wollen, tippen Sie einen Suchbe-griff in das Eingabefeld ❸ ein. Wählen Sie einen der angezeigten Beiträge aus und klicken Sie auf das Symbol für die Enter-Taste.

4. Möchten Sie den Link in einem externen Register oder Fenster öffnen, klicken Sie auf den Pfeil nach oben/unten ❺, und eine weitere Menüzeile klappt aus ❺. Klicken Sie auf den Schieberegler In neuem Tab öffnen ❻, damit der Link in einem neuen Fenster/Register geöffnet werden soll.

5. Klicken Sie zum Schluss auf das Symbol für die Enter-Taste ❹, um den Link einzufügen.

Einen bestehenden Link editieren oder löschen Sie, indem Sie mit der Maustaste auf den Link klicken. Anschließend editieren Sie den Link mit einem Klick auf das Stiftsymbol ❼ oder löschen den Link mit einem Klick auf das Verkettungssymbol ❽. Um den Link zu testen, klicken Sie einfach auf die URL.

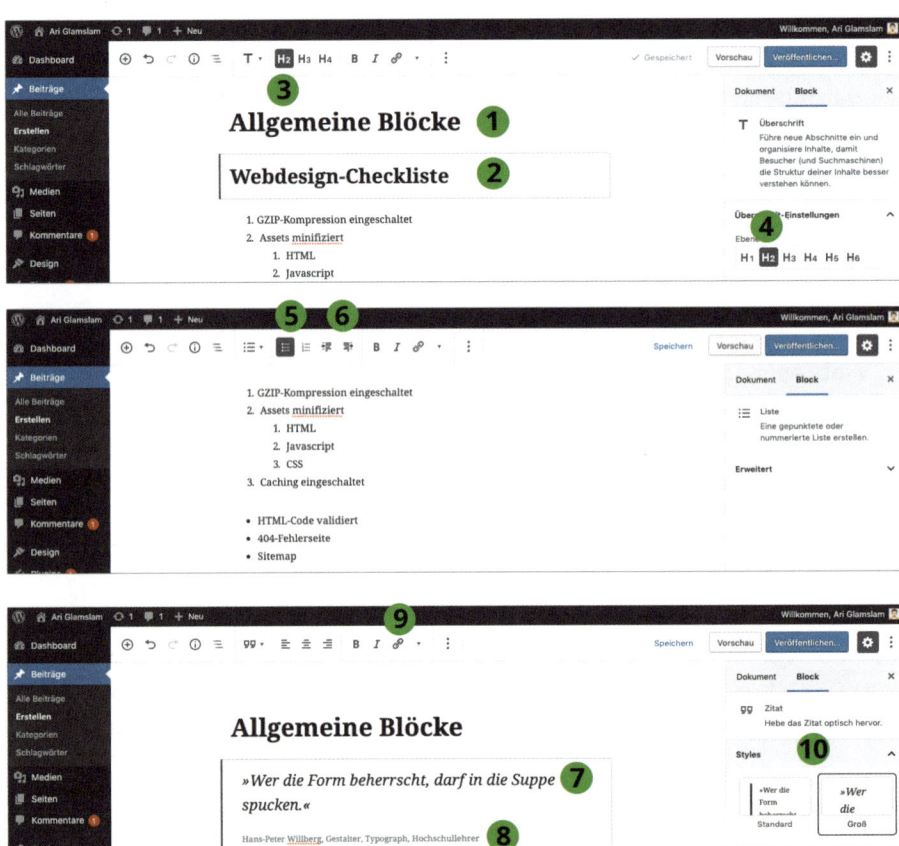

# Allgemeine Blöcke: Überschriften, Listen, Zitate

Für die Textgestaltung sind vor allem vier Elemente wichtig: Absätze, Überschriften, Listen und Zitate. Während Absätze aus reinem Text mit Fettschrift, Kursivschrift oder Links bestehen, unterteilen Zwischenüberschriften nicht nur Ihren Text. Zwischenüberschriften sorgen erstens für mehr Übersicht und helfen zweitens bei der Suchmaschinenoptimierung.

Die Überschrift erster Ordnung H1 steht für den Titel ❶ eines Beitrags/einer Seite, auf den die Zwischenüberschriften ❷ folgen. Analog zum Buch, das in Kapitel eingeteilt wird, darf eine Webseite mehrere Zwischenüberschriften zweiter Ordnung H2 haben. Zwischen den H2-Überschriften dürfen wiederum H3-Überschriften den Text unterteilen. Wenn Sie also einen Block Überschrift einfügen, sollten Sie auf die Hierarchie achten und die richtige Ebene auswählen. Die Ebenen des Überschrift-Blocks finden Sie oben ❸ und rechts ❹.

Auch Listen lockern den Lesefluss auf. Ihnen stehen nummerierte ❺ und sogenannte ungeordnete Listen mit Punkt davor zur Verfügung. Listenelemente rücken Sie über die obere Leiste ein ❻.

Mit Zitaten verfeinern Sie Beiträge. Dafür steht der Block Zitat zur Verfügung. Dieser hat zwei Felder, die Sie ausfüllen können: Zitat ❼ und Quelle ❽. Möchten Sie die Quelle verlinken, markieren Sie einfach den Text und fügen über das Kettensymbol ❾ einen Link ein. Darüber hinaus stehen für Zitate zwei Stile zur Verfügung, die Sie rechts finden: Standard und Groß ❿.

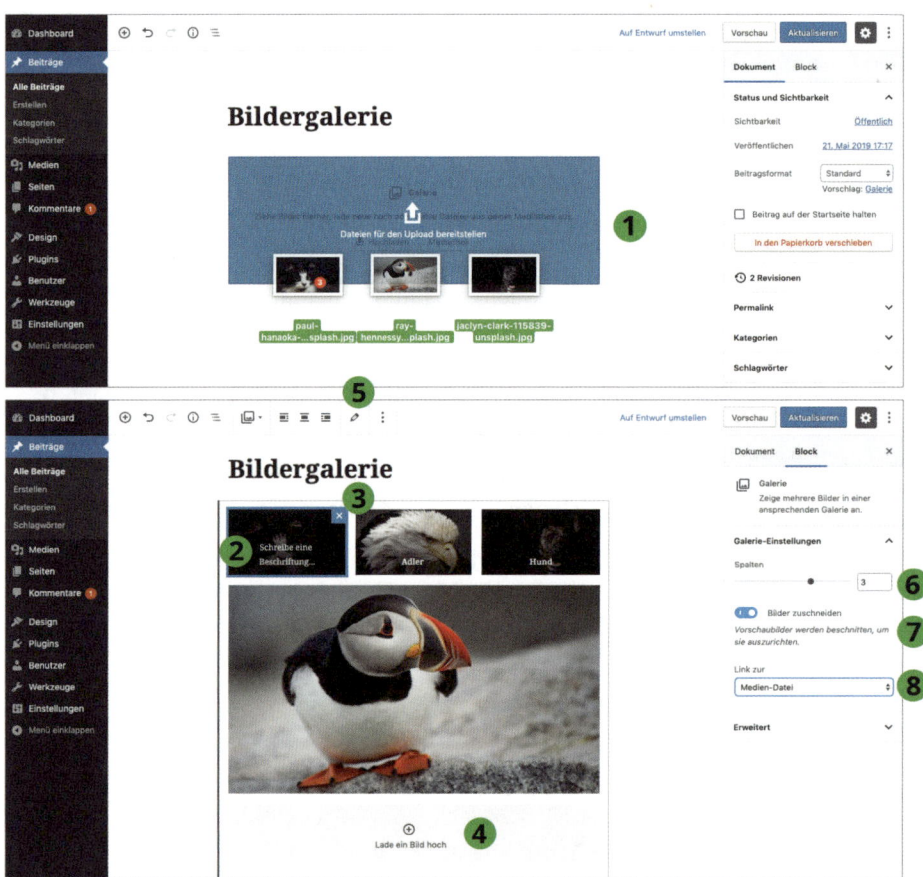

# Allgemeine Blöcke: Eine Bildergalerie erstellen

Der Block Galerie erlaubt den Einbau einer Bildergalerie. Nachdem Sie den Block eingefügt haben, müssen Sie im nächsten Schritt für die jeweilige Galerie Bilder hochladen oder aus Ihrer Mediathek auswählen. Am schnellsten laden Sie gleich mehrere Bilder per Drag-and-drop hoch ❶, indem Sie die Bilder in den leicht angegrauten Bereich Ziehe Bilder hierher … bewegen.

Nach dem Upload können Sie die Bilder beschriften, indem Sie auf das jeweilige Bild und dann auf Schreibe eine Beschriftung… ❷ klicken. Über das x ❸ entfernen Sie Bilder aus der Galerie.

Weitere Bilder fügen Sie ebenfalls per Drag-and-drop hinzu ❹, oder Sie klicken auf Lade ein Bild hoch. Möchten Sie die Bilder umsortieren, klicken Sie in der oberen Leiste auf den Stift ❺. Es öffnet sich die Mediathek, in der Sie die Reihenfolge der Bilder wiederum per Drag-and-drop ändern können. Außerdem können Sie weitere Bilder über Zur Galerie hinzufügen auswählen. Wenn Sie zufrieden sind, klicken Sie auf Aktualisieren unten rechts. Dann gelangen Sie zurück zum Gutenberg-Editor.

Das Raster der Galerie justieren Sie über die Blockeinstellungen rechts ❻. Dort legen Sie auch fest, ob WordPress Vorschaubilder korrekt beschneiden ❼ soll, damit die Galerie gleichmäßig aussieht. Außerdem empfehle ich, immer die Originalbilder mit dem Galeriebild zu verknüpfen. Dazu wählen Sie Medien-Datei über das Drop-down-Menü Link zur ❽ aus. Diese Verknüpfung ist für Erweiterungen wie z.B. Jetpack – siehe Seite 259 – wichtig, damit Bilder in einer vergrößerten Ansicht angezeigt werden können.

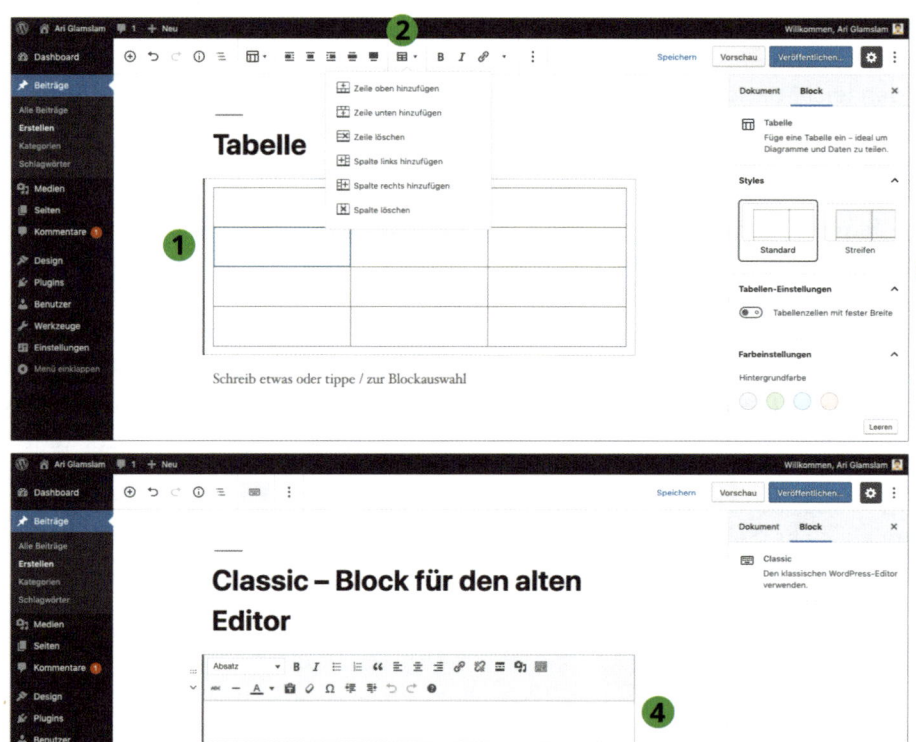

# Formatierungsblöcke: Tabelle, HTML und Pullquote

Unter Formatierung finden Sie sieben Blöcke: Vers, Tabelle, Code, Classic, HTML, Pullquote und Vorformatiert. Mit Vers bauen Sie Verse oder Gedichte in Ihre Beiträge ein. Mit Code und Vorformatiert ergänzen Sie Computercode.

Mit Tabelle realisieren Sie auf einfache Weise Tabellen ❶. Wenn Sie den Block einfügen, müssen Sie zuerst die Zeilen und Spalten festlegen. Werkzeuge, um die Tabelle zu editieren, stehen Ihnen über das Menü in der oberen Zeile zur Verfügung ❷. In der rechten Seitenleiste ❸ finden Sie Möglichkeiten, um die Tabelle über Styles, Tabellen-Einstellungen und Farbeinstellungen weiter zu gestalten.

Sollten Sie einmal den alten Editor – mehr dazu auf Seite 285 – für Ihre Beiträge und Seiten einsetzen wollen, steht Ihnen dafür der Block Classic ❹ zur Verfügung.

Der Block Pullquote ähnelt dem Block Zitate. Mit Pullquote heben Sie Sätze, Aussagen und Zitate im Textfluss hervor. Der Pullquote-Block bietet Ihnen mehr Gestaltungsmöglichkeiten als der Block Zitate. So können Sie zwischen den zwei Stilen Standard und Farbfüllend wählen, Pullquotes links oder rechts vom Text umfließen lassen und Farben für Text und Hintergrund bestimmen.

Hin und wieder kann es vorkommen, dass Sie eventuell direkt HTML-Befehle in einen Beitrag einbauen möchten, um z. B. ein Formular eines Newsletter-Service zu integrieren. Für solche Fälle gibt es den HTML-Block. Dieser ermöglicht die direkte Eingabe von HTML-Befehlen.

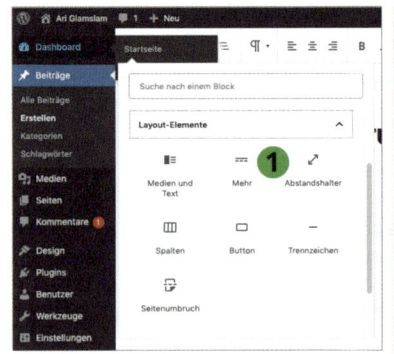

# Layoutblöcke: Anreißer mit Weiterlesen-Link erstellen

Ein Anreißer (auch Teaser genannt) ist ein kurzer Auszug ❷, der die wichtigsten Informationen eines Beitrags zusammenfasst. Er soll den Leser neugierig machen, damit dieser auf den Weiterlesen-Link ❸ klickt, um den restlichen Beitrag zu lesen.

Auch WordPress ermöglicht Ihnen, solche Anreißer für einen Beitrag zu erstellen. Das ist besonders dann sinnvoll, wenn Sie eine **übersichtliche Startseite** anzeigen lassen möchten, auf der nicht alle Beiträge in voller Länge zu lesen sind. Dies hat den Vorteil, dass die **Ladezeiten** verkürzt werden, und es hilft Ihren Besuchern dabei, einen schnelleren Überblick über Ihre Inhalte zu bekommen. Für diesen Fall steht Ihnen der Layoutblock Mehr ❶ zur Verfügung, den Sie so nutzen:

1. Öffnen Sie den Beitrag, dem Sie einen Weiterlesen-Link hinzufügen wollen.

2. Erstellen Sie zuerst einen Absatz-Block ❷ oder unterteilen Sie den ersten Absatz in zwei Absätze.

3. Fügen Sie als Nächstes den Mehr-Block unter Layout-Elemente ❸ ein.

4. Fügen Sie einen weiteren Absatz ❹ oder ein anderes Blockelement ein und veröffentlichen Sie den Beitrag.

5. Öffnen Sie die Startseite Ihrer Website. WordPress zeigt Ihnen jetzt nicht den gesamten Beitrag an ❺, sondern nur die Blöcke, die Sie vor dem Mehr-Block eingefügt haben.

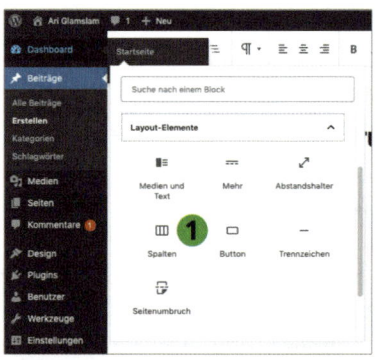

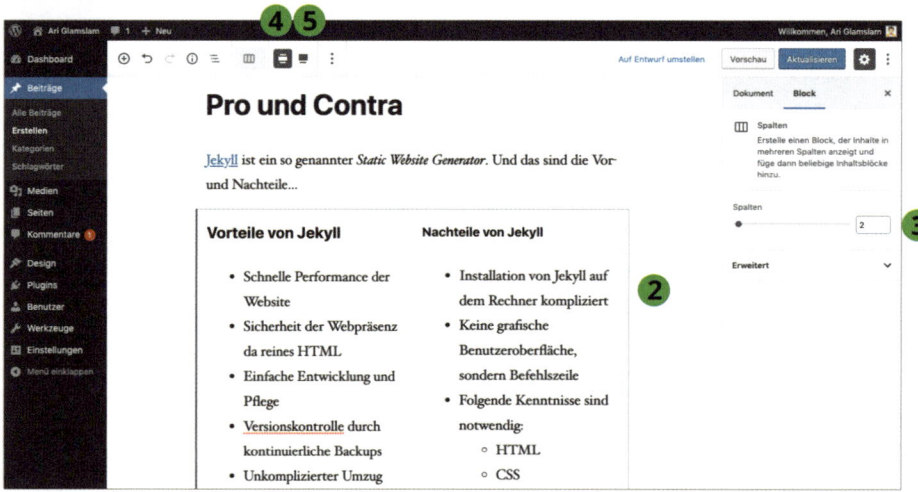

# Layoutblock Spalten: mehrspaltige Layouts

Mit dem Layoutblock Spalten bekommen Sie ein mächtiges Werkzeug für die Gestaltung Ihrer Beiträge und Seiten an die Hand. Beachten Sie jedoch, dass Inhalte, die Sie mehrspaltig anordnen, auf mobilen Geräten wie Smartphones meist nicht so angezeigt werden, wie Sie es wünschen. Der Grund ist der schmalere Bildschirm. Wird der Bildschirm zu schmal, ordnen gute Designs die Spaltenblöcke untereinander an. Im schlimmsten Fall quetscht das Layout die Spalten nebeneinander, sodass Texte kaum mehr lesbar sind.

Den Spaltenblock finden Sie unter den Layout-Elementen ❶. Nachdem Sie einen Spaltenblock eingefügt haben, können Sie innerhalb der Spalten wiederum weitere Blöcke einbauen. Schwierig wird es, wenn Sie die Einstellungen des gesamten Spaltenblocks aufrufen wollen. Dazu klicken Sie an den rechten Rand des Blocks ❷, damit Sie nicht versehentlich einen Block innerhalb einer Spalte erwischen.

Es gibt zwei Einstellungen für Spalten. Rechts bestimmen Sie die Anzahl der Spalten ❸, und in der oberen Leiste legen Sie fest, ob die Spalten die Breite des Beitrags ❹ einnehmen oder über die gesamte Breite ❺ des Bildschirms bis zum Bildschirmrand reichen sollen.

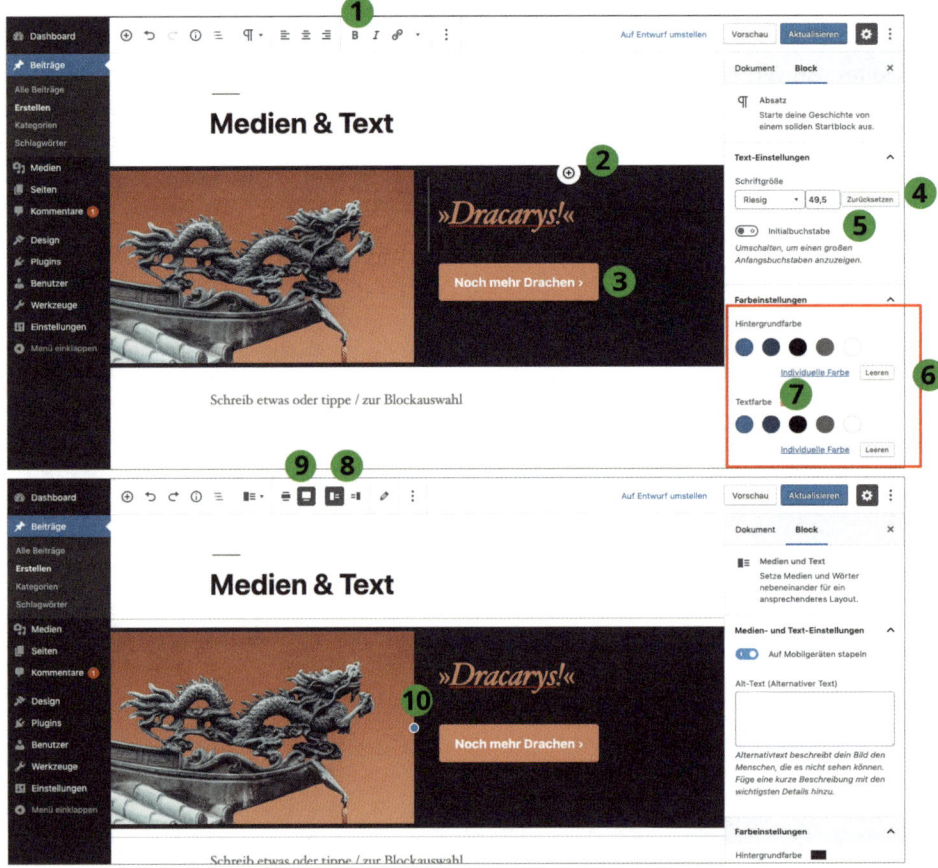

# Block Medien & Text: Bilder und Text visuell kombinieren

Mit dem Block Medien & Text unter den Layout-Elementen lockern Sie Texte visuell auf. Im Gegensatz zum Block Cover setzen Sie mit Medien & Text Texte nicht über, sondern neben die Bilder. Wie bei Absätzen stehen Ihnen auch bei diesem Element Verlinkungen, Fett- und Kursivschrift sowie Textausrichtungsmöglichkeiten zur Verfügung ❶. Wenn Sie in das Textfeld klicken, können Sie über das Plussymbol ❷ sogar weitere Blockelemente wie z.B. einen Button ❸ einfügen.

Für das Textfeld stehen Ihnen neben der Schriftgröße ❹ und einem Initialbuchstaben ❺ auch Farbeinstellungen für Text und Hintergrund ❻ zur Verfügung. Eigene Farben oder Farbcodes bestimmen Sie, indem Sie auf Individuelle Farbe ❼ klicken. Dann öffnet sich ein Farbwähler mit Eingabefeld für Farbcodes.

Um das Bild zu gestalten, müssen Sie es anklicken. Dann können Sie es links oder rechts positionieren, indem Sie in der oberen Leiste auf die dazugehörigen Icons ❽ klicken. Im Beispiel wird der Block über die gesamte Breite gezogen. Dazu dienen die Icons gleich daneben ❾. Über den blauen Punkt ❿ verkleinern oder vergrößern Sie das Bild. Achten Sie darauf, dass Sie die Option Auf Mobilgeräten stapeln aktivieren. Diese Funktion verhindert, dass auf mobilen Geräten Bild und Text gestaucht werden, was meist nur hässlich aussieht.

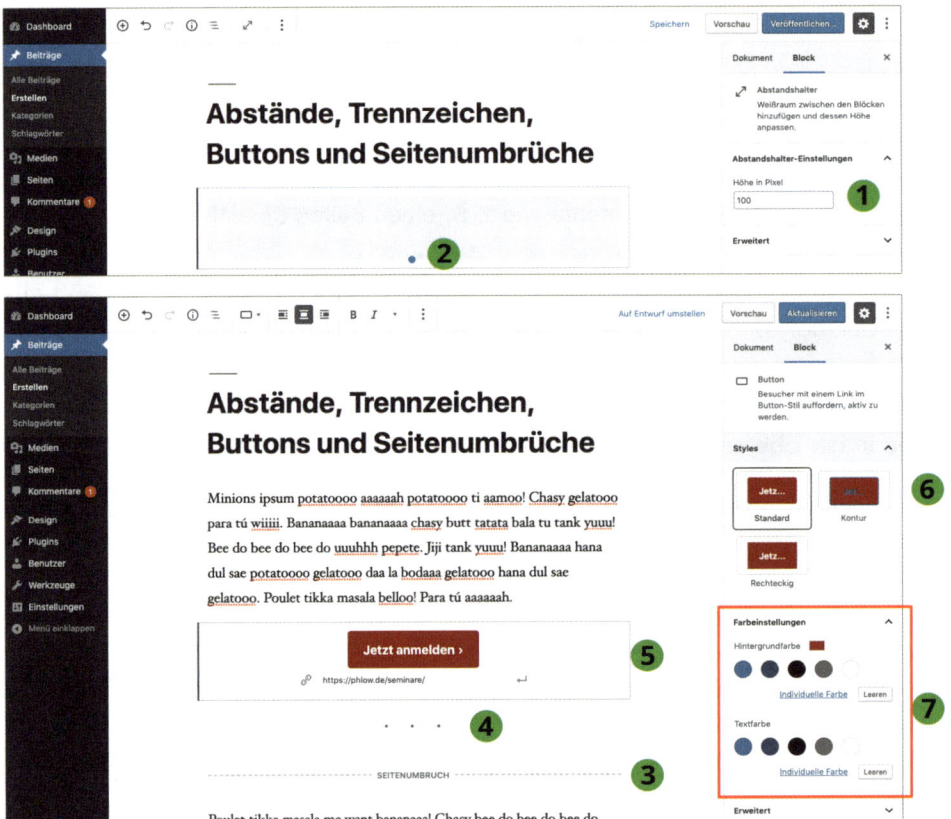

# Abstände, Seitenumbrüche, Trennzeichen und Buttons

Manchmal genügt der Abstand zwischen Texten, Bildern und Medien nicht. Dafür steht Ihnen der Block Abstandshalter zur Verfügung. Die Größe des Abstands bestimmen Sie entweder pixelgenau über die Seitenleiste ❶, oder Sie verändern den Abstand per Maus über den blauen Punkt ❷.

Veröffentlichen Sie längere Artikel, ist es nützlich, die Texte auf mehrere Seiten zu verteilen. Sie kennen das vielleicht von Artikeln auf Zeit.de und ähnlichen Medien. Das hat gleich mehrere Vorteile: Einerseits fühlt sich der Leser nicht durch die Überlänge eines Artikels überfordert, andererseits erhöhen Sie dadurch Ihre Klickzahlen. Um einen Beitrag oder eine Seite zu unterteilen, steht Ihnen darum der Seitenumbruch zur ❸ Verfügung.

Als weiteres Element, um Artikel aufzulockern, dienen Trenner ❹, wie Sie sie aus Büchern kennen. Trenner markieren oft einen Zeitsprung, Gedankensprung oder Szenenwechsel. Je nach Theme stehen Ihnen verschieden gestaltete Trenner zur Verfügung.

Ein wichtiges eigenständiges Gestaltungselement von Websites sind Buttons. Mit dem Button-Block ❺ fügen Sie auf markante Weise Links ein. Diese Schaltflächen sind nützlich für Downloads und vor allem die sogenannten Call-to-Action-Buttons, die als Handlungsaufforderung dienen: »Buchen Sie das Seminar ›«, »Tragen Sie sich ein ›«, »Schauen Sie sich die Ergebnisse an ›«. Auch Buttons stehen in verschiedenen Varianten ❻ zur Verfügung, und Text- und Hintergrundfarbe ❼ lassen sich variabel gestalten.

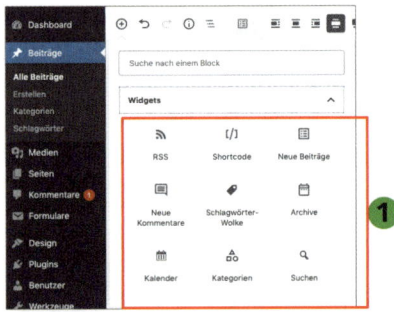

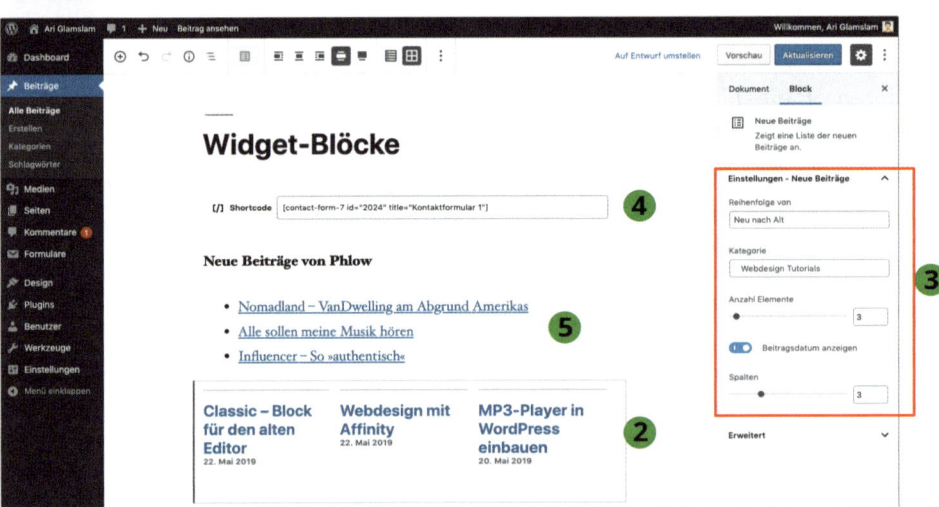

# Widget-Blöcke: dynamische Inhalte für Beiträge und Seiten

Block-Widgets ❶ – siehe dazu auch Plug-ins und Widgets auf Seite 209 – sind kleine Module für Inhalte. Mit den verschiedenen Block-Widgets fügen Sie meist dynamische Inhalte in Ihre Beiträge ein. So integrieren Sie z. B. mit den Block-Widgets Neue Kommentare, Kategorien, Kalender, Archive, Schlagwörter und Neue Beiträge aktuelle Inhalte in einen Beitrag oder eine Seite. Erscheint ein neuer Kommentar auf Ihrer Website, wird er beim nächsten Aufruf im Widget angezeigt.

Nützlich ist so z. B. das Block-Widget Neue Beiträge ❷. Über dieses bauen Sie leicht Verlinkungen zu ähnlichen Inhalten in Ihren Beitrag ein – ganz nach dem Motto: Wem Webdesign-Tutorials gefallen, dem könnten auch diese Beiträge gefallen. Über die rechte Seitenleiste ❸ bestimmen Sie dann Reihenfolge, Kategorie, Anzahl und Spalten, in denen die Inhalte präsentiert werden. Neben den Spalten gibt es auch zwei verschiedene Ansichten, die Sie über die obere Leiste steuern.

Mithilfe des Shortcode-Widgets ❹ fügen Sie Inhalte ein, die Ihnen über Erweiterungen zur Verfügung gestellt werden. Ein Shortcode ruft hierbei die Funktionen der jeweiligen Erweiterung auf. Im Beispiel fügt der Shortcode ein Formular der beliebten Erweiterung Contact Form-7 ein. Ohne Erweiterung funktioniert der Shortcode nicht.

Spannend ist auch das RSS-Widget ❺. Über dieses laden Sie externe Inhalte in den Beitrag. So können Sie z. B. das Widget mit folgender URL füttern: *http://phlow.de/blog/index.xml*, und WordPress zieht die neuesten Blogbeiträge meines Blogs in Ihren Beitrag. Oder Sie nutzen die hauseigenen RSS-Feeds Ihrer eigenen Seite und bauen automatisch aktuelle Beiträge Ihres Schlagwortarchivs ein. Eine URL sieht dann ungefähr so aus: *https://domain.de/tag/html/feed/*.

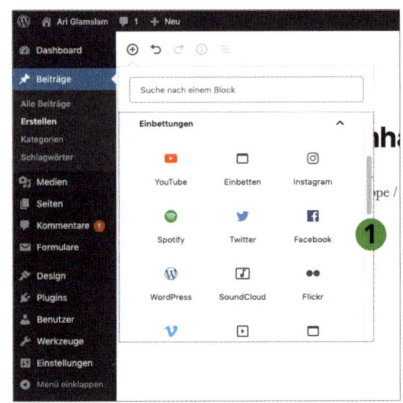

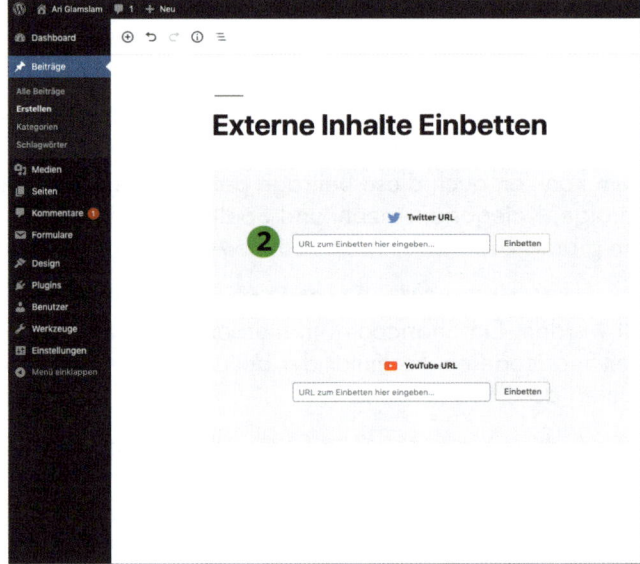

# Externe Inhalte in Beiträge und Seiten einbetten

Mit den Elementblöcken unter Einbettungen fügen Sie externe Inhalte in Ihre Beiträge und Seiten ein, z. B. ein YouTube-Video oder einen Instagram-Beitrag. Technisch passiert dabei Folgendes: Word-Press lädt in ihre Webseite eine andere Webseite ein, indem ein bestimmter Bereich dafür freigegeben wird – so als würden Sie in eine Webseite ein rechteckiges Loch stanzen, in dem andere Inhalte angezeigt werden. Diese Technik basiert auf einem HTML-Befehl namens <iframe>.

Das bedeutet, dass nicht nur eine, sondern zwei Webseiten geladen werden: Ihre Webseite und – bleiben wir bei YouTube – die Webseite von YouTube mit dem YouTube-Player. Das ist alles wunderbar einfach und erlaubt, aber schwierig mit der Datenschutzerklärung, der DSVGO, vereinbar. Denn jetzt sammeln zwei Websites Daten: Ihre Präsenz und YouTube. Das Gleiche gilt für Instagram, Spotify oder auch eine Google Map.

Das Problem lösen Sie leicht, indem Sie anstelle der Einbettung ein Bild, einen Screenshot, einbauen und es – im Beispiel von YouTube – mit dem Video auf YouTube verlinken. Sollen die Videos auf Ihrer Website auftauchen, müssen Sie Ihre Datenschutzerklärung anpassen oder ein Plug-in nutzen, das erst die Einwilligung des Benutzers abfragt.

Die Einbettung selbst geht einfach: Zuerst suchen Sie sich den passenden Block ❶ aus, fügen den Block ein und kopieren die URL zum Video, zum Instagram-Posting und so weiter einfach in das Eingabefeld ❷.

## Tipp

Die kostenpflichtige Erweiterung Borlabs Cookie unter *https://de.borlabs.io/borlabs-cookie/* kann automatisch Inhalte von YouTube, Vimeo, Google Maps und andere iframe-Inhalte blockieren und erst per Klick durch den Besucher nachladen.

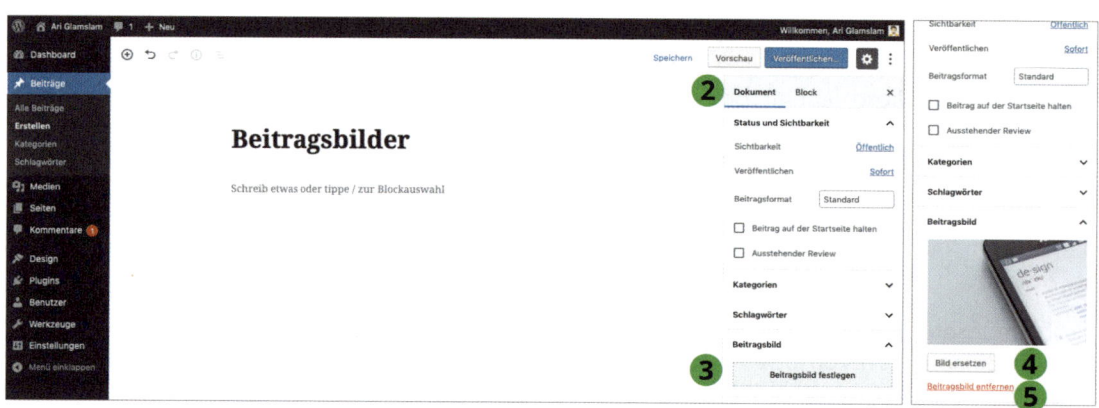

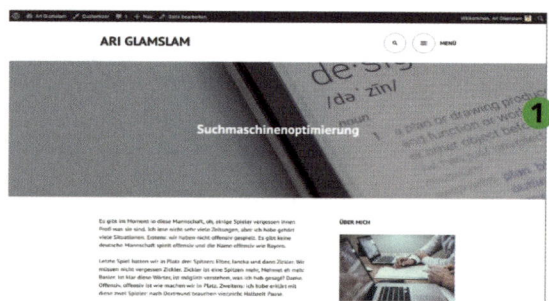

# Ein Beitragsbild festlegen

Einem Beitrag oder einer Seite kann explizit ein eigenes Artikelbild zugewiesen werden. Dieses Bild steht ähnlich der Überschrift stellvertretend für den Beitrag/die Seite. Themes nutzen diese Funktionalität auf verschiedene Weise. So baut das Standard-Theme **Twenty Nineteen** Beitragsbilder nur für Seiten als Kopfzeilenbild ❶ ein.

Um ein Beitragsbild festzulegen, gehen Sie wie folgt vor:

1. Wählen Sie im Gutenberg-Editor Dokument ❷ in der rechten Seitenleiste.
2. Klicken Sie auf Beitragsbild festlegen ❸.
3. Wählen Sie in der Mediathek das Bild aus und klicken Sie auf die Schaltfläche Auswählen unten rechts.

Wenn Sie jetzt die Seite veröffentlichen oder aktualisieren, sehen Sie auf Ihrer Website Ihr festgelegtes Beitragsbild in der Kopfzeile.

Über Bild ersetzen ❹ tauschen Sie das Bild aus oder löschen es über Beitragsbild entfernen ❺.

## Tipp

Beitragsbilder kommen oft bei Sonderseiten, den Templates, zum Einsatz, so z. B. beim Template Startseite des Themes Edin – siehe Seite 237.

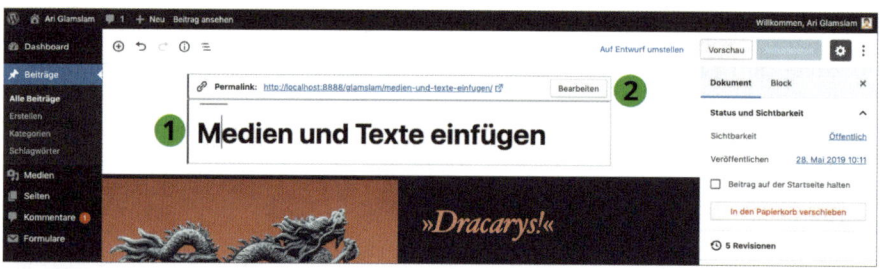

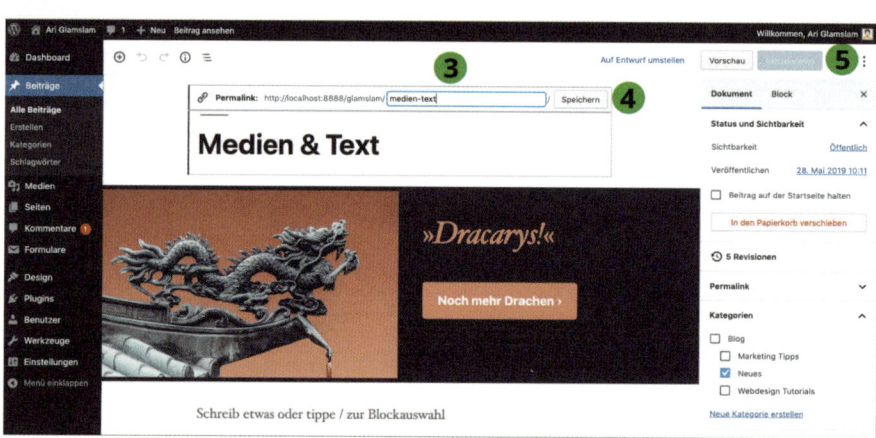

# URLs für Beiträge ändern

Angesichts des immer größer werdenden Webs kommen Sie auch als Betreiber einer kleinen Website oder eines Blogs nicht umhin, Ihre Seiten für Suchmaschinen wie Google oder Bing zu optimieren. Wenn Sie einen Begriff googeln, besteht die Antwort, die die Suchmaschine ausspuckt, in der Regel aus drei Elementen: einem Titel, einem Textauszug und einer URL, hinter der sich der gesuchte Artikel verbirgt. Diese drei Elemente sind aber nicht nur für den ersten Eindruck beim Suchenden wichtig, sondern sie sind ebenso zentral, wenn es darum geht, von den **Suchmaschinen** gut gefunden zu werden. Sie sollten deshalb versuchen, die Begriffe, die Ihren Beitrag/Ihre Seite besonders gut charakterisieren (die sogenannten **Keywords**), im Titel, im Textauszug und in der URL Ihrer Beiträge bzw. Ihrer Seiten unterzubringen.

Wenn Sie die Schritte auf Seite 113 befolgt haben, bietet Ihnen WordPress die Möglichkeit, den Link jedes einzelnen Beitrags und jeder Seite direkt zu texten. Andernfalls übernimmt WordPress diese Aufgabe für Sie und erzeugt automatisch eine URL, die es aus dem Titel Ihres Beitrags/Ihrer Seite ableitet. So konvertiert WordPress z.B. einen Titel wie »Wie sicher sind Daten auf Handy und Smartphone?« zu *https://domain.de/wie-sicher-sind-daten-auf-handy-und-smart-phone*. Benutzerfreundlicher wäre dagegen die URL *https://domain.de/datensicherheit-handy smartphone*.

Und so ändern Sie eine URL:

1. Öffnen Sie den entsprechenden Beitrag oder die Seite.

2. Klicken Sie auf den Titel ❶ und …

3. … dann auf Bearbeiten ❷.

4. Ändern Sie den Permalink ❸ und klicken Sie dann auf Speichern ❹.

5. Speichern, veröffentlichen oder aktualisieren ❺ Sie den Artikel, um die Eingaben zu übernehmen.

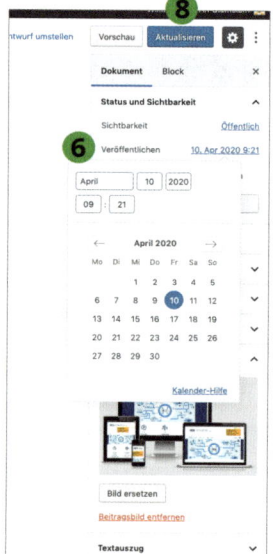

# Inhalte zeitgesteuert veröffentlichen und mit Passwort schützen

Über Dokument ❶ in der rechten Seitenleiste bestimmen Sie, ob, wann und wie ein Beitrag bzw. eine Seite angezeigt wird. Hier steuern Sie, wer Beitrag oder Seite zu sehen bekommt und wer nicht.

Einen Beitrag oder eine Seite veröffentlichen Sie über die Schaltfläche Veröffentlichen. Sie können den Status eines bereits veröffentlichten Beitrags bzw. einer Seite über Sichtbarkeit ❷ ändern, aber auch wieder zurück auf Privat ❸ setzen. Klicken Sie dazu auf Sichtbarkeit und wählen Sie die Option Privat. Jetzt fragt WordPress in einem kleinen Pop-up noch einmal nach, ob Sie das wirklich wollen. Sobald Sie mit OK bestätigen, kann niemand außer den anderen Mitarbeitern den Beitrag bzw. die Seite sehen.

Beiträge und Seiten lassen sich auch mit einem Passwort schützen. Wählen Sie dazu unter Sichtbarkeit die Option Passwortgeschützt ❹ und legen Sie das gewünschte Passwort im Feld direkt darunter ❺ für den Beitrag bzw. die Seite fest. Der Beitrag erscheint jetzt nur noch mit Überschrift. Damit WordPress den Beitrag/die Seite anzeigt, muss der Besucher das entsprechende Passwort eingeben.

Mit Veröffentlichen ❻ bestimmen Sie Zeit und Datum der Veröffentlichung des Beitrags/der Seite. Wenn Sie einen Zeitpunkt in der Zukunft wählen, veröffentlicht WordPress den Beitrag zum angegebenen Zeitpunkt. Mit dieser Funktion können Sie Inhalte für die Zukunft planen und nach Datum sortieren.

Mit der Option Beitrag auf der Startseite halten ❼ pinnen Sie einen Beitrag oben auf der Startseite fest. Das heißt, WordPress ignoriert die Sortierung nach Datum und fixiert den Beitrag an der obersten Position, auch wenn es bereits Beiträge neueren Datums gibt.

Vergessen Sie nicht, die neuen Einstellungen mit einem Klick auf Aktualisieren ❽ zu übernehmen.

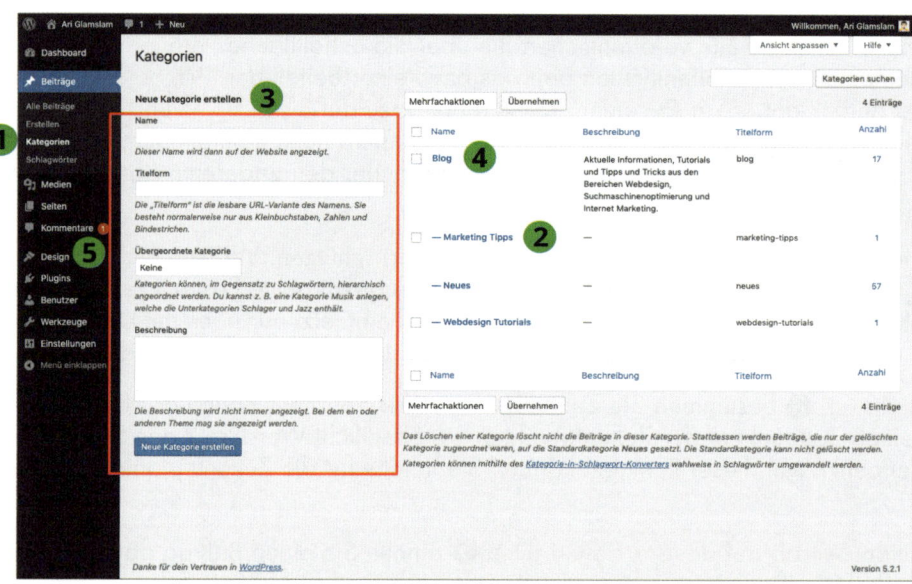

# Kategorien erstellen, verwalten und beschreiben

Kategorien für Beiträge organisieren Sie über Beiträge → Kategorien ❶. Über die Kategorieverwaltung legen Sie neue Kategorien an, editieren oder löschen vorhandene Kategorien und ordnen sie hierarchisch. WordPress ermöglicht auch Subkategorien, die man anhand der Einrückung samt langem Bindestrich erkennt ❷. Eine neue Kategorie legen Sie in der Übersichtsseite der Kategorien an ❸. Bei einer bestehenden Kategorie müssen Sie auf den Kategorienamen ❹ klicken, um sie zu bearbeiten. Für jede Kategorie gibt es vier Eingabefelder ❺ zum Feinjustieren:

**Name**: In diesem Feld legen Sie den Kategorienamen fest, den WordPress auf der Website anzeigt.

**Titelform**: Mit Titelform legen Sie die URL-Variante des Kategorienamens fest. Hier können Sie nur Kleinbuchstaben, Zahlen und Bindestriche nutzen. Sonderzeichen wie z. B. ä, ö und ü sind nicht erlaubt und werden von WordPress automatisch in ae, oe und ue verwandelt. Lautet ein Kategoriename beispielsweise »Übung«, benennt WordPress ihn also automatisch in »uebung« um.

**Übergeordnete Kategorie**: Um eine Kategorie einer anderen unterzuordnen, wählen Sie die jeweilige Elternkategorie über das Ausklappmenü aus.

**Beschreibung**: Zahlreiche Themes greifen für die Kategorieseiten auf die Kategoriebeschreibung zurück und zeigen diese ganz oben auf der Kategorieseite an. Über die Beschreibung der Kategorie helfen Sie vor allem neuen Besuchern, einen guten Einblick in Ihre Inhalte zu gewinnen.

Um eine neue Kategorie anzulegen, klicken Sie abschließend auf Neue Kategorie erstellen.

## Hinweis

Wenn Sie eine Kategorie löschen, bleiben die dieser Kategorie zugeordneten Beiträge erhalten. Diese werden einfach in die oberste Kategorie verschoben.

# Schlagwörter aussuchen und nutzen

Mithilfe von Schlagwörtern und den dazugehörigen Archiven helfen Sie Ihren Besuchern, **ähnliche Inhalte** zu finden, und außerdem treiben Sie damit die Aufrufe von weiteren Inhalten auf Ihrer Website bzw. Ihrem Blog in die Höhe. Zwar bieten Kategorien eine ähnliche Möglichkeit, aber in der Regel geht man mit dem Anlegen neuer Kategorien besser vorsichtig um.

Die für einen Beitrag vergebenen Schlagwörter listen Themes unterschiedlich auf. Das Theme Twenty Nineteen zeigt die Schlagwörter unterhalb eines Beitrags samt weiterer Metainformationen an ❶.

Schlagwörter bieten sich für eine **feinere Strukturierung** der Inhalte an. Ganz nach dem Prinzip »Wer das mag, mag auch das!« können Sie Schlagwörter strategisch nutzen, um Besucher zu ähnlichen Inhalten zu führen. Ein Beispiel:

Ari Glamslam führt ein Blog, in dem er Beiträge unter anderem in der Kategorie **Webdesign** veröffentlicht. Sämtliche seiner Webdesignbeiträge verschlagwortet Ari Glamslam, z. B. mit Suchmaschinenoptimierung, HTML, CSS, WordPress und so weiter. Für jedes Schlagwort erstellt WordPress automatisch ein Schlagwortarchiv, z. B. unter *http://ari-glamslam.de/schlagwort/wordpress*. Wenn der Autor einen weiteren WordPress-Beitrag schreibt, verlinkt er innerhalb des Beitrags den Begriff WordPress im Text mit dem dazugehörigen Schlagwortarchiv. So bündelt er Beiträge und weist seine Leser darauf hin.

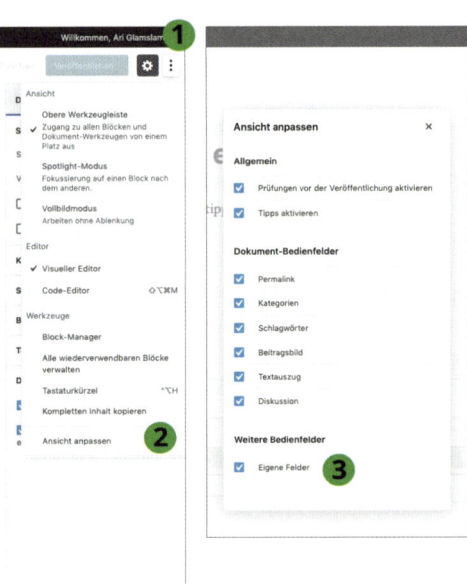

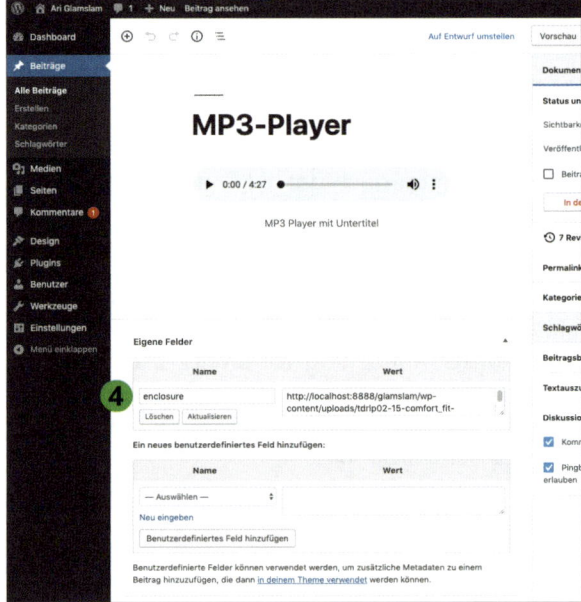

# Eigene/Benutzerdefinierte Felder für Mediendateien

Jeder Beitrag und jede Seite kann neben den herkömmlichen Eingabefeldern zusätzliche Inhalte abspeichern. Dafür stehen die **benutzerdefinierten Felder**, auch Eigene Felder genannt, zur Verfügung. Generell nutzen Ihnen eigene Felder nur dann, wenn eine Erweiterung oder ein Theme diese Felder anlegt und auf sie zugreift. Damit die eigenen Felder angezeigt werden, müssen Sie sie erst einmal über die Ansicht anzeigen lassen, und das geht so:

1. Speichern Sie zuerst Ihren Beitrag ab.
2. Klicken Sie im Beitrag in der oberen Leiste auf die drei gestapelten Punkte ❶.
3. Wählen Sie Ansicht anpassen ❷.
4. Setzen Sie vor Eigene Felder ❸ ein Häkchen.
5. Bestätigen Sie den Pop-up-Dialog und klicken Sie auf Verlassen.

WordPress speichert die Einstellungen ab, lädt den Beitrag neu und zeigt jetzt unterhalb der Blöcke Eigene Felder an. So speichert z.B. die Erweiterung **WordPress SEO** zusätzliche Informationen wie Metadaten in den benutzerdefinierten Feldern ab. Und das Plug-in **PowerPress** für Podcaster hinterlegt hier weitere Informationen zum MP3 zur Sendung.

In einem Fall können Sie sich darauf verlassen, dass WordPress automatisch ein neues benutzerdefiniertes Feld anlegt: wenn Sie eine Mediendatei wie **MP3, MP4 oder ein ähnlich bekanntes Format** direkt in Ihren Beitrag einbauen ❹.

Im Beispielbeitrag habe ich ein Musik-MP3 über den Audioblock eingefügt. Das hat WordPress beim Speichern des Beitrags erkannt und automatisch ein benutzerdefiniertes Feld namens enclosure angelegt ❹. In diesem Feld speichert das System den Link zur verlinkten MP3-Datei ab.

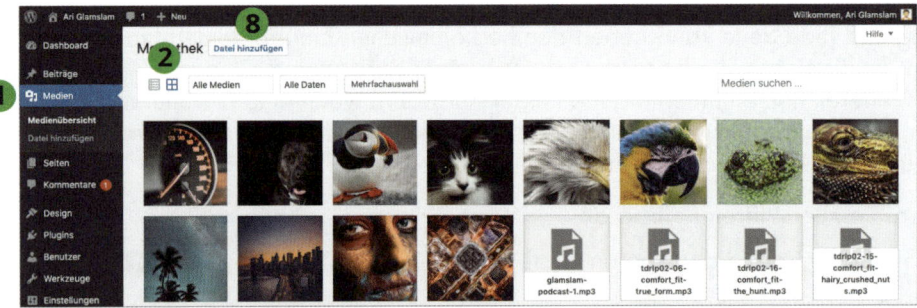

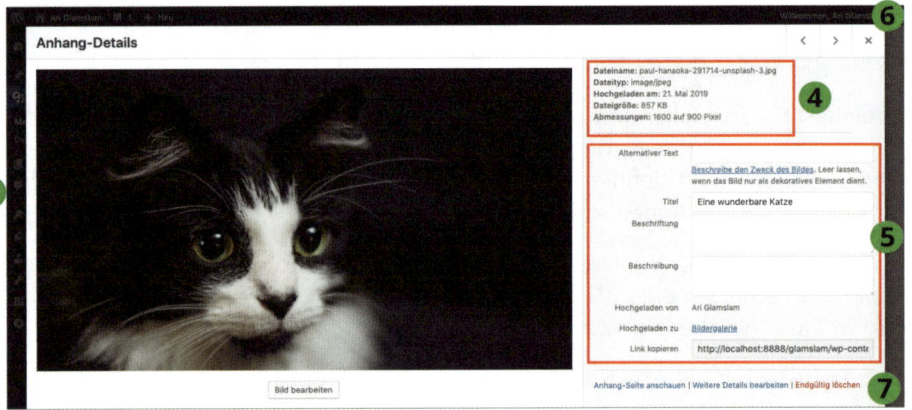

# Mediathek: Bilder und hochgeladene Dateien verwalten

Über die Mediathek verwalten Sie sämtliche Ihrer hochgeladenen Dateien. Neben Bildern können Sie auch Dokumente, Audio- und Videodateien hochladen. Die **maximale Dateigröße** für Dateien, die in der Mediathek gespeichert werden, beträgt 8 MByte. Die Mediathek öffnen Sie über den Menüpunkt Medien ❶ in der linken Navigationsleiste.

WordPress bietet Ihnen zwei Varianten, Ihre Medien zu verwalten. Entweder nutzen Sie eine Übersicht mit quadratischen Vorschaubildern oder eine Auflistung mit kleineren Miniaturbildern, dafür aber mit Zusatzinformationen. Zwischen beiden Darstellungsmodi wechseln Sie mithilfe der oberen beiden Icons ❷.

Um Dateien zu bearbeiten, zu löschen oder die Zusatzinformationen der jeweiligen Datei zu pflegen, klicken Sie einfach auf die entsprechende Datei. WordPress öffnet die Datei in einem Vorschaufenster ❸. Über dieses erhalten Sie Zusatzinformationen wie Dateiname, Dateigröße und Art, Pixelmaße und Upload-Datum ❹. Gleichzeitig können Sie Alternativer Text, Titel, Beschriftung, und Beschreibung der Mediendatei direkt bearbeiten ❺. Änderungen speichert WordPress, sobald Sie in ein anderes Feld klicken oder wenn Sie die Ansicht mit einem Klick auf das x rechts oben ❻ schließen.

Rechts unter den Dateiinformationen finden Sie auch den Link Endgültig löschen ❼. Bedenken Sie dabei aber, dass z. B. gelöschte Bilder weiter in Ihren Beiträgen referenziert werden. Der Besucher eines solchen Beitrags sieht dann unschöne Löcher auf der Website, da das Bild nicht mehr auf dem Server vorhanden ist.

Um das Vorschaufenster zu schließen, klicken Sie oben rechts auf das x ❻.

Möchten Sie neue Dateien hochladen, ziehen Sie sie einfach in das Fenster. Wenn Sie auf die Schaltfläche Datei hinzufügen ❽ klicken, laden Sie direkt neue Dateien in die Mediathek hoch. Den Link finden Sie in der linken Navigation und auch direkt neben dem Titel der Medienverwaltung.

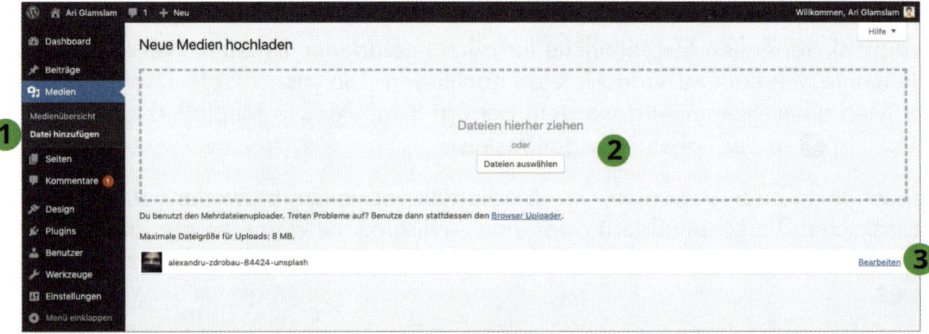

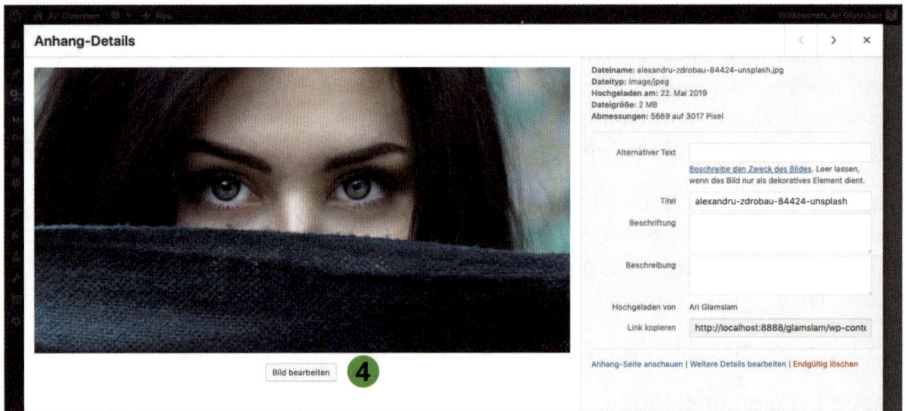

# Bilder für die Bildbearbeitung öffnen

Wenn Sie keine Bildbearbeitungssoftware zur Hand haben, ermöglicht WordPress Ihnen auch die rudimentäre Bildbearbeitung. Diese funktioniert erstaunlich gut und hilft Ihnen dabei, Bilder schnell zuzuschneiden, zu drehen oder zu spiegeln. Bildausschnitte können Sie sogar pixelgenau oder in einem harmonischen Seitenverhältnis wie z.B. im 16:9-Format ausschneiden.

Bilder bearbeiten Sie am einfachsten über die Mediathek. Dabei gehen Sie am besten wie folgt vor:

1. Öffnen Sie Medien → Datei hinzufügen ❶ und laden Sie das zu beschneidende Bild (per Drag-and-drop ❷) hoch. Oder wählen Sie ein Bild aus der Mediathek direkt aus.

2. Klicken Sie auf Bearbeiten ❸.

3. Klicken Sie unter dem Bild auf die Schaltfläche Bild bearbeiten ❹.

Nach dem dritten Schritt öffnet WordPress ein neues Fenster mit der Bildbearbeitung, wie in der Abbildung auf der nächsten Seite zu sehen ist. Hier können Sie nicht nur das Bild bearbeiten, sondern auch weiter unten Titel, Beschreibung und den alternativen Text editieren.

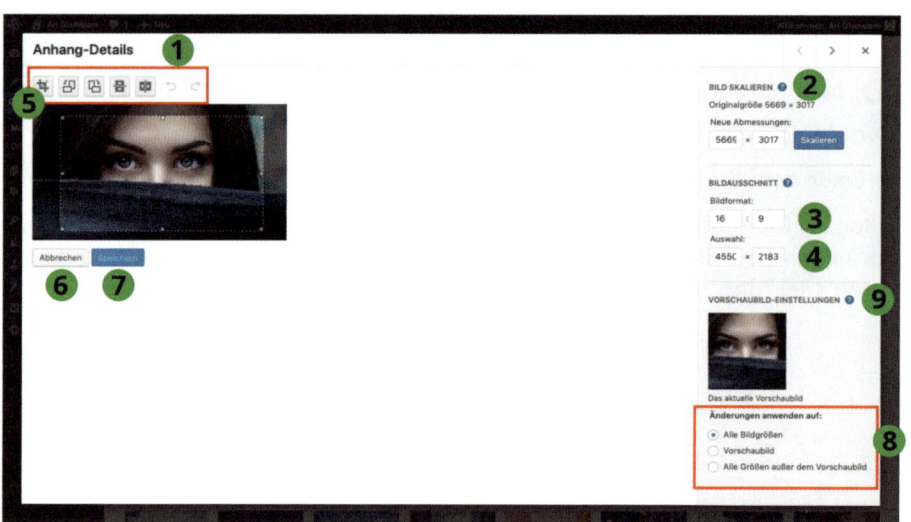

# Bilder mit WordPress zuschneiden, drehen und spiegeln

Mit den Symbolen unter Anhang-Details ❶ können Sie Bilder zuschneiden, entgegen dem bzw. im Uhrzeigersinn drehen sowie vertikal oder horizontal spiegeln. Mit den Pfeilen nach links und rechts widerrufen Sie Arbeitsschritte oder wiederholen sie. Über die Eingabefelder bei Bild skalieren ❷ können Sie direkt die Bildgröße verändern. Geben Sie die Wunschgröße in Pixeln ein und klicken Sie auf die Schaltfläche Skalieren. WordPress startet dann die Größenänderung.

Um einen Bildausschnitt zu wählen, haben Sie mehrere Möglichkeiten. Sie können mit dem Mauszeiger direkt in das Bild klicken und ein Rechteck um den auszuschneidenden Bereich ziehen. Alternativ können Sie ein Seitenverhältnis für den Ausschnitt über Bildformat ❸ angeben oder einen pixelgenauen Auswahlbereich über Auswahl ❹ festlegen. Den Ausschnitt selbst bewegen Sie mittels des Steuerkreuzes innerhalb des Bildbereichs.

Wenn Sie ein Seitenverhältnis oder einen pixelgenauen Auswahlbereich eingeben und den Bereich proportional vergrößern oder verkleinern wollen, müssen Sie zusätzlich die ⬆-Taste gedrückt halten. Ansonsten gehen die Einstellungen verloren. Sind Sie mit dem Auswahlbereich zufrieden, klicken Sie im letzten Schritt auf das Beschneiden-Symbol ❺, und WordPress schneidet den Bereich aus. Bevor Sie endgültig auf Speichern ❼ klicken, können Sie die Bildbearbeitung jederzeit Abbrechen ❻. Auf welche Bilder die Bearbeitung angewendet werden soll, müssen Sie vor dem Speichern noch bei Änderungen anwenden auf ❽ entscheiden. Ansonsten wendet WordPress die Bearbeitung auf alle Versionen des Bilds an. Die Hilfe zu den Funktionen klappen Sie über das Fragezeichen aus ❾.

## Tipp

Populäre Bildformate/Seitenverhältnisse finden Sie unter *https://phlow.de/magazin/webdesign/bilder/bildformate/*.

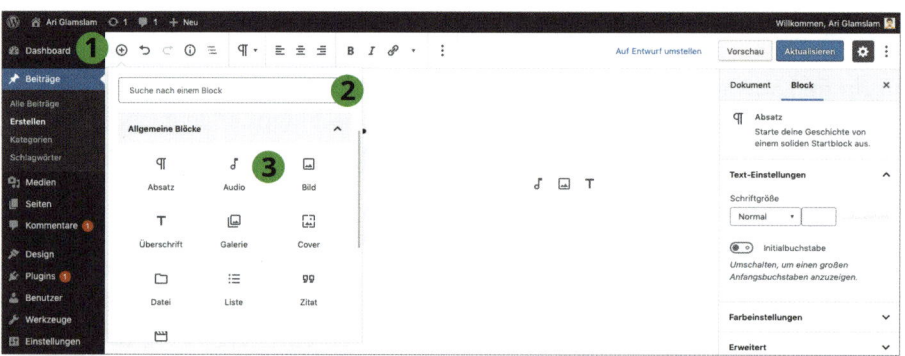

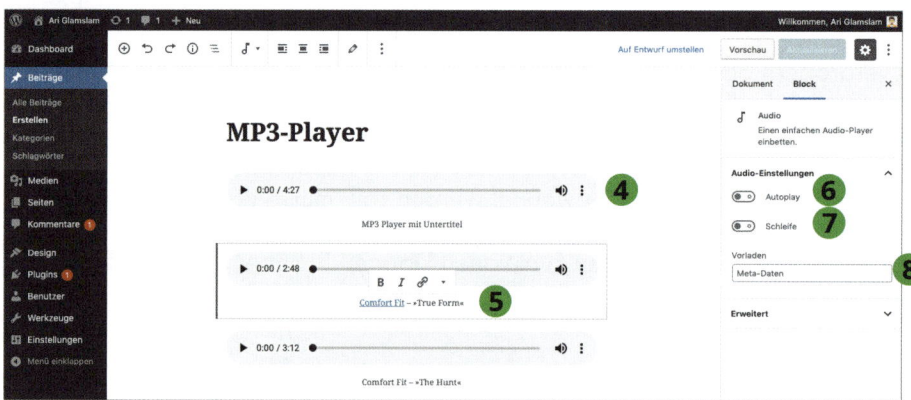

# Einen MP3-Player einbauen

Wenn Sie WordPress für eine Podcast-Website nutzen oder MP3s in Ihre Website einbauen möchten, kommt in Gutenberg der Block Audio zum Einsatz. Diesen finden Sie unter Allgemeine Blöcke. Während der alte Editor – siehe Seite 285 – einen integrierten MP3-Player mit abspielbaren Playlists bietet, können Sie hier ohne Erweiterung zwar mehrere MP3s in Form von Audioblöcken auf der Website unterbringen, aber nicht als Playlist, die automatisch einen Song nach dem anderen abspielt.

Der Einbau von MP3s ist wirklich kinderleicht. Und so geht's:

1. Erstellen Sie einen neuen Beitrag bzw. eine neue Seite und vergeben Sie einen Titel.

2. Fügen Sie den Block Audio über eines der Plussymbole ❶ hinzu. Sie finden ihn über die Suche ❷ oder unter Allgemeine Blöcke ❸.

3. Ziehen Sie ein oder mehrere MP3s per Drag-and-drop in das Upload-Feld oder wählen Sie über die Schaltfläche Hochladen die Dateien auf Ihrem Computer aus.

4. Wenn das MP3 hochgeladen ist, baut WordPress einen einzelnen Player ein ❹.

5. Unter dem Player können Sie das MP3 betiteln und verlinken ❺.

Ist der Audio-Block aktiv angewählt, bietet die Seitenleiste weitere Einstellungsmöglichkeiten. Wenn Sie Autoplay ❻ aktivieren, startet das MP3 automatisch, sobald die Seite und das MP3 geladen wurden. Sie können das MP3 mit Schleife ❼ auch als Dauerschleife abspielen lassen. Das Drop-down-Menü Vorladen ❽ bewirkt, dass der Player Metadaten automatisch lädt oder alles automatisch einstellt. Möchten Sie ein weiteres MP3 in die Webseite einbauen, legen Sie einfach einen weiteren Audio-Block an.

## Hinweis

Die Standardeinstellungen erlauben Ihnen nur den Upload einer maximalen Dateigröße von 8 MByte. Die nächste Seite gibt Ihnen Tipps dazu, wie Sie das Limit erhöhen können.

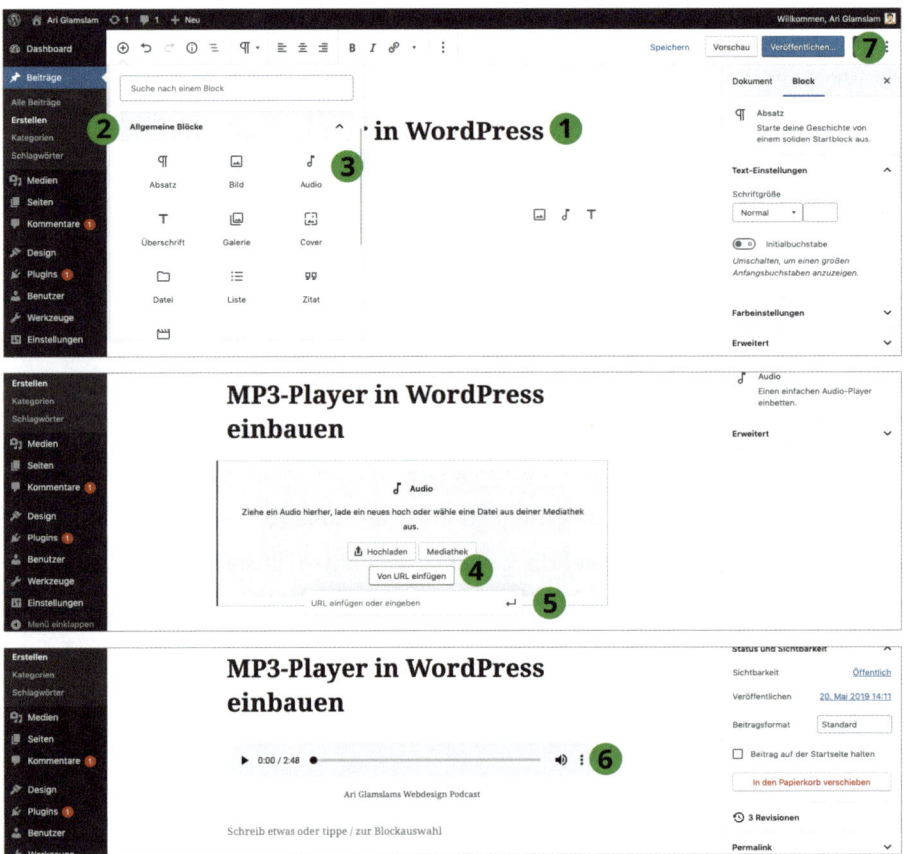

# Das Upload-Limit für Mediendateien austricksen

Standardmäßig dürfen Sie Dateien mit einer maximalen Größe von 8 MByte hochladen. Das ist recht wenig, wenn ein Podcast in guter Qualität länger dauert als 20 Minuten oder eine Videodatei größer als 100 MByte ist. Diese Einstellungen können Sie auch nicht einfach ändern, denn es handelt sich hier in der Regel um Sicherheitseinstellungen Ihres Webhosters und nicht um Vorgaben von Word-Press selbst.

Es gibt aber trotzdem eine einfache Lösung: Sie laden die Datei – in diesem Beispiel glamslam-podcast.mp3 – zuerst per FTP-Programm hoch und fügen dann den passenden Block ein. Das geht so:

1. Öffnen Sie Ihr FTP-Programm und loggen Sie sich auf Ihrem Server ein (mehr dazu auf Seite 31).

2. Öffnen Sie das Verzeichnis wp-content und anschließend das Verzeichnis uploads. Sollte das Verzeichnis uploads nicht existieren, erstellen Sie es.

3. Laden Sie jetzt Ihre Datei – hier glamslam-podcast.mp3 – in das Verzeichnis wp-content/uploads/ hoch, öffnen Sie nach dem Upload das Redaktionssystem von WordPress in Ihrem Browser und legen Sie einen neuen Beitrag an.

4. Geben Sie dem Beitrag einen Titel ❶, wählen Sie unter Allgemeine Blöcke ❷ den Block Audio ❸ aus und fügen Sie diesen ein.

5. Klicken Sie jetzt auf die Schaltfläche Von URL einfügen ❹. Geben Sie in das Eingabefeld die URL zur hochgeladenen Datei ein ❺. Diese lautet entsprechend Ihrer Domain *www.ihre-domain.de/wp-content/uploads/dateiname.mp3* oder *www.ihre-domain.de/wordpress-verzeichnis/wp-content/uploads/dateiname.mp3*.

6. Im Beitrag erscheint nun der Player ❻. Veröffentlichen ❼ Sie den Beitrag und testen Sie, ob das MP3 auf der Website zu hören ist.

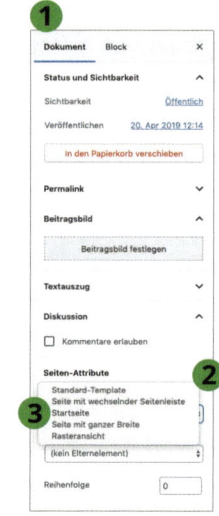

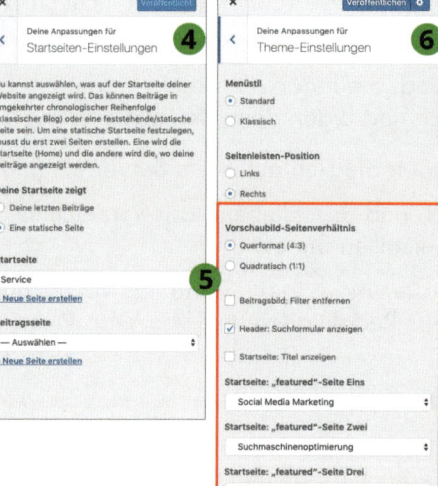

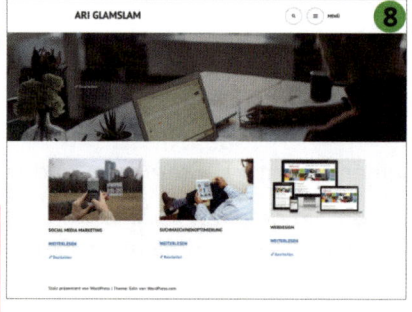

# Einer Seite ein anderes Template zuweisen

Im Gegensatz zu Beiträgen können Sie Seiten verschiedene Vorlagen, sogenannte **Templates** (Schablonen), zuweisen. Templates bieten Ihnen oft andersartige Layouts und Funktionen an. Zahlreiche Themes beinhalten z. B. Templates, um die Startseite markanter gestalten zu können oder für ein individuelles Layout der Präsentation eines Portfolios.

Welche Templates Ihnen zur Verfügung stehen, hängt komplett vom ausgewählten Theme ab. So bietet das Standard-Theme Twenty Nineteen leider keine Templates an, das Twenty Fourteen drei und das Edin Theme – siehe Kapitel 7 über Themes ab Seite 231 – gleich fünf ❷.

Um z. B. die Startseite individuell aufzubauen, enthält das Edin-Theme ein eigenes Startseiten-Template, das in der Theme-Anleitung unter *https://wordpress.com/theme/edin* ausführlich erläutert wird. Um einer Seite dieses Template zuzuweisen, öffnen Sie die Seite zuerst oder erstellen eine neue. Anschließend klicken Sie in der rechten Seitenleiste auf Dokument ❶. Bei Seiten-Attribute ❷ finden Sie das Ausklappmenü Template. Wählen Sie hier das Template Startseite ❸ aus. Um die Änderungen zu übernehmen, müssen Sie die Seite entweder Veröffentlichen oder Aktualisieren.

Beim Edin-Theme müssen Sie zuerst im Customizer unter Startseiten-Einstellungen ❹ die Seite als Startseite festlegen ❺ – hier betitelt mit Service. Anschließend können Sie im Customizer unter Theme-Einstellungen ❻ die Layoutmöglichkeiten des Startseite-Templates ❼ voll ausschöpfen. Das Ergebnis sehen Sie rechts ❽.

## Tipp

Templates unterscheiden sich in ihrer Funktionalität von Theme zu Theme. Um die Möglichkeiten voll auszuschöpfen, finden Sie oft wertvolle Informationen in den Beschreibungen und Anleitungen zu den Themes.

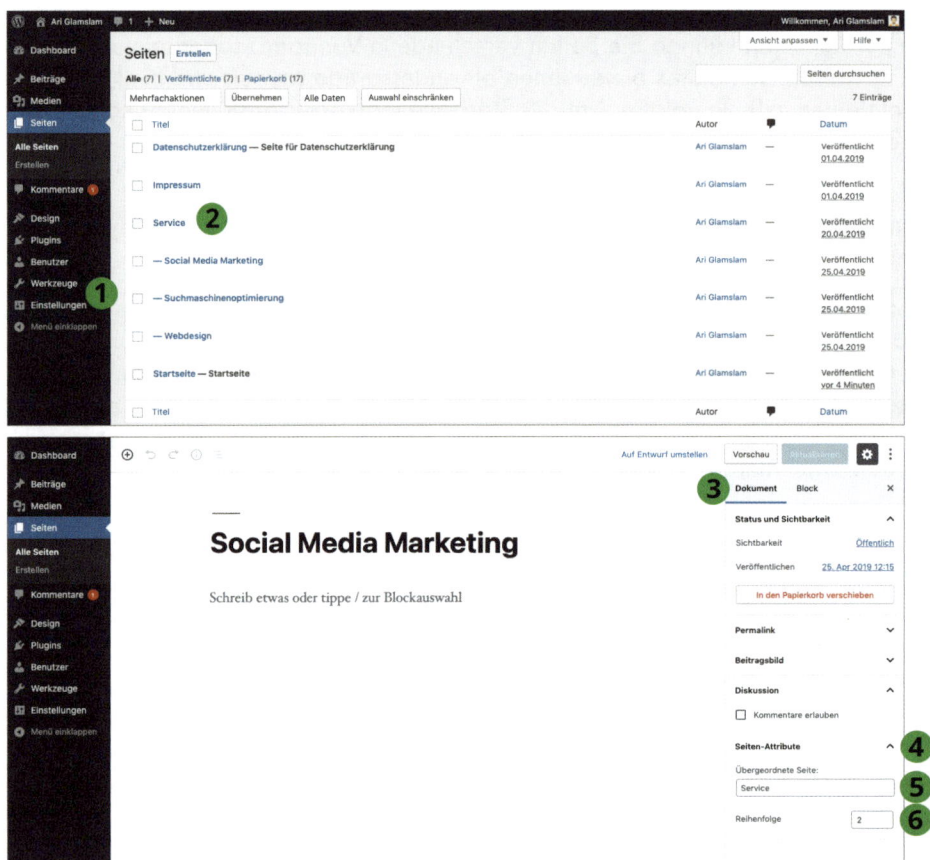

# Zusammenhängende Seiten hierarchisieren

Seiten lassen sich nicht wie Beiträge archivieren, dafür kann man sie aber hierarchisieren, um verschachtelte Seitenstrukturen aufzubauen. Eine Seite kann eine Elternseite sein, die mehrere »Kinder« hat. So bietet Ari Glamslam in unserem Beispielprojekt drei Dienstleistungen an, die unter einem Oberpunkt »Service« zusammengefasst werden. Für jeden Service wurde eine eigene Seite ❶ angelegt, auf der die Dienstleistung beschrieben wird. Die übergeordnete Seite – also die Eltern-seite – ist die Seite Service ❷.

Um Seiten zu hierarchisieren, stehen Ihnen zwei Möglichkeiten zur Verfügung. Als erste Möglichkeit öffnen Sie die Seite und wählen Dokument ❸, klappen das Menü Seiten-Attribute ❹ aus und wählen über das Ausklappmenü die Elternseite ❺ aus. Bei der zweiten Möglichkeit nutzen Sie die QuickEdit-Funktion in der Seiten-Übersicht und editieren die Parameter dort.

Um die Reihenfolge der Seiten innerhalb der Hierarchie zu bestimmen, steht Ihnen im Kasten Seiten-Attribute der Unterpunkt Reihenfolge ❻ zur Verfügung. Je größer die Zahl ist, desto weiter wandert die Seite in der Reihenfolge nach hinten.

## Hinweis

Es ist nicht unbedingt wichtig, die Reihenfolge der Seiten festzulegen, denn nicht alle Themes greifen bei der Darstellung auf den Parameter zurück. Hilfreich ist die Strukturierung aber, wenn Sie das benutzerdefinierte Navigationsmenü erstellen – siehe die Seiten 221 bis 227.

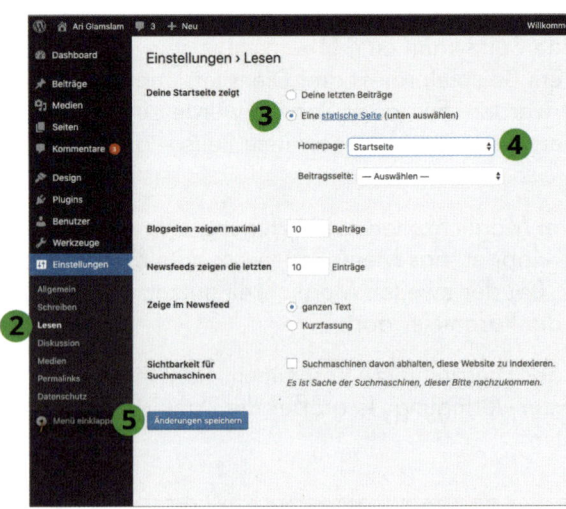

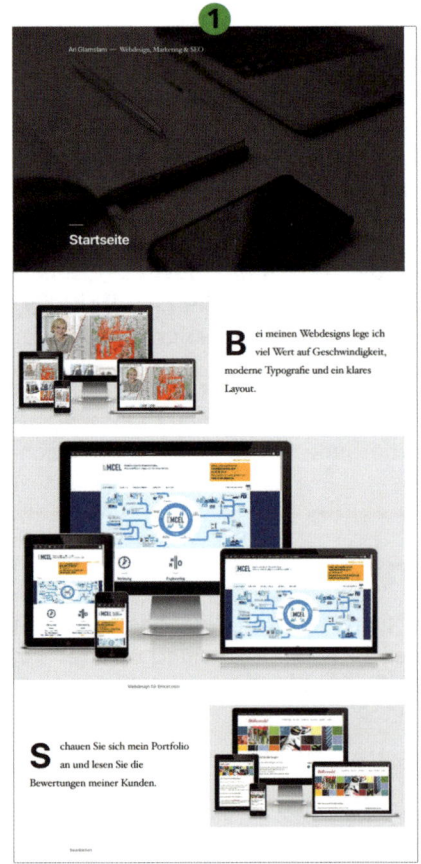

# Verschiedene Startseiten: eine Seite als Startseite einstellen

In den Standardeinstellungen zeigt WordPress die jüngsten Beiträge auf der Startseite an. Diese Einstellungen können Sie ändern, indem Sie für die Startseite gezielt einen Beitrag oder eine Seite festlegen. Das ist z. B. dann sinnvoll, wenn Sie auf der Startseite nicht mit Blogbeiträgen beginnen wollen, sondern sich selbst und Ihre Services präsentieren möchten. Für Ari Glamslams Website habe ich diese Strategie gewählt und eine Seite angelegt, auf der er seine aktuellen Projekte präsentiert ❶.

Um anstelle der Standardstartseite eine eigene Seite einzurichten, gehen Sie wie folgt vor:

1. Erstellen Sie eine neue Seite über Seiten → Erstellen.

2. Betiteln Sie die Seite – im Beispiel ist der Titel Startseite.

3. Gestalten Sie die Seite im Gutenberg-Editor mit Inhalten.

4. Wählen Sie gegebenenfalls ein Template für die Seite aus und veröffentlichen Sie die Seite.

5. Öffnen Sie das Menü Lesen unter Einstellungen → Lesen ❷.

6. Wählen Sie ganz oben unter Deine Startseite zeigt den zweiten Punkt Eine statische Seite ❸.

7. Wählen Sie die in Schritt 2 angelegte Seite über das Ausklappmenü von Startseite aus ❹.

8. Speichern Sie die neuen Einstellungen mit Änderungen speichern ❺ ab.

Wenn Sie jetzt die Startseite öffnen, zeigt WordPress Ihnen die Seite an.

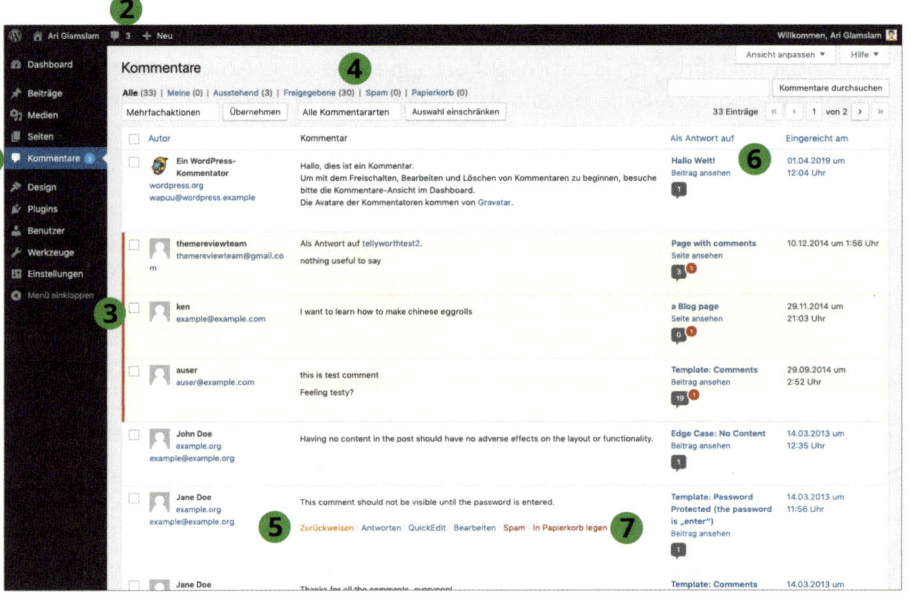

# Kommentare verwalten, bearbeiten, löschen

Für die Verwaltung der Kommentare stehen Ihnen zahlreiche Möglichkeiten zur Verfügung. Einerseits bietet WordPress für Kommentare eine Übersichtsseite, wie Sie sie schon für Beiträge und Seiten kennen. Sie finden sie im Backend in der linken Navigation unter Kommentare ❶.

Aber auch die dunkelgraue Adminleiste informiert Sie darüber, ob es neue Kommentare gibt. Dazu blendet WordPress eine Sprechblase mit der Zahl der noch unveröffentlichten Kommentare ein ❷. Eine weitere Möglichkeit, sich über neue Kommentare auf dem Laufenden zu halten, bietet Word-Press über die Einstellungen. Unter Einstellungen → Diskussion können Sie bestimmen, ob WordPress Ihnen eine E-Mail-Benachrichtigung bei neuen Kommentaren schicken soll – siehe Seite 101.

Die beste Übersicht zeigt Ihnen aber die Kommentarübersichtsseite. Kommentare, die auf eine Moderation warten, hebt das System mit einem roten linken Rand samt hellgelbem Hintergrund hervor ❸. Wie viele Kommentare auf eine Moderation warten, in den Spam-Ordner von Erweiterungen eingeordnet wurden oder im Papierkorb liegen, sehen Sie schnell anhand der oberen Links ❹.

Kommentare bearbeitet man, wie man Beiträge und Seiten bearbeitet. Bewegen Sie einfach den Mauszeiger über den jeweiligen Kommentar, und WordPress blendet die Links Genehmigen/Zurückweisen, Antworten, QuickEdit, Bearbeiten, Spam und In den Papierkorb ein ❺. Mit Genehmigen schalten Sie den jeweiligen Kommentar frei. Den Kommentar zeigt WordPress dann direkt unter dem Beitrag/der Seite an. Um welchen Beitrag/welche Seite es sich handelt, sehen Sie ganz rechts ❻.

Mit Antworten reagieren Sie direkt auf Kommentare und schreiben Ihre Reaktion im Backend. Ihr Kommentar erscheint dann eingerückt auf der Website direkt unter dem beantworteten Kommentar. QuickEdit öffnet die Schnellbearbeitung des Kommentars, die Sie die wichtigsten Felder Name, E-Mail, URL und Kommentar editieren lässt. Mit Bearbeiten öffnen Sie die ausführliche Ansicht des jeweiligen Kommentars. Über Spam markieren Sie den Kommentar als solchen und verschieben ihn in den Spam-Ordner. Ein Klick auf Papierkorb ❼ verschiebt den Kommentar in den Papierkorb. Um Kommentare endgültig zu löschen, müssen Sie den Papierkorb öffnen und auf Papierkorb leeren klicken.

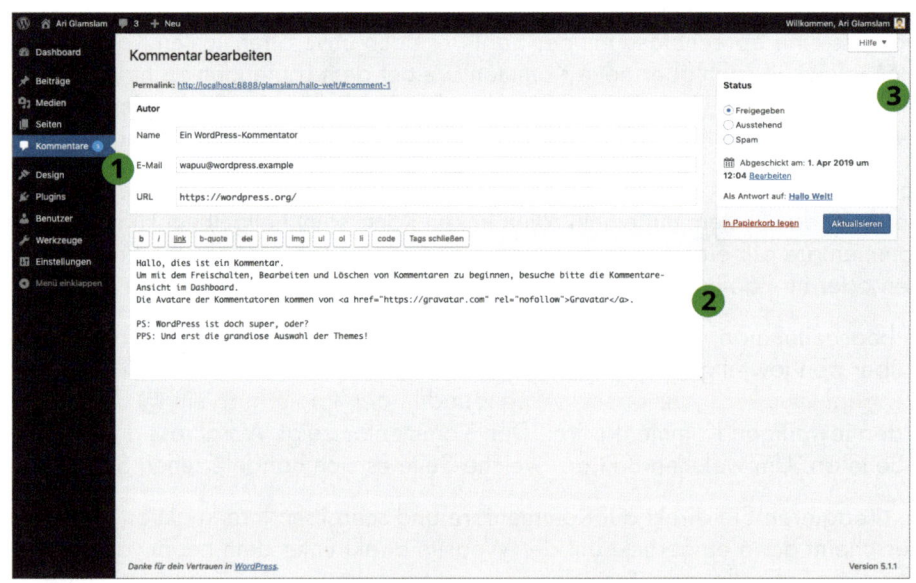

# Kommentare moderieren

Kommentare können Sie entweder per QuickEdit oder in einer eigenen Ansicht bearbeiten, um z. B. Rechtschreibfehler zu beheben oder Links zu löschen. Um einen Kommentar zu editieren, öffnen Sie zuerst die Übersichtsseite für Kommentare. Wenn Sie jetzt mit der Maus über den zu editierenden Kommentar fahren, können Sie entweder die direkte Bearbeitung per QuickEdit wählen oder die separate ausführliche Bearbeitungsseite über den Bearbeiten-Link.

Rufen Sie die ausführliche Bearbeitung auf, sehen Sie einen Bildschirm wie den in der Abbildung links. Hier können Sie Informationen zum Kommentarautor ❶, wie Name, E-Mail und URL, bearbeiten und gegebenenfalls auch den eigentlichen Kommentar ❷ editieren. Diese Art der Bearbeitung benötigen Sie nur in Ausnahmefällen, wenn z. B. ein Kommentarschreiber einen Kommentar einzig und allein aus dem Grund hinterlässt, seine eigene Website über das URL-Feld zu bewerben. In so einem Fall können Sie den Kommentar bearbeiten und beispielsweise die URL löschen.

Über den Status-Kasten ❸ entscheiden Sie, ob der Kommentar auf der Webseite erscheinen soll (Freigegeben), ob Sie ihn noch einmal in die Moderationsschleife verschieben (Ausstehend) oder ob Sie ihn als Spam markieren wollen.

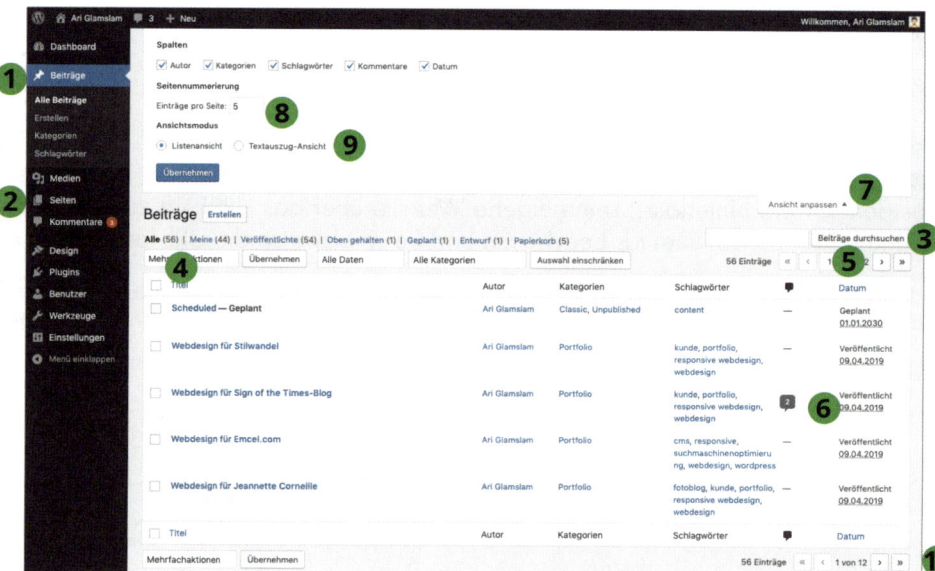

Spalten

☑ Autor   ☑ Kategorien   ☑ Schlagwörter   ☑ Kommentare   ☑ Datum

Seitennummerierung

Einträge pro Seite: 5

Ansichtsmodus

⦿ Listenansicht   ○ Textauszug-Ansicht

Übernehmen

Ansicht anpassen ▲

**Beiträge** Erstellen

Alle (56) | Meine (44) | Veröffentlichte (54) | Oben gehalten (1) | Geplant (1) | Entwurf (1) | Papierkorb (5)

Beiträge durchsuchen

| Mehrfachaktionen | Übernehmen | Alle Daten | Alle Kategorien | Auswahl einschränken | | 56 Einträge « ‹ 1 2 › » |

| ☐ | Titel | Autor | Kategorien | Schlagwörter | 💬 | Datum |
|---|---|---|---|---|---|---|
| ☐ | Scheduled — Geplant | Ari Glamslam | Classic, Unpublished | content | — | Geplant 01.01.2030 |
| ☐ | Webdesign für Stilwandel | Ari Glamslam | Portfolio | kunde, portfolio, responsive webdesign, webdesign | — | Veröffentlicht 09.04.2019 |
| ☐ | Webdesign für Sign of the Times-Blog | Ari Glamslam | Portfolio | kunde, portfolio, responsive webdesign, webdesign | 2 | Veröffentlicht 09.04.2019 |
| ☐ | Webdesign für Emcel.com | Ari Glamslam | Portfolio | cms, responsive, suchmaschinenoptimierung, webdesign, wordpress | — | Veröffentlicht 09.04.2019 |
| ☐ | Webdesign für Jeannette Corneille | Ari Glamslam | Portfolio | fotoblog, kunde, portfolio, responsive webdesign, webdesign | — | Veröffentlicht 09.04.2019 |
| ☐ | Titel | Autor | Kategorien | Schlagwörter | 💬 | Datum |

| Mehrfachaktionen | Übernehmen | | | 56 Einträge « ‹ 1 von 12 › » |

# Beiträge und Seiten über die Übersicht verwalten

Wenn Ihr Webauftritt wächst, kann es auch für Sie schwierig werden, sich in der zunehmenden Anzahl an Artikeln zurechtzufinden. Sowohl für Ihre Beiträge als auch Ihre Seiten bietet WordPress jeweils eine **Übersichtsseite**. Diese finden Sie in der linken Navigationsleiste unter Beiträge ❶ bzw. Seiten ❷. Über die Übersichtsseiten finden Sie mithilfe der Suche ❸ schnell Inhalte, die Sie editieren wollen. Außerdem erhalten Sie rasch einen Überblick über die Anzahl der veröffentlichten Inhalte sowie der Inhalte, die noch auf Veröffentlichung warten.

Sie können die angezeigten Inhalte sortieren, indem Sie auf den jeweiligen Unterpunkt wie Titel ❹ oder Datum ❺ klicken. Kommentare zu einem Beitrag/einer Seite öffnen Sie mit einem Klick auf die Sprechblase ❻.

Standardmäßig zeigt WordPress 20 Beiträge/Seiten pro Seite an. Über das Ansicht anpassen-Panel ❼ ändern Sie die Anzahl der gezeigten Beiträge/Seiten ❽. Dort bestimmen Sie auch, welche Felder – z. B. Kategorien oder Schlagwörter – die Übersicht zeigt. Soll WordPress zusätzlich zum Titel einen Auszug aus Ihrem Beitrag/Ihrer Seite anzeigen, wählen Sie die Option Textauszug-Ansicht ❾. Die Möglichkeit, zu älteren Artikeln zurückzublättern, finden Sie ganz rechts ❿.

Wenn Sie mit dem Mauszeiger über einen der gelisteten Beiträge fahren, blendet WordPress vier Links ein: Bearbeiten, QuickEdit, Löschen und Anschauen. Um einen Artikel zu bearbeiten, klicken Sie auf Bearbeiten oder auf den Titel. Ein Klick auf QuickEdit öffnet die Schnelleditierung (dazu mehr auf der folgenden Seite). Ein Klick auf Löschen verschiebt Inhalte in den Papierkorb, löscht diese aber noch nicht final. Um Inhalte tatsächlich endgültig zu löschen, müssen Sie den Papierkorb erst öffnen und dort auf die Schaltfläche Papierkorb leeren klicken.

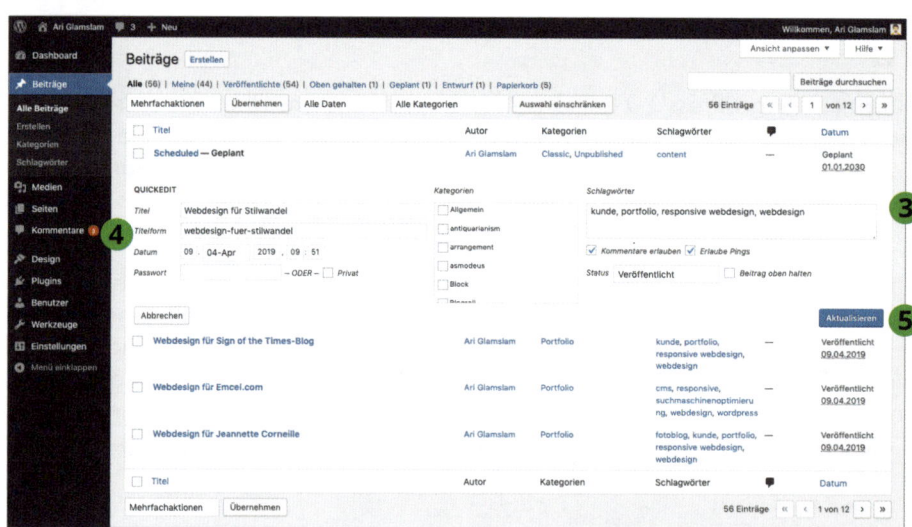

# QuickEdit: Beiträge und Seiten schnell editieren

Um Kleinigkeiten eines Artikels zu ändern, z. B. Kategorien oder Schlagwörter, oder um Kommentare zu erlauben oder nicht, ist es nicht unbedingt nötig, den Beitrag/die Seite zu öffnen. Sie können auch die Quick-Edit-Funktion nutzen, um einen Beitrag schnell zu editieren. Öffnen Sie im ersten Schritt den Menüpunkt Alle Beiträge ❶ oder Alle Seiten. Wenn Sie jetzt mit dem Mauszeiger über die Beiträge fahren, blendet WordPress unter anderem einen Link namens QuickEdit (auch Schnellkorrektur) ❷ ein. Sobald Sie darauf klicken, öffnet sich eine Bearbeitungsfläche ❸.

Über dieses »Armaturenbrett« ändern Sie schnell die Kategorie, fügen weitere Schlagwörter hinzu oder editieren den Status der Veröffentlichung.

Die einzige Einstellung, die ein wenig irritierend betitelt wurde, ist das Feld Titelform ❹. Über dieses ändern Sie die eigentliche URL, unter der man den Beitrag/die Seite findet.

Sind Sie mit Ihren Änderungen zufrieden, speichern Sie sie mit einem letzten Klick auf Aktualisieren ❺ ab.

Mit QuickEdit erhalten Redakteure ein enorm praktisches Mittel, um Artikel schnell zu ergänzen, für die Zukunft zu datieren oder einfach freizuschalten.

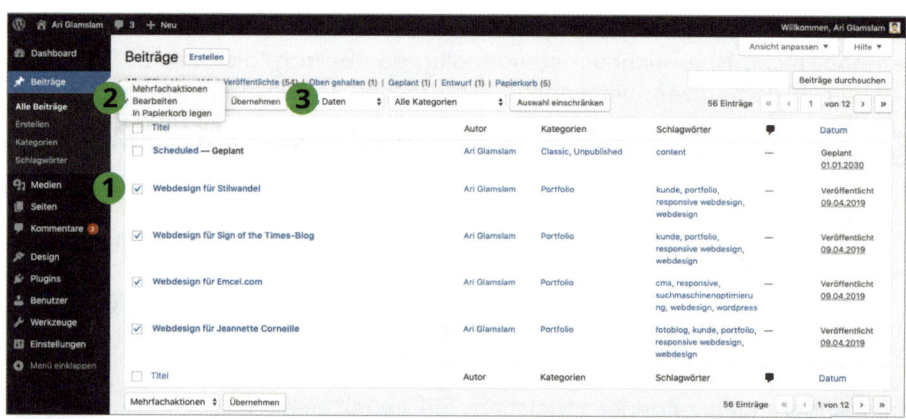

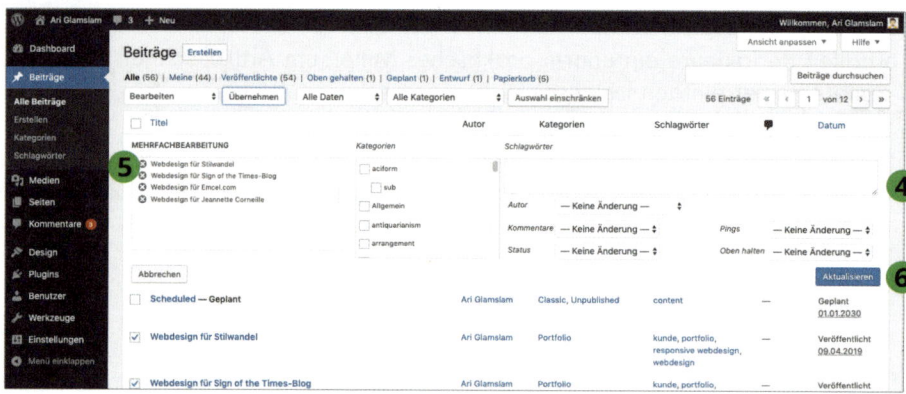

# Massenbearbeitung: Beiträge und Seiten gleichzeitig editieren

Manchmal will man mehrere Beiträge gleichzeitig bearbeiten, z. B. wenn man mehrere Dokumente zeitgleich in den Papierkorb werfen oder ausgewählte Artikel einer weiteren Kategorie hinzufügen möchte. Auch für solche Massenbearbeitungen bietet WordPress zahlreiche Funktionen.

Um mehrere Beiträge oder Seiten gleichzeitig zu editieren, wählen Sie im ersten Schritt die zu ändernden Inhalte aus ❶. Als Nächstes legen Sie über das Ausklappmenü Aktion wählen ❷ fest, ob Sie die Inhalte Bearbeiten oder In Papierkorb legen wollen. Dann bestätigen Sie Ihre Wahl mit einem Klick auf Übernehmen ❸.

Damit klappt WordPress ein »Armaturenbrett« ähnlich wie das von QuickEdit aus ❹, über das Sie gleichzeitig Informationen in allen ausgewählten Inhalten editieren können. Wollen Sie nachträglich einen Beitrag/eine Seite aus der Massenbearbeitung entfernen, klicken Sie einfach auf das x vor dem Titel des Beitrags/der Seite ❺.

Die Massenbearbeitung starten und schließen Sie wie immer mit einem Klick auf Aktualisieren ❻.

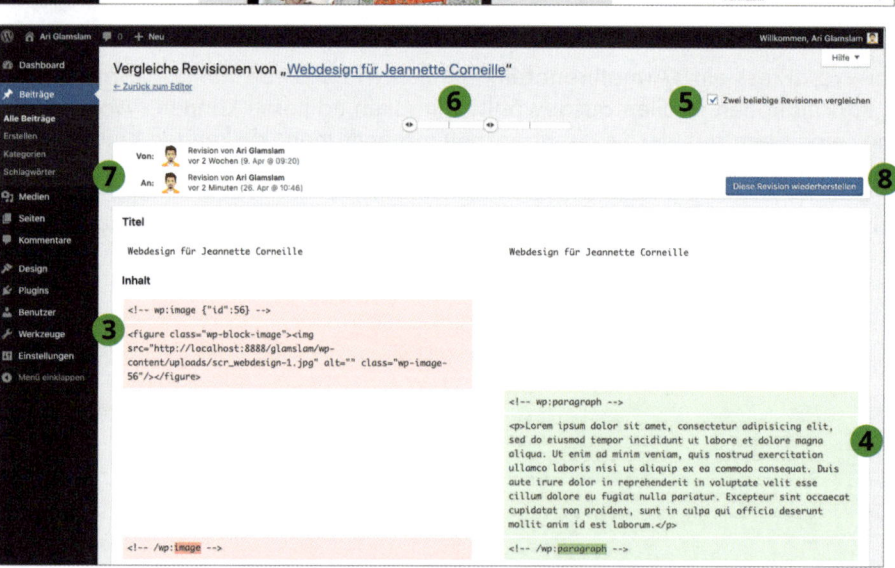

# Revisionen: Inhalte wiederherstellen

Während Sie Beiträge und Seiten editieren, speichert WordPress den Zwischenstand alle 60 Sekunden als **automatische Speicherung**. Stürzt Ihr Browser unerwartet ab, ist die Wahrscheinlichkeit hoch, dass Sie nicht alle Eingaben verlieren.

WordPress geht sogar noch einen Schritt weiter. Jedes Mal, wenn Sie einen Artikel zwischenspeichern oder aktualisieren, speichert WordPress eine neue Version Ihres Beitrags bzw. Ihrer Seite ab. Diese verschiedenen Versionen von WordPress nennen sich **Revisionen** und können von Ihnen eingesehen und verglichen werden; alte Versionen können Sie sogar wiederherstellen.

Löschen Sie z. B. versehentlich einen Absatz in einem Beitrag, finden Sie diesen sicherlich in den Revisionen wieder. Zugriff auf die Revisionen erhalten Sie im Gutenberg-Editor in der rechten Seitenleiste unter Dokument ❶ bei Revisionen ❷.

Auf dem nächsten Bildschirm zeigt WordPress jetzt zwei Revisionen an – die vorherige links und die aktuelle rechts. Inhalte, die gelöscht wurden, werden rot ❸ und editierte bzw. neu hinzugekommene werden grün ❹ hinterlegt.

Um Revisionen zu vergleichen, setzen Sie ein Häkchen bei Zwei beliebige Revisionen vergleichen ❺. Anschließend können Sie die beiden runden Pfeile nach links und rechts ❻ auf dem Zeitstrahl verschieben, um verschiedene Revisionen zu vergleichen. Details zu den Revisionen blendet WordPress direkt darunter ein ❼. Um eine Revision wiederherzustellen, klicken Sie auf die gleichnamige Schaltfläche ❽.

# Kapitel 6
# Die eigene WordPress-Website gestalten

Wenn Sie WordPress für eigene Projekte nutzen möchten, brauchen Sie keinen Programmierer, der ein passendes Design entwickelt oder individuelle Zusatzfunktionalität für Sie programmiert. Denn bereits mit Standard-Themes wie z. B. Twenty Nineteen, Twenty Sixteen, Twenty Fifteen oder Twenty Fourteen und den in WordPress eingebauten Funktionen passen Sie Ihre WordPress-Website schnell und unkompliziert Ihren Wünschen entsprechend an. Welche Möglichkeiten und Funktionen Word-Press bietet und wie Sie Ihre Vorstellungen einfach umsetzen, erfahren Sie in diesem Kapitel.

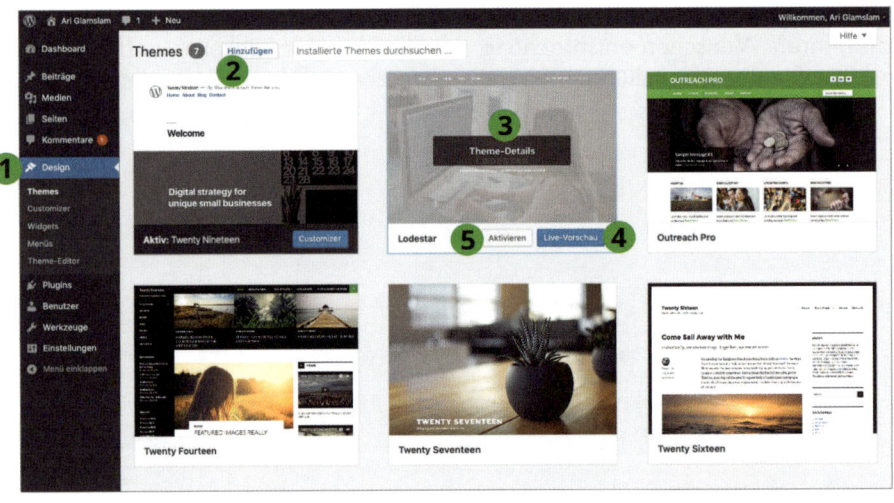

# Themes: Grundlage für Layout und Funktionen

Jedes Blog und jede Website, die mit WordPress umgesetzt wurde, beruht auf einem **Design**, dem sogenannten **Theme**. Das Theme bestimmt das äußere Erscheinungsbild des Webauftritts: Neben Farben, Schrift und Grafiken steuert es auch die Darstellung der Inhalte. So legen Themes z. B. fest, an welcher Stelle ein Navigationsmenü angezeigt wird oder ob die Beiträge auf einer Kategorieseite z. B. nur mit Titel oder mit Titel, Bild und Auszug dargestellt werden.

Welche Themes eine WordPress-Installation anbietet, finden Sie im Backend über das Menü Design → Themes ❶ heraus. Dabei listet WordPress das aktive Theme immer zuerst im Bereich ❷. Um mehr über eines der in der Liste befindlichen Themes zu erfahren, gehen Sie zuerst mit der Maus über das Vorschaubild und klicken anschließend auf Theme-Details ❸. Möchten Sie sich einen Eindruck von einem Theme verschaffen, können Sie es mit der Live-Vorschau ❹ direkt ausprobieren. WordPress wechselt jetzt in den sogenannten **Customizer**, über den Sie direkt das Theme ausprobieren, anpassen und bei Wunsch Aktivieren ❺ können.

Technisch gesehen, ist ein Theme ein **Paket von Dateien**, das sämtliche Grafiken des Themes (Kopfgrafiken, Hintergrundbilder, Icons und so weiter), Layouteinstellungen und Funktionen umfasst. Jedes Theme hat einen eigenen Ordner auf dem Server. Sie finden die Themes im Ordner Ihrer WordPress-Installation unter *www.ihre-domain.de/wp-content/themes/*.

## Tipp

Im Web warten Tausende von Themes darauf, entdeckt zu werden. Die allererste Website für kostenlose und freie Themes ist *www.wordpress.org/themes/*. Nicht alle gelisteten Themes entsprechen professionellen Standards und stellen eine Dokumentation bereit. Professionelle Themes samt Support – die sogenannten **Premium-Themes** – bieten Websites wie *www.elmastudio.de*, *www.studiopress.com* oder *www.themeforest.net*. Eine Auswahl edler alternativer Themes finden Sie auch auf meiner Website unter *https://phlow.de/magazin/wordpress/themes/*.

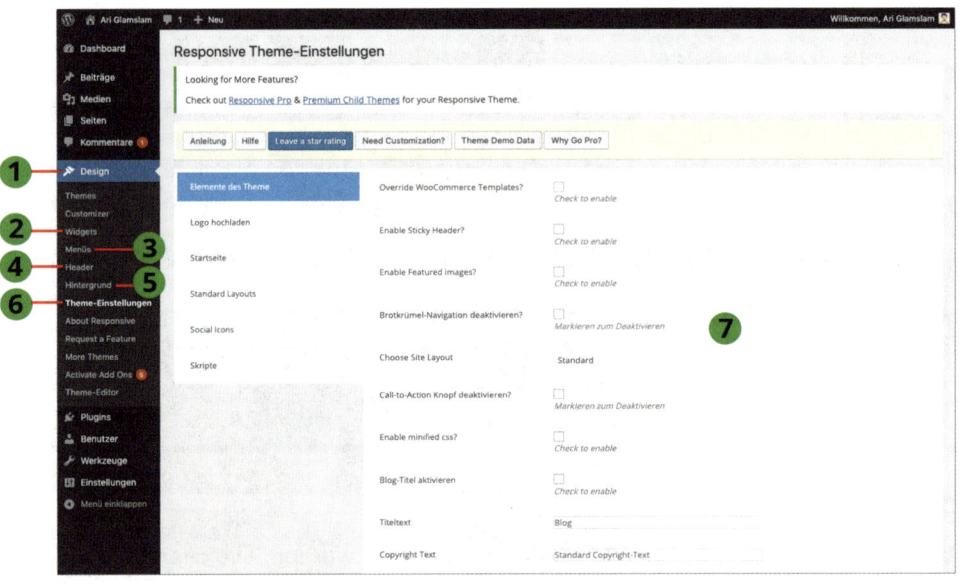

# Funktionen eines Themes

Themes bestehen aus verschiedenen Grundelementen plus möglichen Erweiterungen. Die Optionen variieren hierbei von Theme zu Theme. Welche Optionen ein aktiviertes Theme bietet, finden Sie unter dem Menüpunkt Design ❶. In der Abbildung links sind das die Menüpunkte Widgets, Menüs, Header (Kopfzeile), Hintergrund und Theme-Einstellungen. Auch die Menüpunkte Themes, Customizer/Anpassen und Theme-Editor finden Sie immer über das Design-Menü.

Ein modernes Theme sollte Grundelemente wie Widgets ❷, individuelle Menüs ❸, eine gestaltbare Kopfzeile ❹ und den Upload eines Hintergrundbilds ❺ unterstützen. Diese Bestandteile ermöglichen es, eine Website schnell und unkompliziert den eigenen Wünschen anzupassen.

Darüber hinaus bieten viele Themes noch weitere Funktionen. So können Sie bei vielen neu oder weiterentwickelten Themes die Schriftart(en) mit wenigen Klicks ändern oder eine individuelle Logografik hochladen. Diese Optionen finden Sie oft über einen oder mehrere zusätzliche Menüpunkte oder im Customizer. Das **Responsive Theme**, das Sie in der Abbildung links sehen, betitelt diesen Menüpunkt mit Theme-Einstellungen ❻. Die zusätzlichen Möglichkeiten, die das Responsive Theme bietet, sehen Sie im rechten Bildbereich ❼.

Zahlreiche Themes erweitern darüber hinaus die Auswahl an Templates für Seiten. Mithilfe dieser Spezial-Templates erstellen Sie z. B. im Nu eine Anfahrtsseite mit großformatig eingebautem Kartenmaterial von Google Maps. Populär sind außerdem Bilderbühnen – auch **Slider** genannt. Sie erlauben Ihnen die Präsentation großformatiger Bilder auf der Startseite, um einzelne Inhalte besonders hervorzuheben. Auch die Standard-Widgets erweitern einige Themes um weitere hilfreiche Module (mehr über Widgets erfahren Sie ab Seite 209).

Wenn Sie sich für ein Theme entscheiden, achten Sie darauf, dass es »responsive« ist, d. h. für mobile Geräte, Tablets und Desktoprechner gleichermaßen optimiert wurde – mehr zum Thema Responsive Webdesign lesen Sie auf Seite 195.

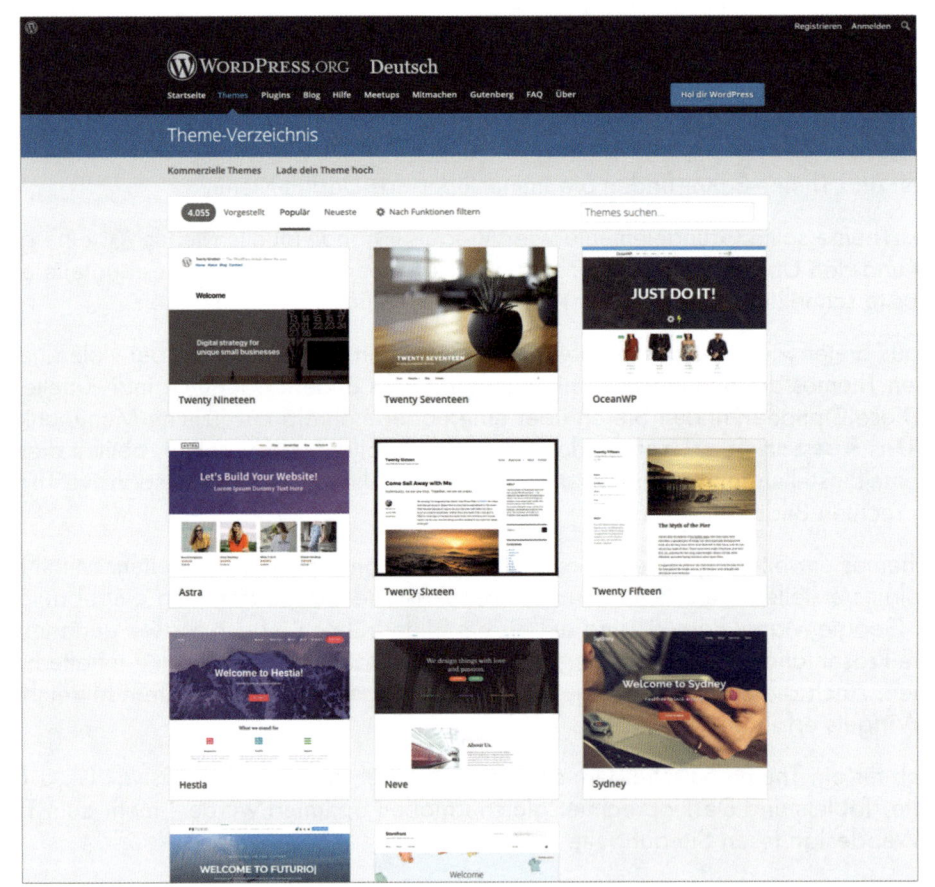

# Das passende Theme für Ihr Projekt finden

Im Web warten Tausende von Themes auf den kostenlosen Download. Diese Themes unterscheiden sich in ihrer Qualität, Aktualität und Funktionalität aber oft frappierend. In diesem Überangebot bieten Ihnen die folgenden Auswahlkriterien Orientierung und helfen Ihnen, die verschiedenen Themes auf Tauglichkeit zu testen und professionelle Themes von Schnellschüssen zu unterscheiden.

**Wofür setze ich das WordPress-Theme ein?** Handelt es sich bei dem Projekt um ein Blog, ein Magazin, eine Veranstaltung oder ein Event, eine Dokumentation oder ein Portfolio?

**Ist das Theme für Suchmaschinen optimiert?** Untersuchen Sie den Quellcode im Browser und überprüfen Sie, ob das Theme die wichtigsten HTML-Tags wie <title>, <h1> und die Meta-Description für jede Seite individuell erstellt. Überprüfen Sie den Quellcode mit dem Validator unter *http://validator.w3.org* auf Fehler.

**Welche Optionen bietet Ihnen das Theme für die individuelle Gestaltung?** Können Sie die Navigation anpassen? Können Sie das Logo schnell ersetzen? Unterstützt das Theme Widgets? Gibt es verschiedene Layouts für Kategorie-, Schlagwort- und Autorenseiten? Können Sie verschiedene Schriftarten auswählen? Können Sie Farben für Links und Ähnliches bestimmen?

**Wollen Sie Geld mit dem Theme verdienen?** Dann achten Sie darauf, dass Platz im Layout für Werbung und Banner eingeplant wurde.

**Ist das Theme auch in Deutsch erhältlich?** Leider können Sie in der Regel erst nach der Installation des Themes überprüfen, ob es auch Deutsch unterstützt. Ob ein Theme übersetzt wurde, kontrollieren Sie am einfachsten, indem Sie den Text des Weiterlesen-Links überprüfen.

**Wenn es sich um ein Premium-Theme handelt, gibt es einen Support?** Erhalten Sie zusätzliche Photoshop-Dateien? Was schreiben andere Nutzer über das Theme und seinen Anbieter?

Weitere wichtige Fragen lauten: Ist das Theme mit der neuesten WordPress-Version kompatibel? Ist es responsive? Gibt es eine Dokumentation? Arbeitet der Programmierer noch an dem Theme (Change-log überprüfen)? Muss ich Erweiterungen installieren, damit das Theme funktioniert?

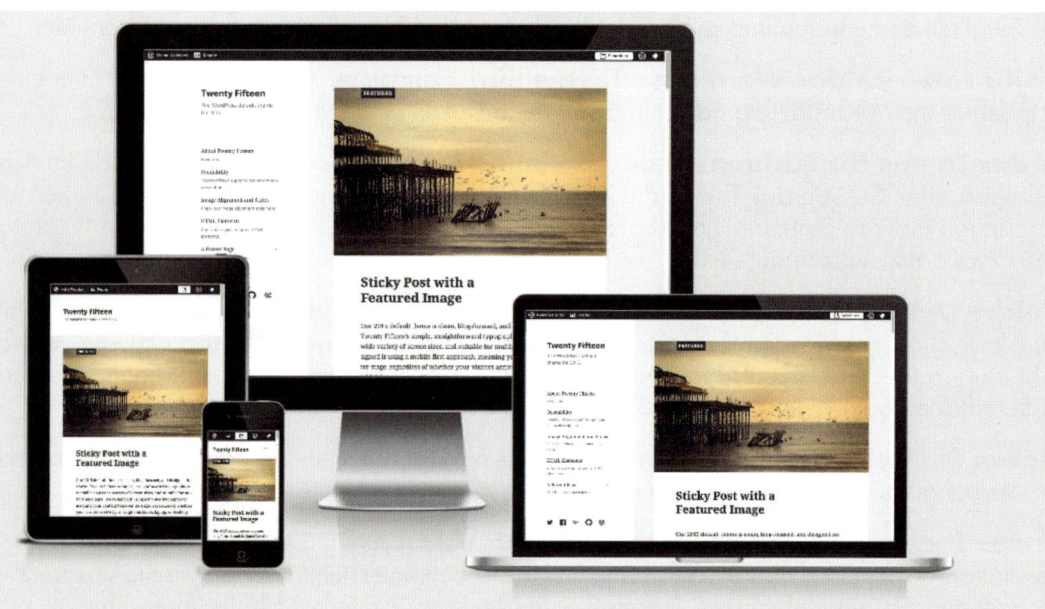

# Responsive Webdesign: Themes für alle Geräte

**Responsive Webdesign** ist eine moderne Variante des Webdesigns, bei der sich die im Browser aufgerufene Website **automatisch an die Größe des Bildschirms anpasst**. Responsive bedeutet so viel wie »reaktionsfähig«. Richtig gute responsive Webdesigns adaptieren die Größe des Browserfensters und arrangieren die Elemente samt Inhalten neu. So sieht dieselbe Website auf einem mobilen Gerät wie einem Smartphone anders aus als im Browser eines Desktoprechners.

Wie Sie links sehen, ist z. B. das Standard-Theme **Twenty Fifteen** responsive und passt die Inhalte automatisch an die Fenstergröße an. Der Vorteil liegt auf der Hand: Egal ob jemand Ihre Website gerade mit einem Android-Smartphone oder iPhone, einem Tablet-Computer oder einem Desktoprechner besucht – die Website präsentiert sich optimal.

Eines sollten Sie aber beim Responsive Webdesign bedenken: Die Website lädt in den meisten Fällen auf allen Geräten die gleichen Bilder, Schriften sowie den HTML-Code, um angezeigt zu werden. Achten Sie also darauf, Ihre Website nicht mit Bildern und Videos zu überladen. Denn mobile Besucher surfen generell langsamer und unter restriktiveren Bedingungen wie z. B. einem bestimmten Datenvolumen.

## Tipp

Mobilfreundliche Websites bekommen von Google Pluspunkte für die Suchmaschinenergebnisse. Mit den beiden Google-Websites *www.google.de/webmasters/tools/mobile-friendly/* und *https://testmysite.thinkwithgoogle.com* durchleuchten Sie eine Website genau, um zu überprüfen, ob diese auf Responsive Webdesign basiert und wie mobilfreundlich sie ist. Geben Sie dazu einfach eine URL ein und sehen Sie sich das Ergebnis an.

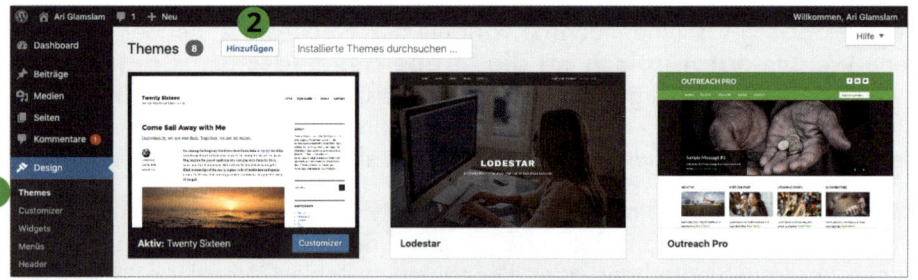

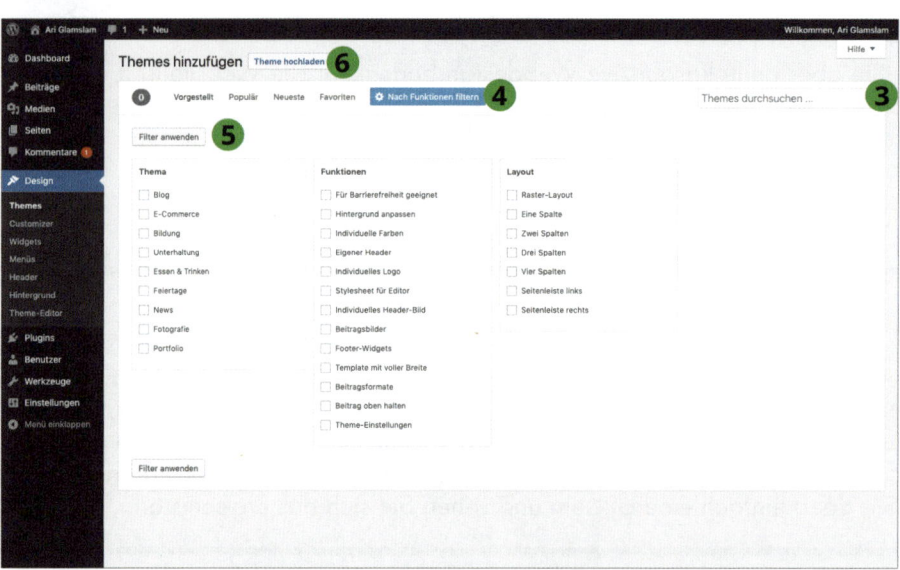

# Ein neues Theme über das Backend installieren

Um ein neues Theme zu installieren, stehen Ihnen zwei verschiedene Wege zur Verfügung: der Upload per FTP-Programm und die Installation über das Backend. Der sicherste Weg für die Installation ist der »händische« Upload per FTP-Programm. Denn bei der automatischen Installation von WordPress kann es vorkommen, dass sich WordPress verschluckt und mitten im Installationsprozess stecken bleibt. Das passiert aber in den seltensten Fällen.

Ein anderes, häufig auftretendes Phänomen ist, dass einige Webhoster äußerst restriktive Einstellungen für ihre Server vornehmen und verhindern, dass WordPress Dateien selbstständig herunterladen, entpacken und installieren darf. Das dient zwar der Sicherheit, geht aber zulasten Ihres Komforts.

Beginnen wir mit der komfortablen Variante:

## Installation über das Backend

1. Öffnen Sie den Menüpunkt Design → Themes ❶.

2. Klicken Sie auf die Schaltfläche Hinzufügen ❷.

3. Suchen Sie über die Suche ❸ oder den Filter ❹ ein Theme (z. B. Lodestar) aus. Bestätigen Sie die Suche dann mit der ⏎-Taste oder klicken Sie auf Filter anwenden ❺.

4. WordPress listet Ihnen jetzt Themes mit einem Vorschaubild auf. Fahren Sie mit der Maus über ein Theme, das Ihnen gefällt, und klicken Sie auf die eingeblendete Installieren-Schaltfläche.

5. Oder klicken Sie auf Theme hochladen ❻, um ein heruntergeladenes ZIP-Paket eines Themes auf Ihrem Rechner auszusuchen und hochzuladen.

6. Klicken Sie auf Aktivieren, nachdem WordPress das Theme automatisch installiert hat. Fertig!

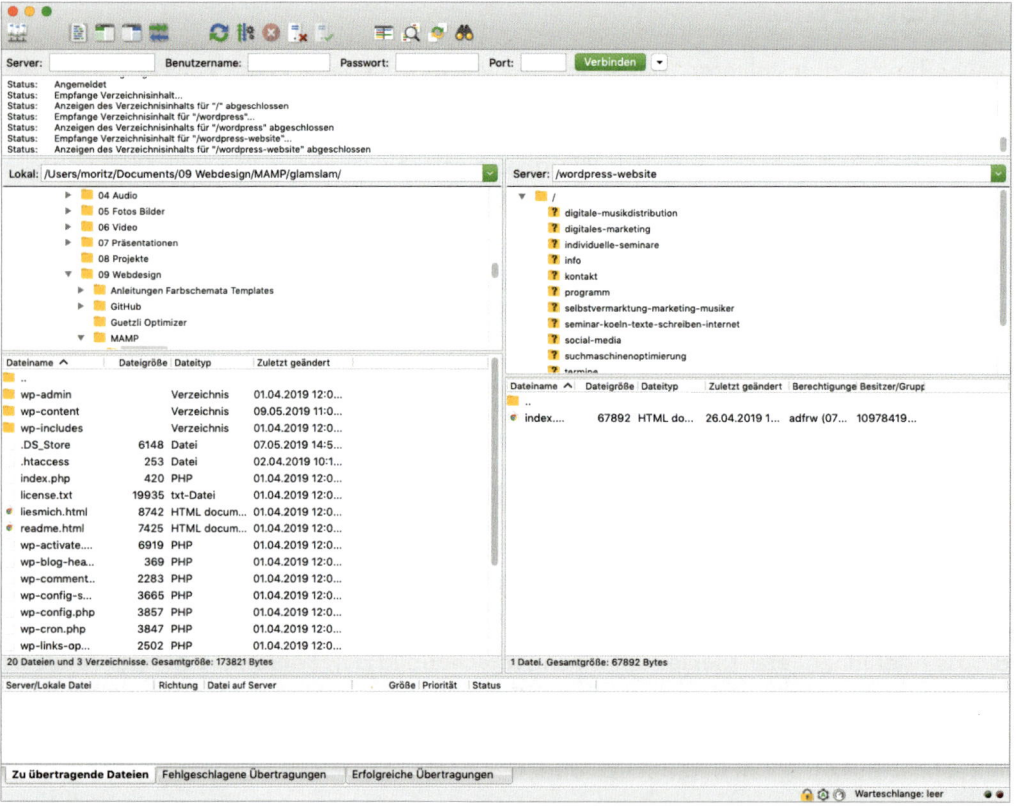

# Ein neues Theme per FTP installieren

Die Installation eines Themes per FTP-Upload ist einfach, wenn Sie den Umgang mit einem FTP-Programm gewohnt sind. Diese Art der Installation ist immer die sicherste, weil Sie alles im Blick haben und Ihnen das FTP-Programm genaue Informationen darüber anzeigt, ob sämtliche Daten korrekt übertragen bzw. hochgeladen wurden.

1. Laden Sie das ZIP-Archiv des Themes herunter (z. B. unter *http://wordpress.org/themes/sydney*).

2. Entpacken Sie das ZIP-Archiv auf Ihren Desktop.

3. Öffnen Sie Ihr FTP-Programm und verbinden Sie sich mit dem Server.

4. Öffnen Sie das WordPress-Verzeichnis und wechseln Sie in das Unterverzeichnis /wp-content/themes/.

5. Laden Sie den gesamten Theme-Ordner in das Verzeichnis /themes hoch (z. B. den Ordner sydney).

6. Öffnen Sie im WordPress-Backend den Menüpunkt Design → Themes. WordPress listet jetzt das hochgeladene Theme mit den bereits hochgeladenen anderen Themes auf.

7. Aktivieren Sie das Theme – fertig!

## Hinweis

Unter *www.phlow.org/ftp* finden Sie eine Videoanleitung, die Ihnen zeigt, wie Sie das kostenlose FTP-Programm FileZilla konfigurieren und damit arbeiten.

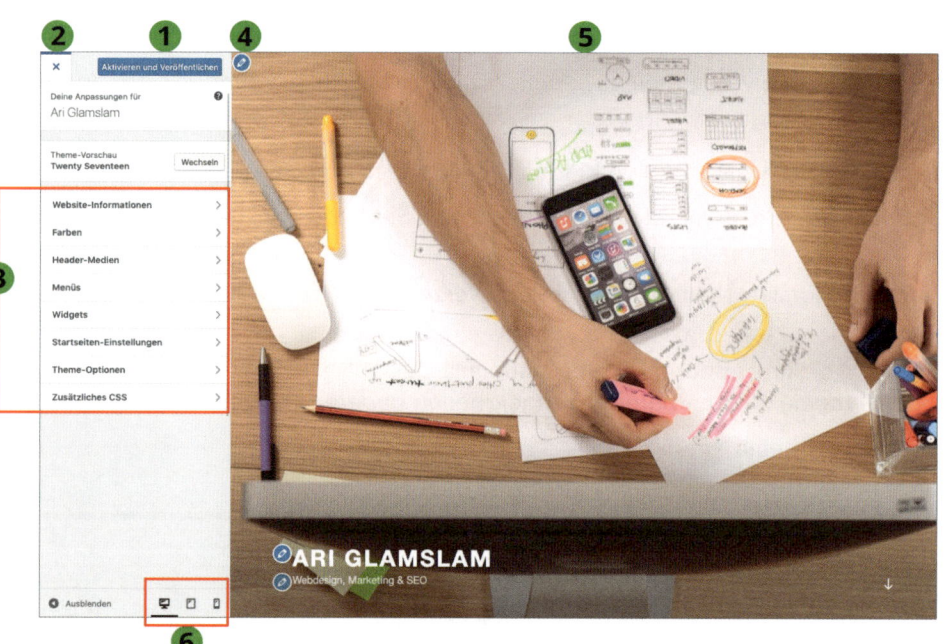

# Themes direkt in der Vorschau anpassen

Um neue Themes zu testen und gegebenenfalls direkt im Browser anzupassen, bietet WordPress eine großartige Funktion: die **Live-Vorschau**. Wenn Sie WordPress selbst installiert haben, finden Sie unter Design → Themes bereits weitere Themes neben dem voreingestellten Standard-Theme. Möchten Sie das aktuelle Theme testen und gestalten, klicken Sie auf Anpassen. Wollen Sie einfach mal ein anderes Theme, z. B. Twenty Seventeen, testen, fahren Sie mit der Maus über das Vorschaubild und klicken auf Live-Vorschau.

Wenn Sie die Live-Vorschau-Funktion für das Theme Twenty Seventeen ausprobieren, können Sie diese Änderungen sehen, die Besucher Ihres Webauftritts jedoch nicht. Sämtliche Änderungen, die Sie jetzt vornehmen, treten erst dann in Kraft, wenn Sie die Schaltfläche Aktivieren und Veröffentlichen ❶ anklicken. Verwerfen können Sie Ihre Einstellungen dagegen mit einem Klick auf das x ❷, Sie belassen es damit beim aktuellen Theme.

Welche Einstellungsmöglichkeiten Ihnen ein Theme zur Verfügung stellt, sehen Sie in der linken Seitenleiste ❸. Ein Klick auf den jeweiligen Menüpunkt öffnet die dazugehörigen Einstellungen. Sie können aber auch in der Ansicht auf den bauen Stift ❹ klicken und gelangen damit direkt zum Menüpunkt. So bietet z. B. das Theme Twenty Seventeen Einstellungsmöglichkeiten für Website-Informationen, Farben, Header-Medien, Menüs, Widgets, Startseiten-Einstellungen, Theme-Optionen und Zusätzliches CSS. Änderungen, die Sie über die linke Leiste vornehmen, wirken sich direkt auf die Live-Vorschau ❺ rechts aus. Mit den drei Symbolen am unteren Rand ❻ testen Sie, wie das Theme auf Desktoprechnern, Tablets und mobilen Geräten aussieht.

## Hinweis

Nicht alle Themes bieten die Möglichkeit, sämtliche Optionen und Funktionen in der Live-Vorschau zu testen. Auskunft darüber gibt die Dokumentation zum Theme.

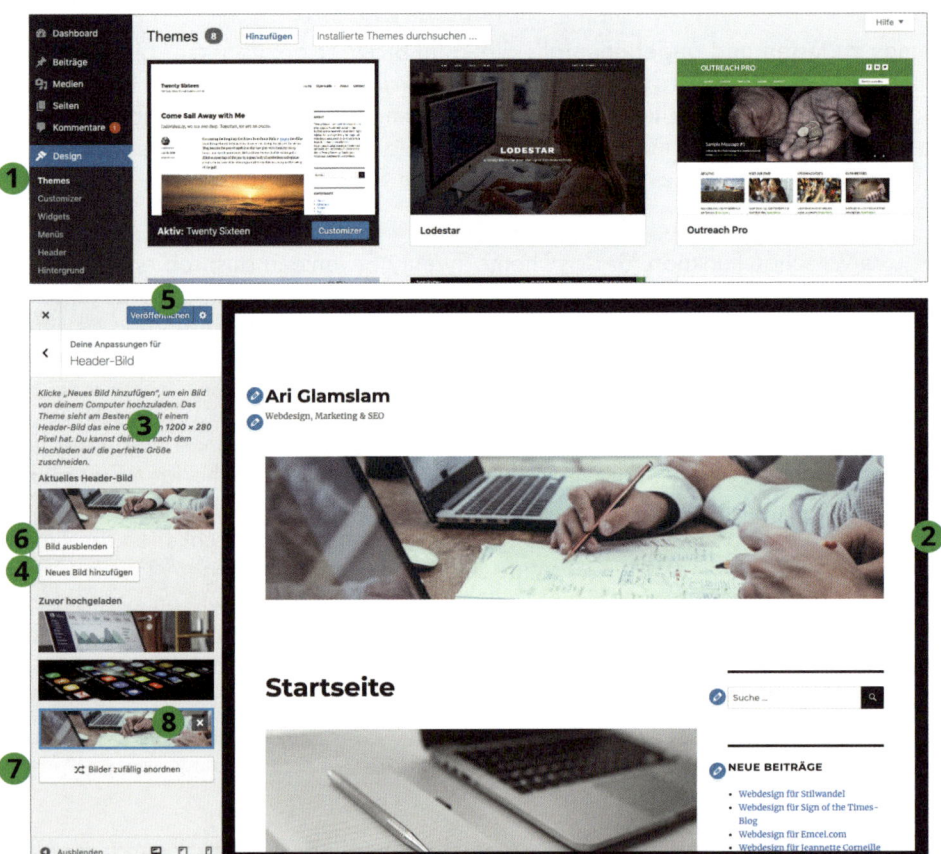

# Bilder in die Kopfzeile einfügen

Ein einprägsames Logo oder ein erklärendes Bild im Kopfbereich der Website vermittelt dem Besucher schnell, worum es auf der Website geht. Zahlreiche Themes bieten deshalb einen schnellen und unkomplizierten Weg, über den Menüpunkt Design → Header (Kopfzeile) oder die Live-Vorschau Design → Anpassen eine Kopfgrafik hochzuladen und zu aktivieren. Und das geht so:

1. Klicken Sie auf den Menüpunkt Design → Header ❶. Damit gelangen Sie in den Unterpunkt Header-Bild ❷ der Live-Vorschau. Gute Themes geben Ihnen in einer Kurzbeschreibung die optimale Bildgröße an. Beim Theme Twenty Sixteen sind es 1.200 × 280 Pixel ❸.

2. Laden Sie über Neues Bild hinzufügen ❹ ein Bild in die Mediathek hoch oder wählen Sie ein bereits hochgeladenes aus und klicken Sie auf Auswählen und zuschneiden.

3. Wählen Sie einen Bereich des Bilds aus, der in der Kopfzeile angezeigt werden soll, indem Sie den Bereich über die kleinen Quadrate an den Ecken verkleinern oder vergrößern. Den Ausschnitt können Sie bewegen, wenn Sie den Mauszeiger in die Mitte des Ausschnitts setzen. Erscheint das Steuerkreuz, können Sie den Ausschnitt verschieben.

4. Wenn Sie mit dem Ausschnitt zufrieden sind, klicken Sie auf Bild zuschneiden. WordPress schneidet das Bild jetzt zu und präsentiert in der Live-Vorschau das Ergebnis.

5. Klicken Sie abschließend auf Veröffentlichen ❺. Sollten Sie nicht zufrieden sein, klicken Sie auf Bild ausblenden ❻ und beginnen einfach noch einmal mit Schritt 3.

## Tipp

Sie können auch mehrere Kopfgrafiken hochladen und diese zufällig rotieren lassen. Laden Sie dazu einfach mehrere Bilder über Neues Bild hinzufügen hoch. Mit einem Klick auf Bilder zufällig anordnen ❼ testen Sie das Ergebnis. Bilder entfernen Sie, indem Sie über das jeweilige Bild mit der Maus fahren und auf das x ❽ klicken.

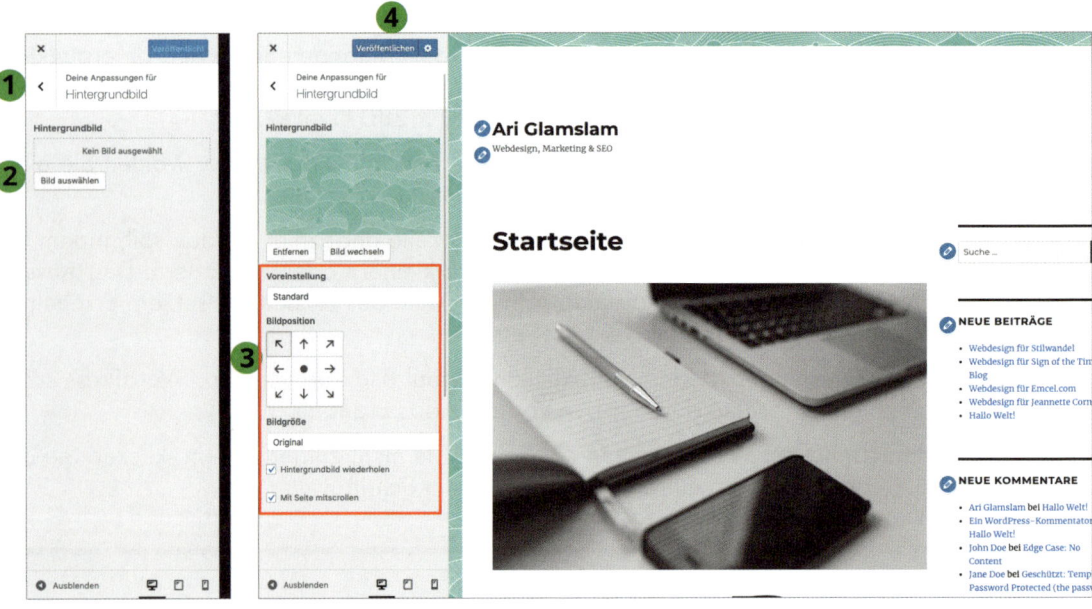

# Ein Hintergrundbild für die Website einbinden

Mit einem Hintergrundbild oder einer Hintergrundfarbe können Sie eine Website maßgeblich gestalten. Ob Sie ein Muster im Hintergrund »kacheln« (es also neben- und übereinander wiederholen), ob Sie ein Hintergrundbild nutzen oder einen Farbverlauf einbauen: Die Möglichkeiten sind vielfältiger, als man zunächst denkt. Die meisten Themes bieten dafür einen eigenen Menüpunkt an: Design → Hintergrund.

Um ein Hintergrundbild im Theme Twenty Sixteen (und in vielen anderen Themes auch) hochzuladen, gehen Sie wie beim Einsetzen einer Kopfgrafik vor. Zuerst klicken Sie auf Design → Hintergrund, und WordPress bringt Sie wieder zur Live-Vorschau und dort direkt zum Unterpunkt Hintergrundbild ❶. Über Bild auswählen ❷ öffnet sich die Mediathek. Laden Sie ein neues Bild hoch oder wählen Sie ein passendes aus der Mediathek aus. Klicken Sie auf Bild wählen.

WordPress öffnet jetzt wieder die Live-Vorschau und blendet Ihnen zahlreiche Möglichkeiten ein, das Bild zu wiederholen, im Hintergrund zu positionieren und/oder das Scrollverhalten des Hintergrunds festzulegen ❸. Um die Einstellungen zu übernehmen, klicken Sie wie immer auf Veröffentlichen ❹.

## Tipp

Bedenken Sie, dass große Bilder eine Website verlangsamen. Gekachelte Muster oder eine Hintergrundfarbe reduzieren hingegen das zu übertragende Datenvolumen. Mobile Surfer wird das freuen.

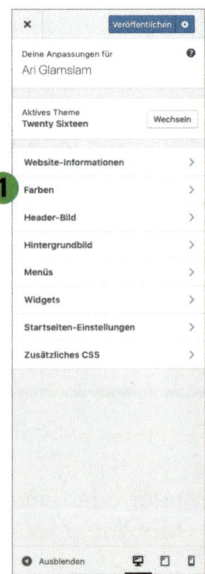

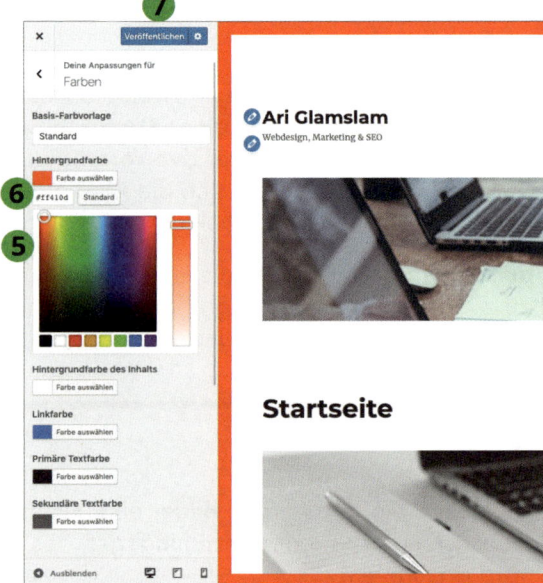

# Farbgestaltung: Farben für Links, Text und Hintergrund

Themes bieten oft die Möglichkeit, die im Design genutzten Farben anzupassen. Welche Farben Sie editieren können, finden Sie heraus, indem Sie über das Backend mit Design → Anpassen/Customizer die Live-Vorschau öffnen. Suchen Sie nach einem Menüpunkt, der mit Farben ❶ betitelt ist, und klicken Sie darauf. Das nächste Menü ❷ zeigt Ihnen eine Übersicht für die Farbgestaltung. Während Sie etwa beim Theme Twenty Nineteen nur eine primäre Farbe festlegen dürfen, bietet z. B. Twenty Sixteen hierzu zahlreiche Möglichkeiten an. Dazu gehören sogar vorgefertigte Farbvorlagen, die Sie über ein Drop-down-Menü ❸ auswählen können.

Um Farben zu bearbeiten, klicken Sie einfach auf das jeweilige Farbe auswählen-Feld ❹. Über den anschließend eingeblendeten Farbwähler ❺ können Sie die Farbe bestimmen oder Farbwerte – z. B. aus einem Bildbearbeitungsprogramm wie Photoshop – in das dazugehörige Feld kopieren ❻. Vergessen Sie nicht, auf Veröffentlichen ❼ zu klicken, wenn Sie mit der Gestaltung fertig sind. Ihre Farben gehen sonst verloren.

## Tipp

Wenn Sie noch ein passendes Farbschema suchen, besuchen Sie doch mal mein Phlow-Magazin. Dort finden Sie unter *http://magazin.phlow.de/farben/* einen längeren Artikel mit Onlinewerkzeugen, um Farbkombinationen zu finden, und Websites mit kostenlosen Farbpaletten sowie Links zur Farbtheorie.

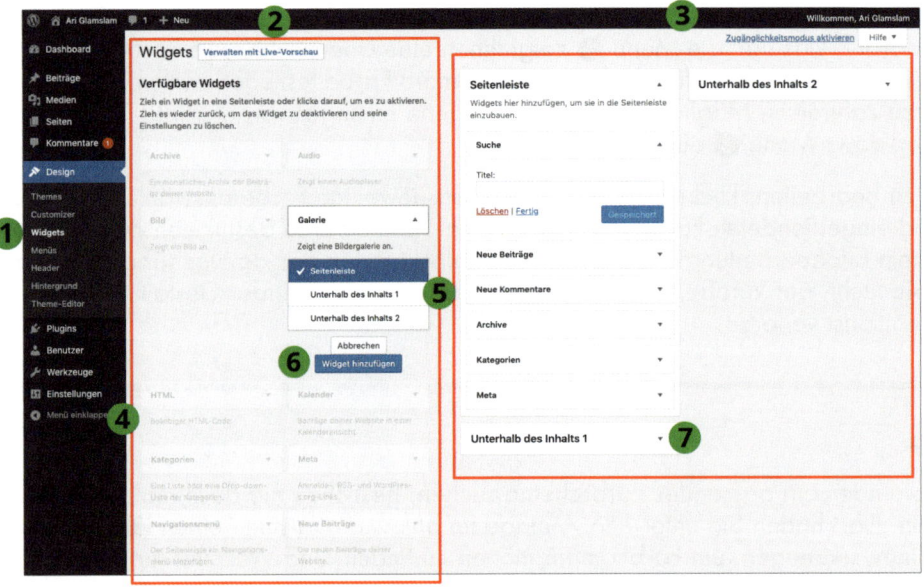

# Widgets: mit Modulen die Website gestalten

WordPress ist unter anderem dank seiner Widgets so beliebt. Mit ihnen ist es möglich, per Drag-and-drop das Aussehen einer WordPress-Website schnell zu verändern. So können Sie z.B. Inhaltselemente wie ein Suchfeld, eine Liste der letzten Beiträge oder die Kategorien per Mausklick dort positionieren, wo Sie es wünschen.

Widgets sind kleine, anpassbare Module, die bestimmte Funktionen bieten und entsprechende visuelle Elemente erzeugen. Je nachdem, welches Theme Sie nutzen, gibt es mehr oder weniger extra dafür vorgesehene Widget-Bereiche, in denen Sie ein Widget oder gleich mehrere platzieren können. Manche Themes erweitern die Standard-Widgets um neue Module. Auch Plug-ins wie z.B. Jetpack (mehr dazu auf Seite 259) fügen WordPress neue Widgets hinzu.

Den Widget-Bereich finden Sie unter Design → Widgets ❶. Dieser teilt sich in drei Hauptbereiche auf:

**Verfügbare Widgets ❷**: Dieser Bereich listet alle zur Verfügung stehenden Widgets inklusive einer Kurzbeschreibung auf.

**Widget-Bereich(e) ❸**: Je nach Theme variiert die Anzahl der Widget-Bereiche. Standardmäßig ist der erste Widget-Bereich aufgeklappt. Um einen anderen Widget-Bereich zu öffnen, klicken Sie einfach auf den kleinen Pfeil nach unten.

**Inaktive Widgets ❹**: In diesem Bereich am Ende der Seite können Sie bei Bedarf Widgets »parken«. Bereits vorgenommene Einstellungen gehen dadurch nicht verloren.

Um ein Widget einem Widget-Bereich zuzuordnen, müssen Sie es zuerst anklicken. Dann klappt das Widget die zur Verfügung stehenden Bereiche aus ❺. Entscheiden Sie sich für einen Bereich und bestätigen Sie mit einem Klick auf Widget hinzufügen ❻. WordPress positioniert das Widget dann automatisch als letztes Modul im ausgewählten Bereich und klappt es aus, damit Sie es konfigurieren können.

Die Einstellungen bereits positionierter Widgets klappen Sie über den kleinen Pfeil nach unten aus ❼. Die Reihenfolge der Widgets bestimmen Sie einfach per Drag-and-drop. Jedes Widget hat ein Feld für den Titel, zwei Links für Löschen und Schließen sowie eine Schaltfläche zum Speichern.

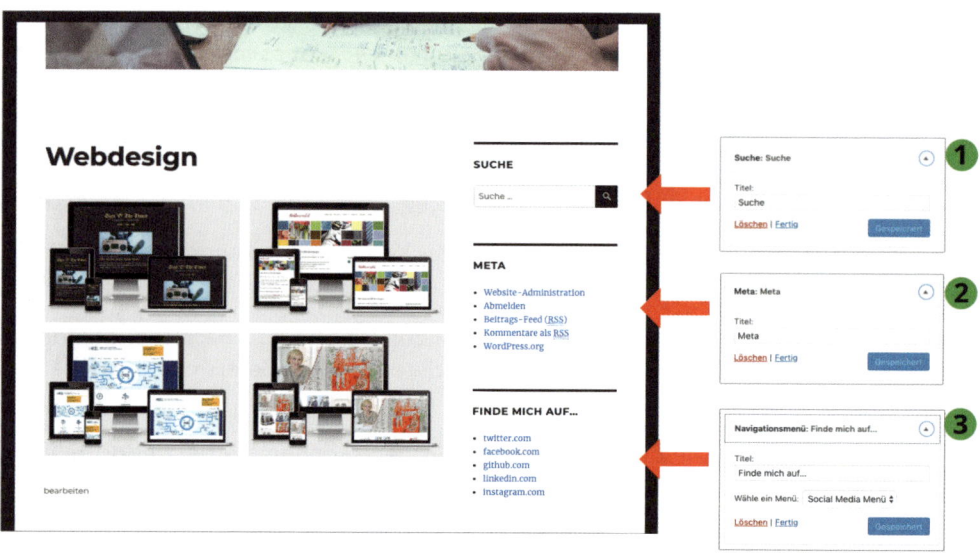

# Widgets für Suche, Log-in und Menüs

Im Folgenden stelle ich Ihnen alle Standard-Widgets vor. Exemplarisch habe ich die jeweiligen Widgets in die Seitenleiste des Themes Twenty Sixteen eingefügt. Das Aussehen der Widgets variiert je nach Theme.

Mit den beiden Widgets Suche und Finde mich auf... bauen Sie Funktionen in die Website ein, die den Besuchern bei der Orientierung auf Ihrer Website bzw. Ihrem Blogs helfen. Das Meta-Widget baut Links zu Log-in und RSS-Feeds ein.

**Suche ❶**: Jeder gute Webauftritt verfügt über eine Suchfunktion, mit der Besucher die Inhalte der Website bzw. des Blogs nach Schlagwörtern durchsuchen können. Mit dem Suche-Widget fügen Sie ein Modul mit einem Suchfeld samt Suche-Schaltfläche ein. Platzieren Sie das Suchfeld möglichst weit oben auf der Seite, da die Suche eine sehr beliebte Funktion ist. Um Platz zu sparen, verzichten Sie am besten auf einen Titel, denn die Beschriftung der Suche-Schaltfläche verdeutlicht auf einen Blick, wozu das Modul dient. Bei manchen Themes, etwa dem Twenty Fourteen, ist die Suchfunktion bereits standardmäßig in der Hauptleiste eingebaut und über das Lupensymbol zugänglich.

**Meta ❷**: Mit dem Meta-Widget fügen Sie mehrere Links in Ihre WordPress-Website ein. Ein Link führt Sie zum Log-in-Bildschirm. Das ermöglicht Ihnen, sich von jeder Seite Ihres Webauftritts aus im Backend anzumelden (Seitenbesucher sehen diesen Link nicht). Zwei weitere Links verlinken jeweils Ihren Beitrags-Feed und den Feed für die aktuellen Kommentare. Außerdem baut das Widget noch einen Link auf WordPress.org ein.

**Finde mich auf... ❸**: Mit diesem Widget bauen Sie ein Navigationsmenü ein, das Sie zuvor über das Menü Design → Menüs erstellt haben. (Wie Sie ein solches Menü erstellen, erfahren Sie auf den Seiten 221 bis 227.) So ein Menü kann z. B. hilfreich sein, wenn Sie in der Seitenleiste Ihres Blogs eine Art Inhaltsverzeichnis einbauen wollen. Über das Ausklappmenü wählen Sie das Menü aus – hier Seitenleisten Navigation –, das über das Widget angezeigt werden soll.

# Webdesign

**NEUES VON PHLOW**

- Nomadland – VanDwelling am Abgrund Amerikas
- Alle sollen meine Musik hören
- Influencer – So »authentisch«
- Website-Optimierung mit Google Web.dev
- Google Fonts und die Datenschutzerklärung – Wie man die Fonts selbst einbaut

bearbeiten

**RSS:** Neues von Phlow

Gib die URL des RSS-Feeds hier ein:
https://phlow.de/blog/index.xml

Gib dem Feed einen Titel (optional):
Neues von Phlow

Wie viele Einträge sollen angezeigt werden?   5 ◆

☐ Beitrags-Inhalt anzeigen?

☐ Beitrags-Autor anzeigen, wenn verfügbar?

☐ Beitrags-Datum anzeigen?

Löschen | Fertig

Gespeichert

# Externe Inhalte über das RSS-Widget einbauen

Mithilfe von RSS können Sie ganz einfach Inhalte von anderen Websites abonnieren und auf Ihrer Website bzw. Ihrem Blog einblenden. Das ist z. B. hilfreich, um sich mit befreundeten Websites zu verknüpfen und sich gegenseitig zu promoten. Technisch gesehen, sorgt das RSS-Widget für den Import dieser RSS-Feeds auf Ihre Website. Wenn Sie z. B. mein Blog unter *phlow.de/blog/* promoten wollen, bauen Sie doch versuchsweise mal meinen RSS-Feed über das Widget ein:

1. Fügen Sie das RSS-Widget einem Widget-Bereich hinzu.

2. Geben Sie die URL *https://phlow.de/blog/index.xml* ein in das Feld Gib die URL des RSS-Feeds hier ein.

3. Betiteln Sie das Widget z. B. mit Neues von Phlow.

4. Wählen Sie über das Ausklappmenü die Anzahl der anzuzeigenden Beiträge aus – z. B. fünf.

5. Setzen Sie keine Häkchen in den Feldern darunter.

6. Speichern Sie mit einem Klick auf Sichern ab.

7. Öffnen Sie in einem neuen Fenster Ihre Website und überprüfen Sie das Ergebnis.

In den Standardeinstellungen verlinkt das Widget lediglich die Überschriften der Beiträge des RSS-Feeds. Wenn Sie mehr Inhalte des RSS-Feeds anzeigen lassen möchten, müssen Sie Häkchen bei Beitrags-Inhalt anzeigen?, Beitrags-Autor anzeigen, wenn verfügbar? und Beitrags-Datum anzeigen? setzen.

## Hinweis

Beachten Sie beim Einbau eines RSS-Feeds, dass Sie sich die Inhalte einer anderen Website zu eigen machen. Gegen eine Verlinkung hat in der Regel niemand etwas, aber wenn Sie Inhalte des Beitrags übernehmen, möglicherweise schon.

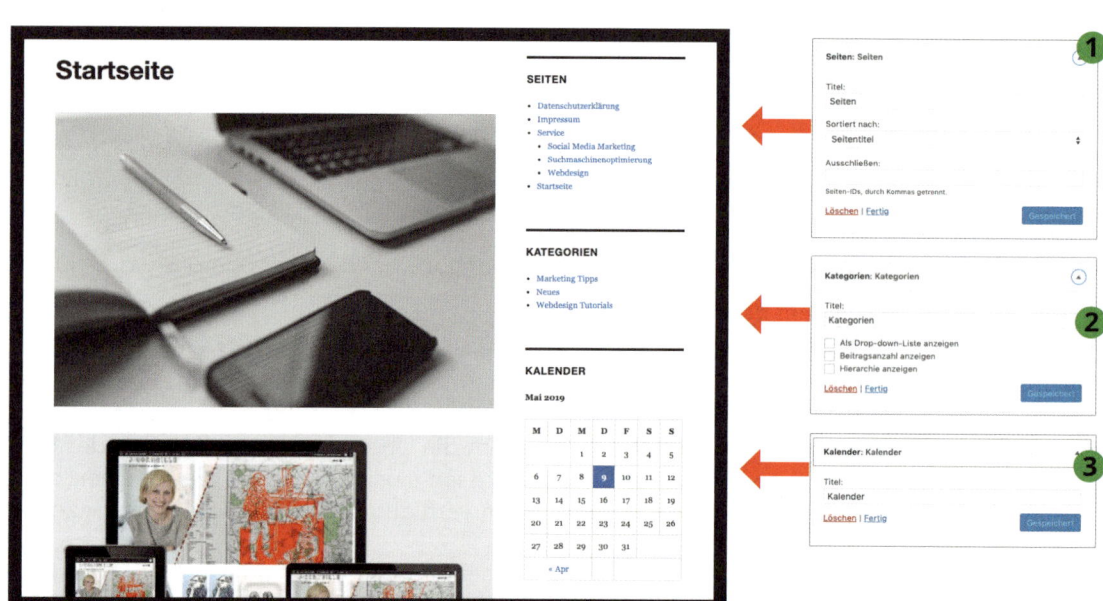

# Widgets für die Präsentation von Website-Inhalten (1)

Die folgenden Widgets helfen Ihnen, Inhalte Ihrer Website besonders in Szene zu setzen:

**Seiten ❶**: Mithilfe des Seiten-Widgets listen Sie sämtliche Seiten auf, die Sie bereits veröffentlicht haben. Über das Ausklappmenü Sortiert nach entscheiden Sie, ob die Seiten nach Seitentitel, Reihenfolge der Seiten oder Seiten-ID sortiert werden sollen. Wie Sie die Reihenfolge der Seiten hierarchisieren, erfahren Sie auf Seite 171. Wenn bestimmte Seiten nicht angezeigt werden sollen, tragen Sie einfach die ID-Nummern der Seiten durch Kommata getrennt in das Ausschließen-Feld ein. Die ID einer Seite können Sie ermitteln, indem Sie die Seite im Backend aufrufen und den Link inspizieren. Die ID-Nummer der Seite wird innerhalb des Links angegeben (hier im Beispiel in Fettschrift): *http://digitalkultur.tv/wp-admin/post.php?post=**10**&action=edit.*

**Kategorien ❷**: Dieses Widget zeigt die Kategorien einer Website an. Damit eine Kategorie erscheint, muss mindestens ein Beitrag dieser Kategorie veröffentlicht worden sein. Ob die Kategorien als Links oder über ein Ausklappmenü dargestellt werden, entscheiden Sie über Als Drop-down-Liste anzeigen. Wie viele Beiträge bereits in eine Kategorie einsortiert wurden, können Sie sich anzeigen lassen, indem Sie ein Häkchen bei Beitragsanzahl anzeigen setzen. Sollen Unterkategorien eingerückt unter der Hauptkategorie erscheinen, setzen Sie einfach ein Häkchen bei Hierarchie anzeigen.

**Kalender ❸**: Das Kalender-Widget fügt Ihrem Webauftritt einen anklickbaren Kalender hinzu. Mit seiner Hilfe können Besucher dann datumsbasiert nach Beiträgen suchen.

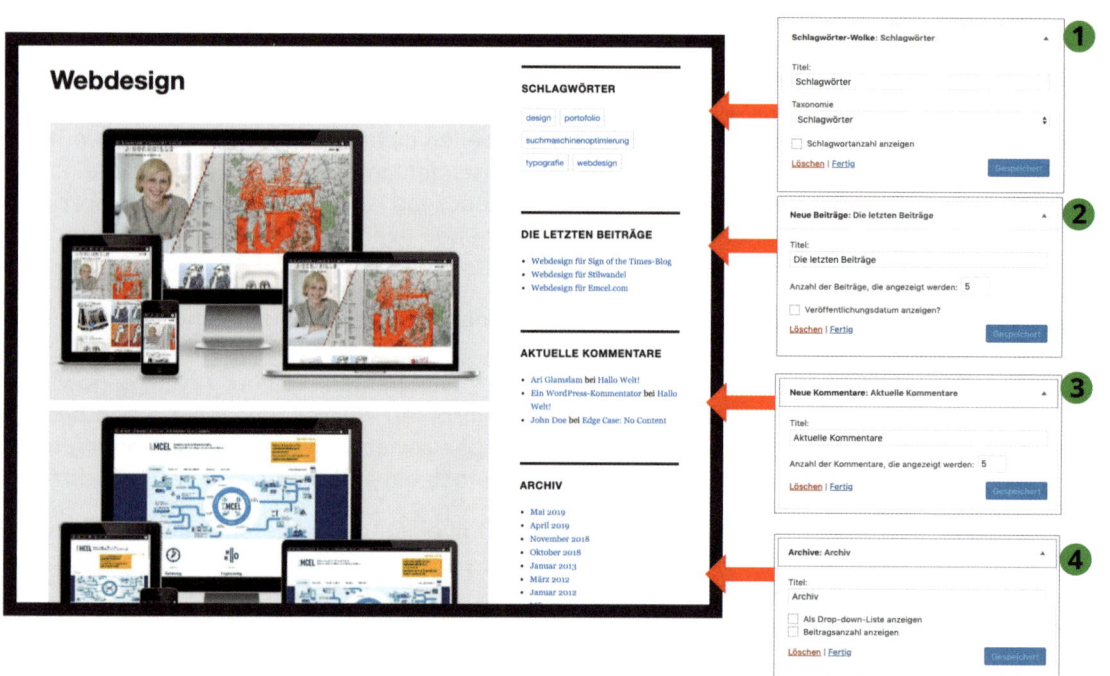

# Widgets für die Präsentation von Website-Inhalten (2)

**Schlagwörter-Wolke ❶**: Dieses Widget zeigt eine »Wolke« aus Schlagwörtern, auch **Tag Cloud** genannt, an, mit denen Sie Ihre Beiträge versehen haben. Je häufiger ein Schlagwort vergeben wurde, desto größer erscheint es auf der Website. Jedes verlinkte Schlagwort führt zur jeweiligen Schlagwortarchivseite. Optional können Sie über das Ausklappmenü auch eine Kategoriewolke anzeigen lassen.

**Neue Beiträge ❷ und Neue Kommentare ❸**: Diese beiden Widgets haben die gleiche Aufgabe: Sie sollen die Aktivitäten auf einer Website – vornehmlich auf einem Blog – anzeigen. Neben der optionalen Möglichkeit des Widgets Neue Beiträge, zusätzlich noch das Veröffentlichungsdatum anzuzeigen, haben beide Widgets nur eine Einstellungsmöglichkeit: Sie können hier die Anzahl der verlinkten Beiträge/Kommentare festlegen.

**Archive ❹**: Über das Archive-Widget baut man Links zu monatsbasierten Archivseiten. Sie können mit Als Drop-dow-Liste anzeigen·entscheiden, ob die Monate als Links angezeigt werden sollen oder ob der Besucher den Monat über ein Ausklappmenü auswählen kann. Wenn Sie ein Häkchen bei Beitragsanzahl anzeigen setzen, zeigt das Widget zusätzlich noch die Anzahl der Beiträge pro Archivseite an.

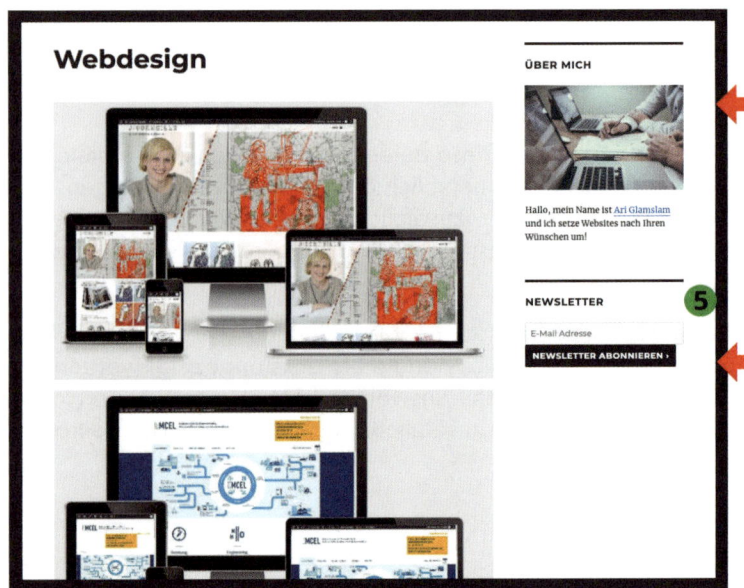

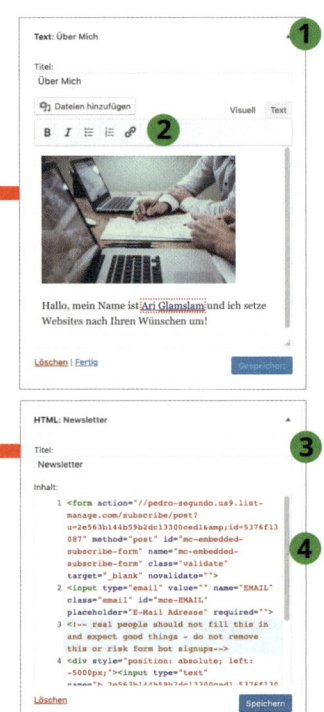

# Text- und HTML-Widgets: simpel, aber großartig für die Gestaltung

Mit dem Text- und dem HTML-Widget erhalten Sie zwei mächtige Widgets für die Gestaltung Ihrer Website und den Einbau externer Services: Während Ihnen das Text-Widget ❶ eine Art Mini-Editor ❷ für Texte mit Bildern und Links bietet, erlaubt das HTML-Widget ❸ Ihnen gezielter, HTML-Befehle ❹ in Ihre Website einzubauen.

Dank des HTML-Widgets können Sie z. B. Formulare ❺ in die Widget-Bereiche einfügen, mit denen Sie E-Mail-Adressen für einen Newsletter sammeln. Oder Sie bauen externe Services wie Soundcloud, Slideshare, Google Maps oder YouTube ein.

Mithilfe eines sogenannten <iframe> fügen Sie externe Inhalte leicht in Ihre Website ein. Diese Technik nennt man **Embedding**, also Einbetten. Die einzubauenden iFrames finden Sie oft über Links direkt unterhalb der Medien – z. B. bei YouTube unterhalb des Videos über den Link Teilen.

Anleitungen dazu, wie Sie z. B. Medien von Soundcloud, Slideshare, Open Streetmap oder Google Maps integrieren, finden Sie, indem Sie Suchwörter wie »soundcloud einbetten website« in die Suchmaschine Ihrer Wahl eingeben.

Mehr zur Funktionsweise von iFrames erfahren Sie unter *http://phlow.org/iframe*.

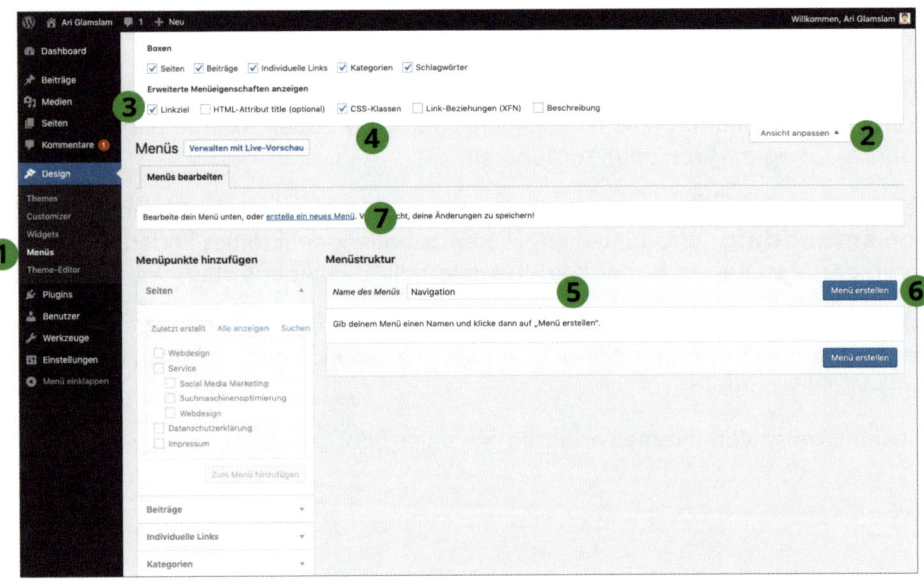

220

# Menü: ein Menü für die Navigation erstellen

Über den Menüpunkt Design → Menüs ❶ erstellen Sie Navigationsmenüs für Ihre Website. Wie viele Navigationsmenüs Sie verwenden können, hängt vom jeweiligen Theme ab. So erlaubt z. B. das Theme Twenty Nineteen die Positionierung von drei Menüs: einem horizontalen Menü in der Kopfleiste und darunter einem Social-Media-Menü und zusätzlich noch einem Menü für die Fußzeile. Zeigt WordPress den Menüpunkt Menüs unter Design nicht an, unterstützt das aktive Theme diese Funktion nicht. Sie können aber ein oder mehrere Menüs auch über das Widget Individuelles Menü in einem der Widget-Bereiche platzieren (siehe dazu Seite 211).

Bevor Sie Ihr erstes Menü anlegen, müssen Sie zuvor noch die Grundsteine für die Navigationspunkte legen. Das bedeutet, dass Sie zuerst sämtliche Beiträge und Seiten anlegen, die in der Navigation auftauchen sollen. Wenn Sie auch Kategorie- und Schlagwortarchivseiten in der Navigation verlinken möchten, müssen Sie diese ebenfalls erst anlegen und mit Inhalten füllen bzw. die Beiträge verschlagworten (siehe dazu Seite 77).

Haben Sie die Beiträge und Seiten auf Ihrer Website veröffentlicht, können diese eingebaut werden. Um sicherzustellen, dass WordPress alle wichtigen Funktionskästen darstellt, müssen Sie sie über Ansicht anpassen erst einblenden ❷, denn WordPress zeigt nach der Installation nicht alle wichtigen Kästen an, was ein wenig verwirrt.

Setzen Sie deshalb am besten im Ansichtspanel die Häkchen so, wie es die Abbildung links zeigt. Im Feld Erweiterte Menüeigenschaften anzeigen lohnen sich nur Häkchen bei Linkziel ❸ und CSS-Klassen ❹. Die Option Linkziel zeigt für jeden Menüpunkt ein Extrafeld an, das den Link in einem neuen Fenster oder Tab bei einem Klick öffnet. Ein Häkchen bei CSS-Klassen zeigt ein Extrafeld an, über das Sie dem Menüpunkt eine CSS-Klasse übergeben können. Diese Option ist nur für Webdesigner interessant, die die Navigation zusätzlich gestalten wollen.

Um ein Navigationsmenü zu erstellen, müssen Sie dem Menü über das Feld Name des Menüs ❺ einen eigenen Namen geben – für Ari Glamslam lautet das Menü einfach Navigation. Das Menü legen Sie mit einem Klick auf die Schaltfläche Menü erstellen ❻ an. Ein weiteres Menü erstellen Sie mit einem Klick auf den Link erstelle ein neues Menü ❼.

**1** Seiten **6**

Zuletzt erstellt  Alle anzeigen  Suchen

☑ Startseite: Webdesign
☐ Datenschutzerklärung
☐ Impressum
☑ Service
  ☑ Suchmaschinenoptimierung
  ☑ Webdesign
  ☑ Social Media Marketing
☐ Webdesign

Alle auswählen

Zum Menü hinzufügen

Beiträge

Individuelle Links

Kategorien

Schlagwörter

---

Seiten

**2** Beiträge

Zuletzt erstellt  Alle anzeigen  Suchen

☐ Webdesign für Sign of the Times-Blog
☐ Webdesign für Stilwandel
☐ Webdesign für Emcel.com
☐ Webdesign für Jeannette Corneille
☐ Hallo Welt!
☐ Block: Image

Alle auswählen

Zum Menü hinzufügen

Individuelle Links

Kategorien

Schlagwörter

---

Seiten

Beiträge

**3** Individuelle Links

URL    https://www.linkedin

Link-Text  LinkedIn

Zum Menü hinzufügen

Kategorien

Schlagwörter

---

**Menüpunkte hinzufügen**

Seiten

Beiträge

Individuelle Links

**4** Kategorien

Häufig genutzt  Alle anzeigen
Suchen

☑ Blog
  ☑ Neues
  ☑ Marketing Tipps
  ☑ Webdesign Tutorials

Alle auswählen

Zum Menü hinzufügen

Schlagwörter

---

Seiten

Beiträge

Individuelle Links

Kategorien

**5** Schlagwörter

Meistgenutzt  Alle anzeigen  Suchen

☐ webdesign
☐ portofolio
☐ suchmaschinenoptimierung
☐ design
☐ typografie

Alle auswählen

Zum Menü hinzufügen

# Menü: der Navigation Menüpunkte hinzufügen

Um der Navigation neue Elemente hinzuzufügen, müssen Sie erst das jeweilige Modul ausklappen und ausfüllen, um den neuen Menüpunkt mit Zum Menü hinzufügen anzulegen. Sie finden ihn dann am Ende der bereits angelegten Menüpunkte. Folgende Elemente stehen zur Verfügung:

**Seiten ❶**: Mittels des Seiten-Moduls fügen Sie Links zu einer oder mehreren Seiten in die Navigation ein. Ich wähle immer direkt Alle anzeigen, damit auch die Startseite angezeigt wird. Wenn Sie bereits viele Seiten angelegt haben, finden Sie ältere Seiten über die Alle anzeigen-Registerkarte oder Suchen ❻. Wählen Sie die Checkboxen für die Seiten, die in der Navigation auftauchen sollen, und klicken Sie dann auf Zum Menü hinzufügen.

**Beiträge ❷**: Das Beiträge-Modul funktioniert genau so wie das Seiten-Modul, nur mit dem kleinen Unterschied, dass Sie einen oder mehrere Beiträge hinzufügen.

**Individuelle Links ❸**: Über dieses Modul erstellen Sie einen Menüpunkt, indem Sie eine URL angeben und einen Titel für den Menüpunkt festlegen. Für Ari Glamslam ist das ein Link auf sein LinkedIn-Profil unter *https://www.linkedin.com/in/ari-glamslam/*.

**Kategorien ❹**: Mit diesem Modul fügen Sie Links auf eine oder mehrere Kategorieseiten hinzu. Beachten Sie, dass hier nur Kategorien auftauchen, wenn bereits Beiträge in die jeweiligen Kategorien einsortiert wurden. Für Ari Glamslam füge ich die Kategorien Neues, Marketing Tipps und Webdesign Tutorials der Navigation hinzu.

**Schlagwörter ❺**: Mit dem Schlagwörter-Modul fügen Sie Links zu den jeweiligen Schlagwortarchiven hinzu.

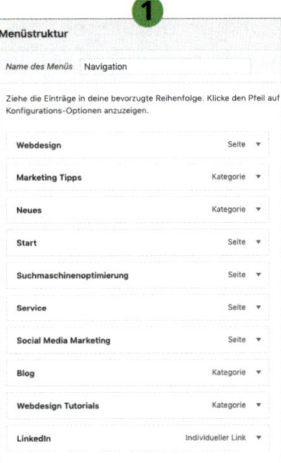

**① Menüstruktur**

*Name des Menüs* Navigation

Ziehe die Einträge in deine bevorzugte Reihenfolge. Klicke den Pfeil auf
Konfigurations-Optionen anzuzeigen.

| | |
|---|---|
| **Webdesign** | Seite ▾ |
| **Marketing Tipps** | Kategorie ▾ |
| **Neues** | Kategorie ▾ |
| **Start** | Seite ▾ |
| **Suchmaschinenoptimierung** | Seite ▾ |
| **Service** | Seite ▾ |
| **Social Media Marketing** | Seite ▾ |
| **Blog** | Kategorie ▾ |
| **Webdesign Tutorials** | Kategorie ▾ |
| **LinkedIn** | Individueller Link ▾ |

**② Menüstruktur**

*Name des Menüs* Navigation

Ziehe die Einträge in deine bevorzugte Reihenfolge. Klicke den Pfeil auf der rechte
Konfigurations-Optionen anzuzeigen.

| | |
|---|---|
| **Start** | Seite ▾ |
| **Service** | Seite ▾ |
| **Webdesign** *Unterpunkt* | Seite ▾ |
| **Suchmaschinenoptimierung** *Unterpunkt* | Seite ▾ |
| **Social Media Marketing** *Unterpunkt* | Seite ▾ |
| **Blog** | Kategorie ▾ |
| **Neues** *Unterpunkt* | Kategorie ▾ |
| **Marketing Tipps** *Unterpunkt* | Kategorie ▾ |
| **Webdesign Tutorials** *Unterpunkt* | Kategorie ▾ |
| **LinkedIn** | Individueller Link ▴ |

*URL*
https://www.linkedin.com/in/ari-glamslam/

*Angezeigter Name*
LinkedIn

☑ *Link in einem neuen Tab öffnen*

*CSS-Klassen (optional)*

Verschieben *Eine Ebene rauf* | *Unter Blog* | *Nach oben*

Entfernen | Abbrechen

③ ④ ⑤ ⑥

# Menü: Navigationspunkte sortieren und in die Website einfügen

In der Abbildung sehen Sie links das Menü, wie ich es auf der vorherigen Seite für Ari Glamslam erstellt habe ❶. Rechts sehen Sie die sortierte fertige Navigation mit Menüpunkten, die eingerückt sind ❷. Außerdem habe ich einige Menüpunkte umbenannt, um Platz zu sparen und die Menüpunkte verständlicher zu machen.

Die Navigationspunkte eines Menüs sortieren Sie ganz leicht, indem Sie mit dem Mauszeiger über den jeweiligen Menüpunkt fahren. Dann verwandelt sich der Mauszeiger in ein Steuerkreuz, und wenn Sie mit der linken Maustaste auf den Menüpunkt klicken und die Taste festhalten, können Sie anschließend den Menüpunkt an die gewünschte Stelle ziehen.

Menüpunkte können Sie nach rechts einrücken, wie Sie es bei Service ❸ und Blog ❹ sehen. Dadurch hierarchisieren Sie die Navigation und konstruieren Unterpunkte für einen Menüpunkt. So erstellen Sie in der Regel Ausklappmenüs für eine Navigation – wie in diesem Beispiel für Twenty Nineteen.

Über den kleinen Pfeil nach unten/oben ❺ klappen Sie die Einstellungsmöglichkeiten für den jeweiligen Menüpunkt auf oder zu. Haben Sie im Optionenpanel ein Häkchen bei Linkziel gesetzt, zeigt WordPress die Option Link in neuem Tab öffnen ❻ an. Im Beispiel habe ich für den Link auf die LinkedIn-Seite ein Häkchen gesetzt, damit sich die LinkedIn-Seite in einem neuen Fenster bzw. Tab öffnet.

Sobald Ihr Menü sortiert ist, speichern Sie die Einstellungen mit einem abschließenden Klick auf Menü speichern ab.

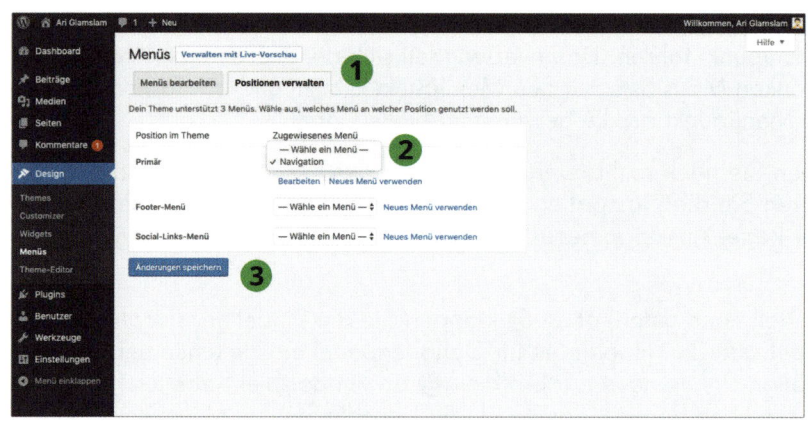

# Menü: das Menü einem Bereich zuordnen

Wenn Sie das Menü fertiggestellt haben, müssen Sie es im letzten Schritt noch der Stelle zuordnen, an der es untergebracht werden soll. Wie bereits erwähnt, kann es mehrere Stellen im Theme geben, an denen Sie ein Menü platzieren können. Das Theme Twenty Nineteen bietet drei Positionen an, an denen Sie das Menü unterbringen können: **in der Kopfleiste als horizontales Menü**, direkt darunter als **Social-Media-Menü** oder **in der Fußzeile**.

Um das Menü einem Bereich zuzuweisen, gehen Sie in das Register Positionen verwalten ❶. Wählen Sie im nächsten Schritt über das Ausklappmenü ❷ das Menü aus, das WordPress anzeigen soll. Beim Theme Twenty Nineteen ist dies das obere primäre Menü. Klicken Sie zum Schluss auf Änderungen speichern ❸ und überprüfen Sie das Resultat auf der Website.

Um ein zweites Menü zu erstellen und dem Theme zuzuweisen, beginnen Sie einfach von vorn und erstellen ein neues Menü, das Sie anschließend – z. B. bei Twenty Nineteen – einem der anderen Bereiche zuordnen.

## Hinweis

Sie können das Menü auch nachträglich noch bearbeiten, wenn Sie es bereits einer Stelle zugewiesen haben. WordPress aktualisiert das Menü automatisch mit jeder neuen Änderung.

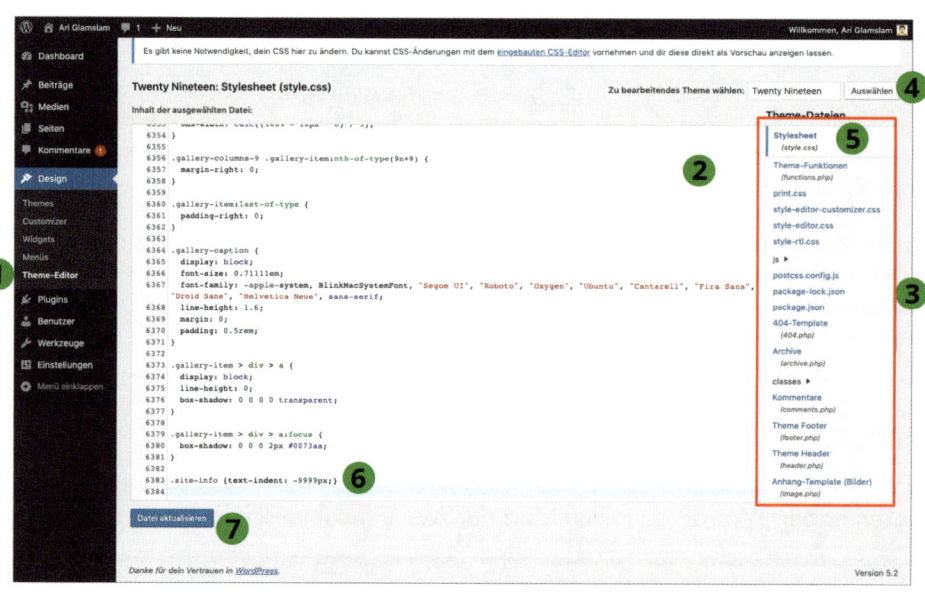

# Der HTML- und CSS-Editor von WordPress

Ein Theme besteht aus mehreren Templates, Grafiken, Stilvorgaben (CSS) und Funktionen. Ein **Template** ist eine Art Schablone, die mit Inhalten aus der Datenbank gefüllt wird. Es bestimmt z. B., an welcher Stelle Titel und Slogan angezeigt werden oder wo Inhalte von Widgets einfließen. Templates können Sie direkt in WordPress mit dem rudimentären Editor für Templates (Design → Theme-Editor) ❶ editieren.

Der Editor teilt sich in die zwei Bereiche Eingabefeld ❷ und Seitenleiste ❸ auf. Während Sie über das Eingabefeld den Code bearbeiten können, wählen Sie im Ausklappmenü ❹ ein Theme aus, dessen Templates Sie bearbeiten wollen. Öffnen Sie den Editor zum ersten Mal, wählt WordPress automatisch das bereits aktive Theme für die Bearbeitung aus.

Da in meinen Seminaren immer wieder die Frage aufkommt, ob man das »**Stolz präsentiert** ...« in der Fußzeile ausblenden kann, zeige ich es an dieser Stelle. Dafür verschieben wir den Text mit einem CSS-Befehl einfach aus dem Sichtbereich.

1. Öffnen Sie Design → Theme-Editor ❶.

2. Suchen Sie in der Seitenleiste das Stylesheet ❺ und klicken Sie auf die Datei style.css.

3. Klicken Sie in das Editorfeld und scrollen Sie bis ans Ende.

4. Fügen Sie eine neue Zeile ein und tippen Sie in die Zeile .site-info {text-indent: -9999px;} ❻ ein.

5. Speichern Sie das veränderte Template mit einem Klick auf die Schaltfläche Datei aktualisieren ❼.

6. Herzlichen Glückwunsch, Sie haben den Hinweis in der Fußzeile ausgeblendet.

---

## Tipp

Wie HTML, CSS und JavaScript zusammenspielen, erkläre ich Ihnen in meinem YouTube-Video unter *http://phlow.org/html-css-js*.

# Kapitel 7
# Eine Auswahl hochwertiger Themes

Die Klasse und Masse kostenloser WordPress-Themes im Web ist atemberaubend. In diesem Kapitel möchte ich Ihnen neun **kostenlose Themes** vorstellen, die sich jeweils für eine bestimmte Art von Webprojekt eignen. Alle vorgestellten Themes finden Sie unter *www.wordpress.org/themes*. Dort warten außerdem mehr als 4.000 Themes darauf, von Ihnen entdeckt zu werden.

Sollten Sie bei der Wahl eines Themes für Ihren eigenen Webauftritt dort nicht fündig werden und Wert auf Support und eine ausführliche Anleitung legen, sind **Premium-Themes** für Sie die richtige Wahl. Darunter versteht man kostenpflichtige Themes, die in der Regel schon für 10 bis 30 Euro zu haben sind. Ein Vorzug dieser Themes liegt darin, dass Sie zahlreiche Optionen an die Hand bekommen, um das Design Ihren Bedürfnissen entsprechend anzupassen. Neben einer editierbaren Photoshop-Datei sind das oftmals zahlreiche Einstellungsmöglichkeiten, auf die Sie direkt im Backend von WordPress zugreifen können. Viele Premium-Themes sind darüber hinaus suchmaschinenoptimiert, was man leider nicht von allen kostenlosen Themes behaupten kann. Aus Erfahrungen in meinen Seminaren weiß ich aber, dass gekaufte Themes oftmals sehr komplex sind und Anfänger überfordern. Zu viele Möglichkeiten können hier auch hinderlich sein.

Anbieter von Premium-Themes gibt es viele. Oft werden sie auf katalogähnlichen Seiten wie *www.elmastudio.de*, *www.themeforest.net*, *www.woothemes.com*, *www.studiopress.com* oder *www.elegantthemes.com* gesammelt und vertrieben.

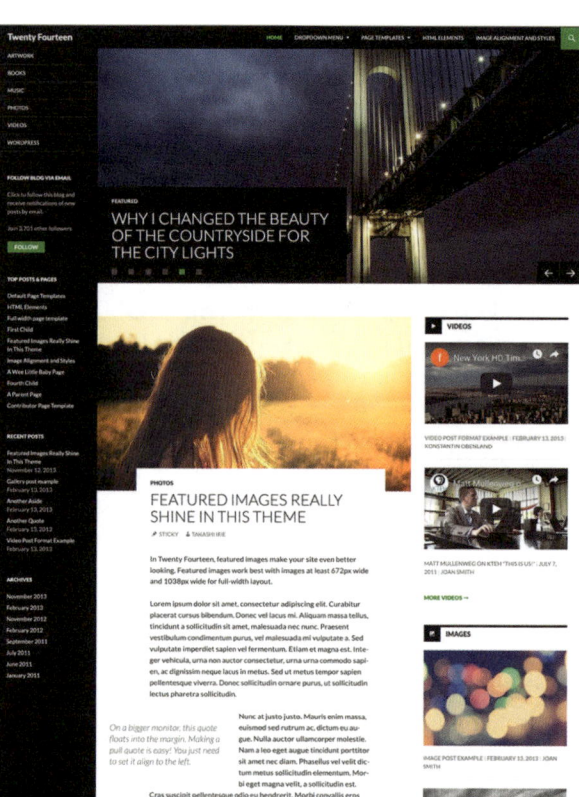

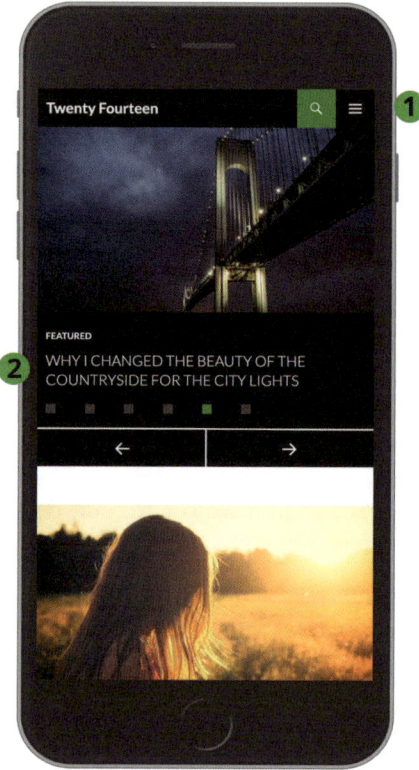

# Twenty Fourteen: variabel und magazinartig

Das Standard-Theme Twenty Fourteen gehört immer noch zu einem der variabelsten Themes und sieht dabei auch noch gut aus. Ob **Desktopcomputer**, **Tablet** oder **Smartphone**, das Webdesign von Twenty Fourteen passt sich automatisch an die Größe des Bildschirms an. Dieses sogenannte **Responsive Webdesign** reagiert flexibel auf verschiedene Browserfenstergrößen. So verwandelt sich z. B. die Navigation in ein Drop-down-Menü ❶, wenn das Browserfenster zu schmal wird, und auch die Spaltenbreite passt sich an ❷. Das Verhalten können Sie auf Ihrem Rechner auf der Demo-Website *http://twentyfourteendemo.wordpress.com/* einfach testen, indem Sie das Fenster langsam verkleinern.

Ein weiteres Plus ist die Möglichkeit, auf der Startseite einen Slider zu positionieren und Bilder großflächig darzustellen. Schnell baut man mit Twenty Fourteen so eine eindrucksvolle Begrüßungsseite bzw. Portfoliowebseite auf. Außerdem bietet das Theme zwei Seitenleisten links und rechts. Wie es mittlerweile bei vielen Themes Standard ist, lassen sich Kopfgrafik sowie Hintergrundbild und -farbe unkompliziert ändern. Wenn Ihnen das Farbschema nicht gefällt, erlaubt Ihnen das Plug-in *https://wordpress.org/plugins/fourteen-colors/*, jede Farbe des Themes anzupassen (das Plug-in steht nicht für Websites auf WordPress.com zu Verfügung).

**Besondere Eigenschaften**

Slider.

Optimal für Websites mit zahlreichen Inhalten – z. B. Magazine.

Drei-Spalten-Layout möglich.

- Download: *https://wordpress.org/themes/twentyfourteen/*
- Demonstration: *https://twentyfourteendemo.wordpress.com/*
- Anleitung: *hhttps://wordpress.com/theme/twentyfourteen*

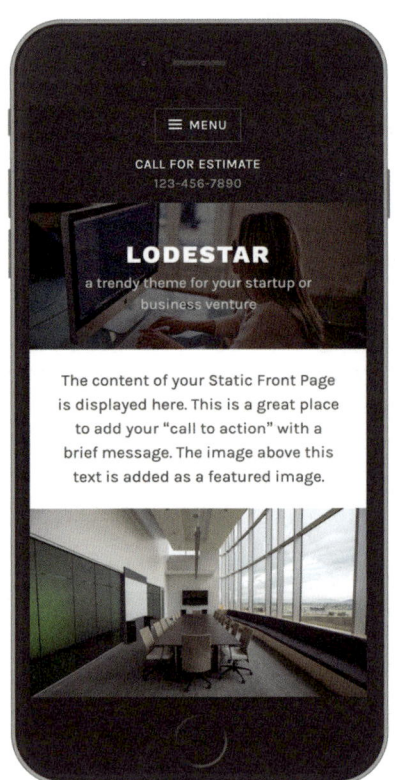

# Lodestar: trendiges Theme für Unternehmen

Mit Lodestar bauen Sie eine trendige Website für Ihr Start-up oder Unternehmen auf. Dank der Parallax-Technik blendet das Theme auf der Startseite verschiedene Panels ineinander. Beim Einsatz großformatiger Bilder wirkt das edel und ist ein Hingucker. Auch wenn Lodestar als **One-Pager** konzipiert wurde, können Sie selbstverständlich auch ein Blog oder ein Portfolio auf einer separaten Unterseite einbauen.

Insbesondere für Portfolios – z. B. Fotogalerien, Arbeitsausschnitte – bietet Lodestar eine eigene Vorlage. Neben dem **Portfolio** lassen sich auch Empfehlungen auf einer Unterseite optisch ansprechend sammeln und darstellen. Kombiniert mit der sachlichen und ansprechenden Typografie, ermöglicht das Theme Ihnen die Gestaltung einer seriösen Website. Wichtig: Für beide Funktionen müssen Sie das Jetpack-Plug-in installieren – siehe Seite 259.

| **Besondere Eigenschaften** |
| --- |
| Ein- und zweispaltige Layouts auf großen Bildschirmen möglich. |
| Vorlage (Panel) für Anfahrtskarte und Adresse. |
| Zwei Extraboxen für die Kopfzeile – z. B. für Telefonnummer und Link. |
| Individuelle Vorlage für Portfolios. |

- Download: https://wordpress.org/themes/lodestar/
- Demonstration: https://lodestardemo.wordpress.com
- Anleitung und Informationen: *https://wordpress.com/theme/lodestar*

**EDIN**

  MENU

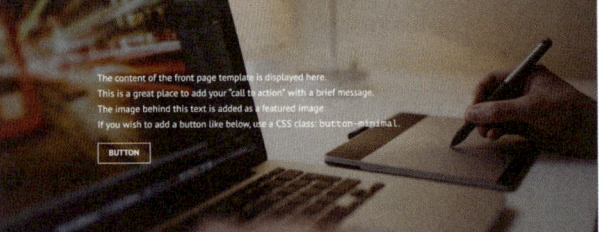

The content of the front page template is displayed here.
This is a great place to add your "call to action" with a brief message.
The image behind this text is added as a featured image.
If you wish to add a button like below, use a CSS class: button-minimal

BUTTON

**GRID PAGE**

This page template displays all child pages in a grid format. This format is perfect for your case studies or services page.

READ MORE

**FULL WIDTH PAGE**

This is a full width page template. It's great for embedding a map, a large video or a contact form.

READ MORE

**ALTERNATE SIDEBAR PAGE**

In the theme options, you can choose whether you want your sidebar on the right or on the left. Depending on which option you select, the sidebar will appear on the opposite side.

READ MORE

**CUSTOM PAGE TEMPLATES**

Edin has four custom page templates that are great for business and corporate websites.

- Front Page Template
- Full Width Page Template
- Grid Page Template
- Alternate Sidebar Page Template

**SOCIAL MEDIA INTEGRATION**

Edin allows you display links to your social media profiles, like Twitter and Facebook, as icons using a custom menu.

**RECENT NEWS**

We have moved!
July 30, 2014

A new model of headphones
July 22, 2014

Food inspiration
July 21, 2014

This is the best theme since sliced bread!
— LATISHA SHOMES

I love Edin like it were my own.
— JANE SMITH

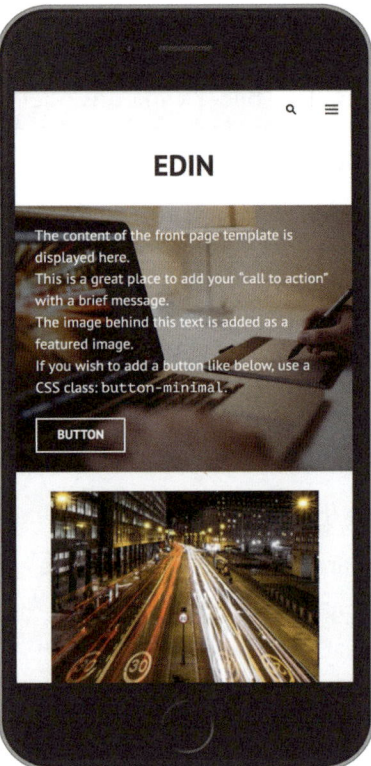

# Edin: seriöse Geschäftsseiten mit starker Typografie

Mit Edin bauen Sie sich eine Geschäfts-Website, die bereits auf der Startseite den Kunden mit einem **Call-to-Action-Aufruf** aktiviert. Kombiniert mit einem großformatigen Bild, ziehen Sie die Besucher direkt auf Ihr aktuelles Anliegen – sei es ein Prospekt, eine Dienstleistung oder ein Aufruf, Sie zu kontaktieren.

Direkt unter dem Call-to-Action können Sie über den Customizer drei Seiten aussuchen, die mit einem Beitragsbild plus Anreißer direkt zu weiteren Themen führen, etwa zu den Seiten Über mich/Über uns, einer Seite mit Dienstleistungen oder einer Anfahrtsseite.

Darüber hinaus ermöglicht Ihnen der Customizer, über wenige Klicks Zusatzinformationen – wie eine Brotkrumennavigation, die Suchlupe in der Kopfzeile oder Inhaltsoptionen – schnell ein- und auszublenden. Alternativ sollten Sie sich dazu auch noch **Shoreditch** unter *https://wordpress.com/ theme/shoreditch* anschauen.

## Besondere Eigenschaften

Individuelle Startseite mit Call-to-Action und drei Boxen.

Optionen wie Suchformular im Header, Brotkrumennavigation und Inhaltsoptionen.

Sehr flexibel anpassbar.

- Download: *https://de.wordpress.org/themes/edin/*
- Demonstration: *https://edindemo.wordpress.com/*
- *Anleitung und Informationen: https://wordpress.com/theme/edin*

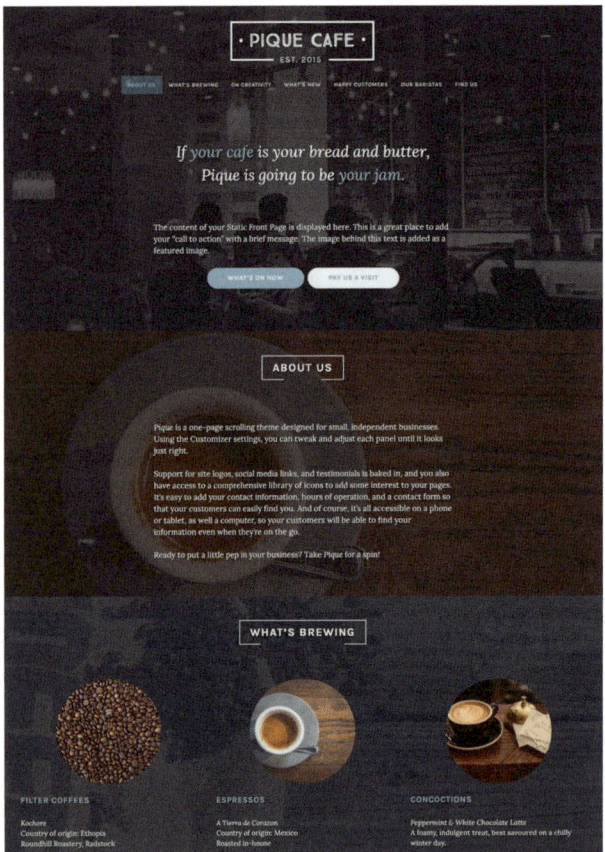

# Pique: variables One-Page-Webdesign

Das Theme Pique ermöglicht Ihnen ein sogenanntes **One-Page- bzw. Single-Page-Webdesign**. Mit Pique können Sie sich, Ihr Geschäft oder ein Einzelprojekt auf einer Webseite darstellen. Das ist besonders dann sinnvoll, wenn sich die Website nicht kontinuierlich ändert – z. B. die Dokumentar-film-Website *www.doctivism.org*, die Geldspenden für einen guten Zweck sammelt.

Die Pique-Website setzt man über den Customizer aus mehreren Seiten (Panels) zusammen. Dank dieser Technik können Sie Hintergrundbilder – ähnlich wie Folien – aneinanderreihen. Diese blendet das Theme beim Scrollen edel aussehend ineinander. Außerdem bietet Pique verschiedene Vorlagen für die Panels, um z. B. Kundenrückmeldungen, eine Anfahrtskarte oder ein Raster einzublenden. Auch Shortcodes für Buttons oder Vorlagen für großzügig angezeigte Zitate bietet das Theme.

| Besondere Eigenschaften |
| --- |
| One-Page-Webdesign mit Blog möglich. |
| Deutschsprachig. |
| Social-Media-Icons. |
| Verschiedene Vorlagen für Seiten: Raster, Vollebreite, Testimonials … |

- Download: *https://de.wordpress.org/themes/pique/*
- Demonstration: *https://piquedemo.wordpress.com*
- Anleitung: *https://wordpress.org/themes/virtue*

IMAGE

# Simplicity

📅 July 2, 2014 🏷 panache

## Radio Silence

The storm burst upon us six years ago now. As Mars approached opposition, Lavelle of Java set the wires of the astronomical exchange palpitating with the amazing intelligence of a huge outbreak of incandescent gas upon the planet. It had occurred towards midnight of the twelfth; and the spectroscope, to which he had at once resorted, indicated a mass of flaming gas, chiefly hydrogen, moving with an enormous velocity towards this earth. This jet of fire had become invisible about a quarter past twelve. He compared it to a colossal puff of flame suddenly and violently squirted out of the planet, "as flaming gases rushed out of a gun."

1 Comment      🏷 Featured   🏷 announcement   🏷 panache

IMAGE

# Simplicity

📅 July 2, 2014

🏷 panache

## Radio Silence

# Isola: großes Kopfzeilenbild, einspaltig, moderne Typografie

Das Theme Isola besticht durch ein **klares, reduziertes Design**, das sich auf das Wesentliche konzentriert: den Inhalt der Beiträge. Die exzellente Typografie verleiht dem Theme einen modernen Anstrich, und Texte sind dadurch sehr gut lesbar. Dank der verschiedenen Beitragsformate lassen sich z. B. Bilder oder Bildgalerien großformatig in Szene setzen.

Die Navigation des Themes blenden Besucher über einen Klick auf das Menüzeichen ein und aus. Die zuerst seitlich versteckte Navigation schiebt sich nach dem Klick von links nach rechts auf den Bildschirm. Da die Navigationsleiste fixiert ist, sind Navigation und Suchfunktion auf kleinen und großen Bildschirmen jederzeit anwählbar

| Besondere Eigenschaften |
| --- |
| Großformatiges Kopfzeilenbild. |
| Unterstützung verschiedener Beitragsformate. |
| Off-Canvas-Navigation wird auf Klick seitlich eingeblendet. |

- Download: *http://wordpress.org/themes/isola*
- Demonstration: *http://isolademo.wordpress.com/*
- Anleitung und Informationen: *http://theme.wordpress.com/themes/isola/*

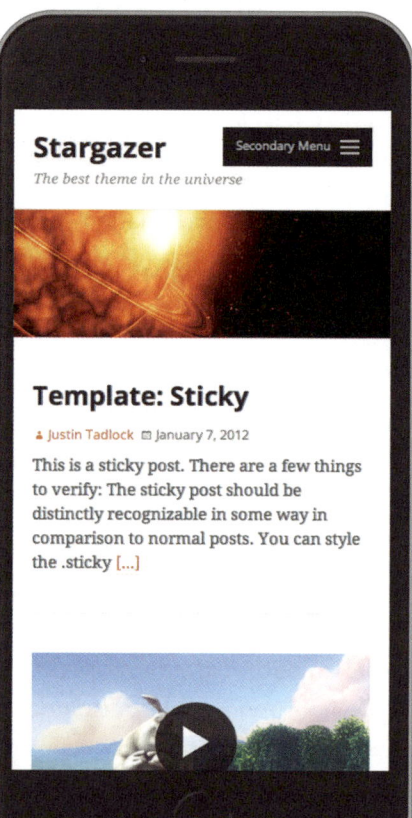

# Stargazer: suchmaschinenoptimiert und flexibel

Stargazer ragt durch mehrere außergewöhnliche Funktionalitäten aus der Masse der Themes heraus. Gleichzeitig hat der Entwickler dabei aber grundlegende Werte wie **Suchmaschinenoptimierung, Lesbarkeit und Responsive Webdesign** nicht vergessen und nutzt bereits wichtige Mikrodaten (Schema.org) sowie aktuelles HTML5.

Eine der besonderen Funktionen ist, dass man bereits bei der Eingabe eines Beitrags diesen exakt so im Editor angezeigt bekommt, wie er später auf der Webseite aussieht. Dadurch erspart man sich einen Gegencheck mittels der Vorschaufunktion. Ein weiteres exzellentes Feature ist die komplette Unterstützung der in WordPress bereits integrierten Medienfunktionen für Audio, Video und Bilder.

Neben drei verschiedenen Navigationsmenüs und zwei Widget-Bereichen lässt sich auch eine primäre Farbe festlegen, die für Links und ähnliche Elemente genutzt wird.

| Besondere Eigenschaften |
| --- |
| Zahlreiche Möglichkeiten für die Gestaltung. |
| Vorschau des Beitrags bereits bei der Editoreingabe. |
| Verschiedene Layouts möglich (mit oder ohne Seitenleiste). |

- Download: *https://wordpress.org/themes/stargazer*
- Demonstration: *http://locallylost.com/stargazer/*
- Anleitung und Informationen: *http://themehybrid.com/themes/stargazer*

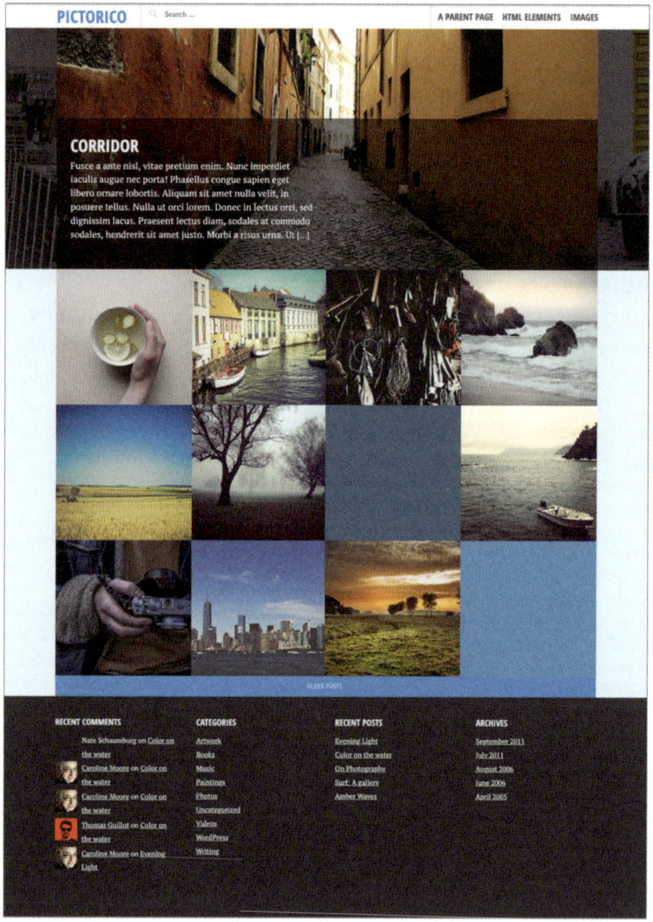

**PICTORICO**

Search …

A PARENT PAGE    HTML ELEMENTS    IMAGES

### CORRIDOR

Fusce a ante nisi, vitae pretium enim. Nunc imperdiet iaculis augue nec porta! Phasellus congue sapien eget libero ornare lobortis. Aliquam sit amet nulla velit, in posuere tellus. Nulla ut orci lorem. Donec in lectus orci, sed dignissim lacus. Praesent lectus diam, sodales at commodo sodales, hendrerit sit amet justo. Morbi a risus urna. Ut [...]

OLDER POSTS

**RECENT COMMENTS**

Nate Schaumburg on Color on the water

Caroline Moore on Color on the water

Caroline Moore on Color on the water

Thomas Guillot on Color on the water

Caroline Moore on Evening Light

**CATEGORIES**

Artwork
Books
Music
Paintings
Photos
Uncategorized
Videos
WordPress
Writing

**RECENT POSTS**

Evening Light
Color on the water
On Photography
Surf: A gallery
Amber Waves

**ARCHIVES**

September 2011
July 2011
August 2006
June 2006
April 2005

# Pictorico: für Fotoblogs und Portfolios

Wenn Sie gern fotografieren und Ihre Fotos **ansprechend und großformatig** präsentieren wollen, müssen Sie sich Pictorico anschauen. Das Theme präsentiert Ihre Fotos großflächig bereits auf der Startseite in gleichmäßig verteilten Quadraten – angelehnt an Instagram.

Auf Wunsch platzieren Sie im großen Slider Fotos von Beiträgen, die Sie noch einmal besonders hervorheben wollen. Dazu müssen Sie nur ein eigenes Schlagwort definieren, die passenden Beiträge verschlagworten und im Customizer unter Hervorgehobener Inhalt festlegen. Über Inhaltsoptionen steuern Sie außerdem, ob Informationen zu Datum, Kategorie, Schlagwörtern oder Autoren angezeigt werden sollen. Wenn Ihnen Pictorico zu opulent ist, schauen Sie sich alternativ das **Photos**-Theme unter *https://wordpress.com/theme/photos* an. Photos lehnt sich noch stärker an Instagram an und bietet zusätzlich eine Platzierung für ein Logo.

| Besondere Eigenschaften |
| --- |
| Großzügige Darstellung von Bildmaterial. |
| Slider. |
| Inhalte steuern über Inhaltsoptionen. |

- Download: *https://de.wordpress.org/themes/pictorico/*
- Demonstration: https://pictoricodemo.wordpress.com
- Dokumentation: *https://wordpress.com/theme/pictorico*

**Professional Business**    4324 Buena Vista Drive San Francisco, CA 01234 (123) 456-7890

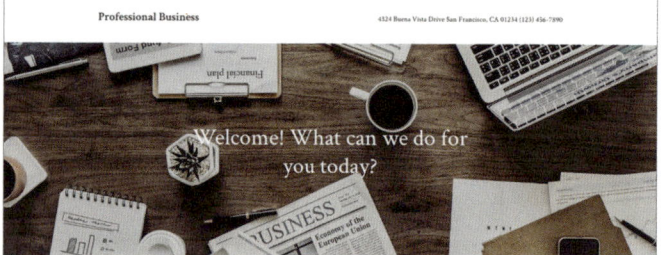

Welcome! What can we do for you today?

## Who We Are

Work done well, with a personal touch. That's our commitment!

Our job starts with you: understanding what you need, so we can present options that make sense for you.

## Work With Us

Not sure what you need, or what it costs? We're always happy to talk about how we can can work together.

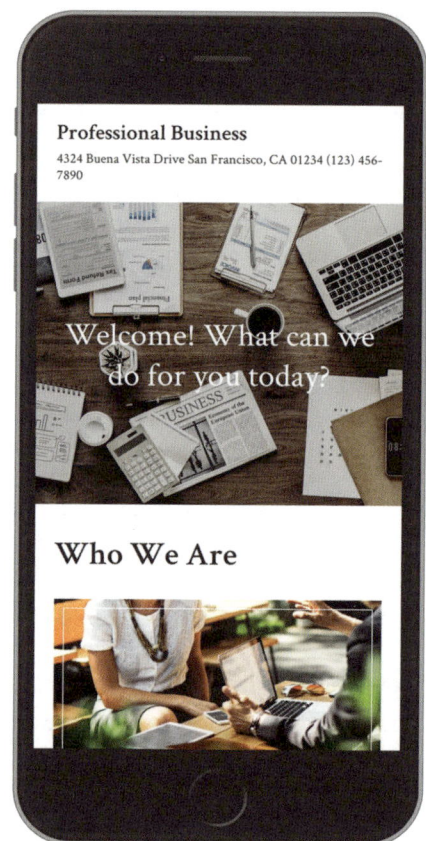

# Professional Business: den Gutenberg-Editor vollkommen ausschöpfen

Das Theme Professional Business wurde extra geschaffen, um **alle Gestaltungsmöglichkeiten des Gutenberg-Editors** auszunutzen. Ob Text auf Bild, Text neben Bild, Video, Anfahrtsskizze, Formular, Slideshow, Abstandshalter – Sie gestalten Ihre Seiten nach Ihren Vorstellungen. Einzige Voraussetzung: Sie setzen sich mit den zahlreichen Möglichkeiten der Gestaltung Ihrer Inhalte auseinander. So muss man z. B. wissen, dass man den Block Cover benötigt, um Text auf ein Hintergrundbild zu setzen.

Lesen Sie sich darum in Ruhe die Dokumentation durch und bauen Sie das Beispiel nach. Danach wissen Sie, wie es funktioniert, und gestalten eine perfekte individuelle Website, die Ihnen und Ihren Kunden gefällt.

Wichtig: Wenn Sie Professional Business auf Ihrem eigenen Webspace installieren wollen, müssen Sie gleich zwei Themes herunterladen: das Eltern-Theme und Professional Business. Vorsicht, bei dem Eltern-Theme handelt es sich um eine eigene Version von WordPress.com. Beide Links finden Sie ganz unten auf der Dokumentations-Website.

| Vorteile | Nachteile |
| --- | --- |
| Maximale Gestaltungsmöglichkeiten mit den Blöcken. | Einarbeitungszeit für die Portfoliofunktion. |
| Logo. | |

- Download: *https://wordpress.com/theme/professional-business*
- Demonstration: *https://professionalbusinessdemo.wordpress.com/*
- Anleitung: *https://wordpress.com/theme/professional-business*

# Orvis: ein Portfolio und Blog für Fotografen

Orvis richtet sich an **Fotografen, Illustratoren und Menschen mit einem Faible für Bilder**. Bilder können mit Orvis in einem eigenen Portfoliolook dargestellt werden. Dazu benötigt das Theme das kostenlose Jetpack-Plug-in, das auf Seite 259 vorgestellt wird. Jetpack erweitert Orvis um ein eigenes Portfolioformat, das unterhalb der Seiten im Backend angezeigt wird. Über dieses legen Sie gezielt Portfolios zu verschiedenen Themen an, um z. B. Tierfotos von Architekturfotos zu trennen. Außerdem bietet Orvis ein eigenes Portfolio-Seiten-Template. Wenn Sie eine Seite mit diesem Portfolio-Template einrichten, können Sie es über Einstellungen → Lesen als Startseite einrichten, wie Sie es links sehen.

| Vorteile | Nachteile |
| --- | --- |
| Großformatige Präsentation von Fotos. | Einarbeitungszeit für die Portfoliofunktion. |
| Individuelle Portfolioseiten. | |
| Individuelle Portfoliostartseite. | |
| Responsive Webdesign. | |

- Download: *https://de.wordpress.org/themes/orvis/*
- Demonstration: *https://orvisdemo.wordpress.com/*
- Anleitung und Informationen: *https://theme.wordpress.com/themes/orvis/*
- Anleitung Portfoliofunktion: *https://en.support.wordpress.com/portfolios/*

# TONAL
## LET YOUR CONTENT SET THE TONE

## SETTING THE MOOD

Mollis curabitur odio vulputate sed ante himenaeos est velit congue dolor phasellus euismod ullamcorper pretium sodales pulvinar aliquet non egestas fusce himenaeos hendrerit lacus rhoncus, tristique sapien ante bibendum dictumst quis tristique turpis aliquet nam etiam, quam ad ante bibendum mattis curae at eget rhoncus posuere dui nullam ut potenti velit facilisis augue, lectus vulputate turpis urna quisque condimentum tortor, vivamus elementum malesuada etiam porta integer..

Posted on March 7, 2014
Posted in Uncategorized

---

# TONAL
## LET YOUR CONTENT SET THE TONE

## SETTING THE MOOD

Mollis curabitur odio vulputate sed ante himenaeos est velit congue dolor phasellus euismod ullamcorper pretium sodales pulvinar aliquet non egestas fusce himenaeos hendrerit lacus rhoncus, tristique sapien ante bibendum dictumst quis tristique turpis aliquet nam etiam, quam ad ante bibendum mattis curae at eget rhoncus posuere dui nullam ut potenti velit facilisis augue, lectus vulputate turpis urna quisque condimentum tortor, vivamus elementum malesuada etiam porta integer..

Posted on March 7, 2014
Posted in Uncategorized

250

# Tonal: einspaltig, modern, minimalistisch und fokussiert

Tonal präsentiert sich als zurückhaltendes Theme mit moderner Typografie. Reduziert und schlicht, **stehen Ihre Inhalte im Vordergrund**. Das dürfen großformatige Bilder, aber auch längere Texte sein. Dank des einspaltigen Layouts lenkt nichts den Besucher ab. Klickt der Besucher jedoch auf das Menüsymbol, fährt ein großzügiger Navigationsbereich von oben herunter aus. Dieser bietet nicht nur Platz für das altbekannte Menü, sondern erlaubt auch die komfortable Platzierung von Widgets über drei Spalten. Blenden Sie Website-Titel und -Slogan aus, können Sie Ihr eigenes Logo als Kopfgrafik hochladen.

| Besondere Eigenschaften |
| --- |
| Großformatige Präsentation von Fotos. |
| Leicht navigierbar. |
| Für mobile Besucher optimiert. |

- Download: *https://de.wordpress.org/themes/tonal/*
- Demonstration: *https://tonaldemo.wordpress.com/*
- Anleitung und Informationen: *https://wordpress.com/themes/tonal/*

# Kapitel 8
# WordPress mit Plug-ins erweitern

Die Beliebtheit von WordPress beruht vor allem darauf, dass es sich flexibel mithilfe sogenannter Plug-ins/Erweiterungen einfach um Zusatzfunktionen erweitern lässt. Zum Zeitpunkt der Drucklegung dieses Buchs (August 2019) findet man auf WordPress.org 54.691 kostenlose Plug-ins. Ganz gleich, ob Sie einen Podcast mit WordPress realisieren, einen Onlineshop anbinden oder WordPress um ein soziales Netzwerk erweitern wollen, das dazu passende Plug-in steht auf WordPress.org sicherlich für Sie bereit.

Am leichtesten finden Sie WordPress-Plug-ins unter *www.wordpress.org/plugins/ bzw. unter https://de.wordpress.org/plugins/ in der deutschen Version*. Alle Plug-ins, die in diesem Verzeichnis gelistet werden, wurden vor der Veröffentlichung geprüft. Das garantiert Ihnen zwar keine absolute Sicherheit der hier vorliegenden Plug-ins, aber es ist schon einmal ein guter Filter. Außerdem lassen sich alle Plug-ins des offiziellen Verzeichnisses direkt über das Backend von WordPress installieren. Natürlich bieten auch externe Anbieter Plug-ins an. Je nach Funktionsumfang können sie allerdings auch kostenpflichtig sein.

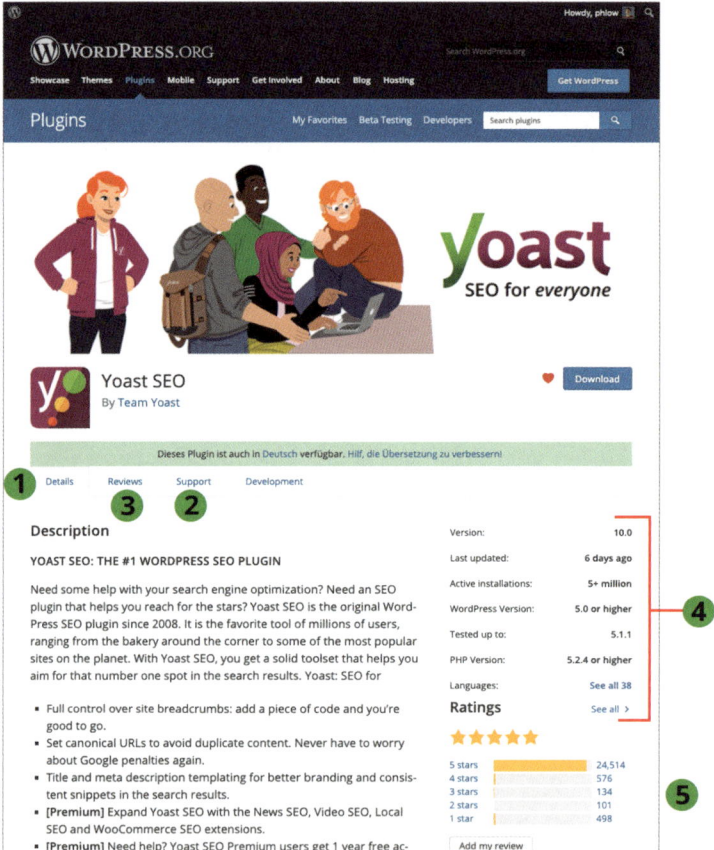

# Auswahlkriterien für Plug-ins

Bevor Sie ein Plug-in installieren, checken Sie es besser erst mal anhand von speziellen Kriterien durch. Das schützt Sie zwar nicht hundertprozentig vor bösen Überraschungen, aber dank einer großen Community werden Spam- oder Hacker-Plug-ins schnell entdeckt, bloßgestellt und eliminiert. Denn jedes Plug-in bekommt im Verzeichnis von WordPress.org eine eigene Seite, wie Sie in der Abbildung links sehen. Neben der Plug-in-Beschreibung des Autors ❶ sind vor allem die Menüpunkte Support ❷ und Reviews ❸ interessant. Einen schnellen Überblick über Aktualität, Bewertung, Anzahl der Downloads und der letzten »Produktaktualisierung« bekommen Sie in der Seitenleiste ❹.

Mit den folgenden Kriterien unterziehen Sie das Plug-in noch vor der Installation einem **Schnellcheck**:

- Wann wurde das Plug-in zuletzt aktualisiert?
- Ist es mit Ihrer WordPress-Version kompatibel?
- Wie oft wurde es heruntergeladen? Vergleichen Sie die Anzahl der Downloads bei ähnlichen Plug-ins. Je mehr Nutzer, desto stabiler und sicherer ist solch ein Plug-in.
- Wie bewerten andere Nutzer das Plug-in? Verzichten Sie besser auf Plug-ins mit weniger als vier Sternen.
- Lesen Sie die Beiträge im Supportforum des Plug-ins. Was berichten Nutzer über das Plug-in? Klicken Sie dazu einfach auf die Bezeichnungen 5 stars, 4 stars und so weiter ❺.

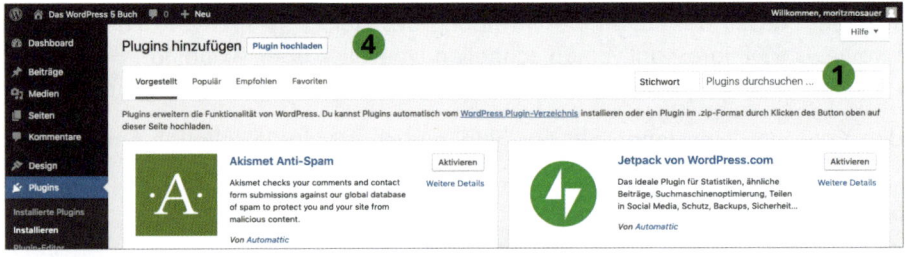

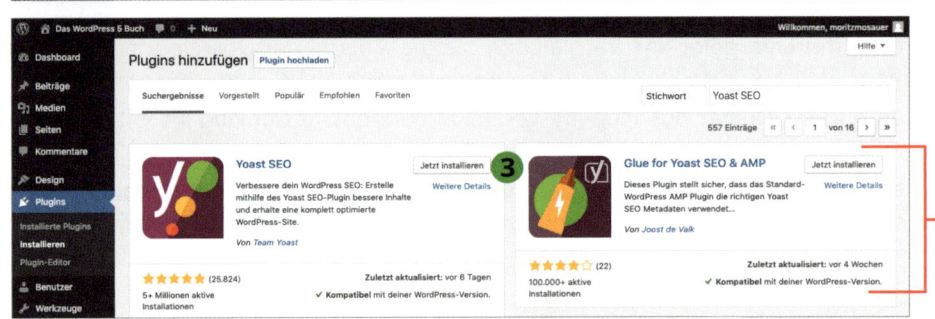

# Neue Plug-ins installieren

Es gibt zwei Wege, ein Plug-in zu installieren und zu aktualisieren. Entweder Sie nutzen die Funktionalität von WordPress selbst, die aber leider nicht immer bei allen Webhostern funktioniert. Oder Sie gehen den etwas umständlicheren, aber dafür zuverlässigen Weg über den Upload per FTP-Programm. Eine Videoanleitung dazu, wie Sie per FTP Dateien auf einen Server hochladen, finden Sie unter *http://phlow.org/ftp*.

Fangen wir mit dem Upload über WordPress an: Um Plug-ins mithilfe von WordPress zu installieren, klicken Sie auf den Menüpunkt Plugins und anschließend auf Installieren. Im nächsten Schritt suchen Sie das Plug-in im WordPress-Plug-in-Verzeichnis. Geben Sie z. B. »Yoast SEO« über die Suchmaske ein ❶, listet Ihnen WordPress anschließend alle Plug-ins auf, die mit diesen Begriffen verschlagwortet wurden ❷. Nach einem Klick auf Jetzt installieren ❸ lädt WordPress das Plug-in aus dem Verzeichnis auf Ihren Server herunter und entpackt es. Mit einem letzten Klick auf Aktivieren beginnt das Plug-in seine Arbeit.

Möchten Sie ein Plug-in installieren, das Sie von einer anderen Website heruntergeladen und auf Ihrem Computer abgelegt haben, können Sie es auch als ZIP-Datei mit WordPress hochladen. Klicken Sie dazu auf den Menüpunkt Plugin hochladen ❹ und im nächsten Schritt auf Datei auswählen. Wählen Sie die ZIP-Datei aus, und WordPress übernimmt den Rest.

Falls Ihr Hoster den Upload via WordPress nicht unterstützt, müssen Sie das Plug-in mithilfe eines FTP-Programms wie FileZilla auf den Server hochladen und installieren:

1. Laden Sie das Plug-in über WordPress.org herunter und entpacken Sie das Archiv auf Ihrem Rechner.

2. Öffnen Sie mit Ihrem FTP-Programm das Verzeichnis Ihrer WordPress-Installation auf dem Server.

3. Laden Sie das Plug-in oder den Plug-in-Ordner in den Ordner wp-content/plugins/ hoch.

4. Öffnen Sie Ihren Browser und navigieren Sie im WordPress-Backend zum Menü Plugins.

5. Aktivieren Sie das Plug-in. Fertig!

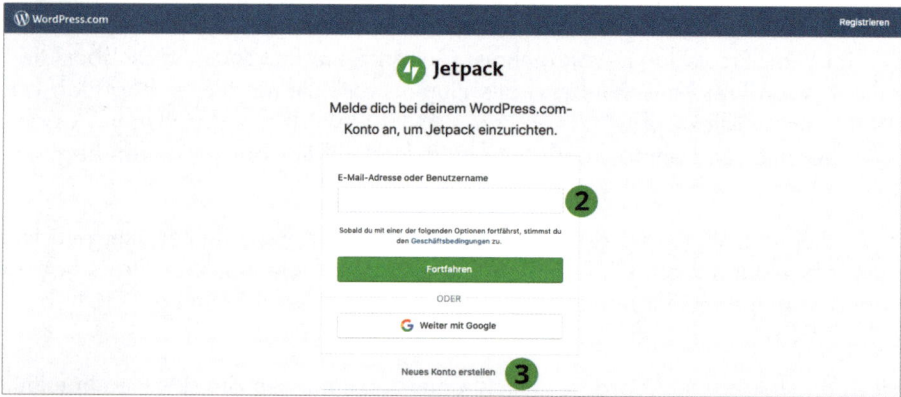

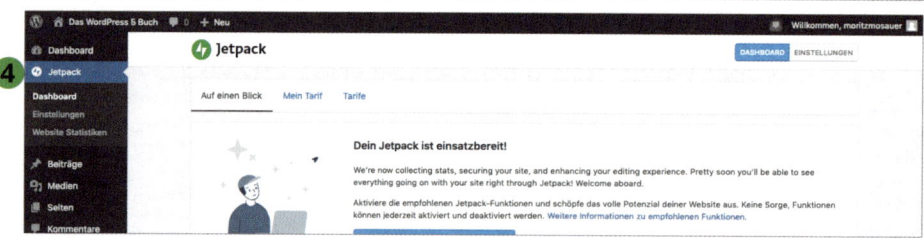

# Erweiterung de luxe: das Multi-Plug-in Jetpack

Jetpack ist ein sogenanntes Multi-Plug-in, das Ihre WordPress-Website um zahlreiche Funktionen wie z. B. Sicherheitsfunktionen, Statistiken, Kontaktformular, Bilderkarussell und neue Widgets, z. B. für die Instagram- oder Twitter-Einbindung, erweitert. Ich kann Ihnen diese Erweiterung nur ans Herz legen, da Sie sich mit einer Installation eine große Auswahl an mehr Funktionalität verschaffen, die Sie sonst nur durch die Installation zahlreicher anderer Erweiterungen erhalten. Außerdem steckt die Firma Automattic hinter Jetpack, also die Firma, die WordPress entwickelt. Automattic setzt Jetpack selbst auf seiner Plattform WordPress.com ein. Darum ist es stets aktuell und sicher.

Da Jetpack auf Funktionen von WordPress.com-Servern zurückgreift, benötigen Sie ein eigenes kostenloses **WordPress.com-Benutzerkonto**.

Und so starten Sie mit Jetpack:

1. Installieren Sie Jetpack, wie auf Seite 257 beschrieben.

2. Aktivieren Sie das Plug-in und klicken Sie auf die eingeblendete Schaltfläche Jetpack einrichten ❶.

3. Verbinden Sie das Plug-in mit WordPress.com ❷, indem Sie Ihren WordPress.com-Benutzernamen und das dazugehörige Passwort eintippen. Besitzen Sie noch kein eigenes WordPress.com-Konto, können Sie sich ein Konto in der deutschsprachigen Version unter *http://de.wordpress.com* erstellen oder auf den Link Neues Konto erstellen ❸ klicken. Dazu müssen Sie kein neues Blog anlegen.

Haben Sie Ihre WordPress-Installation erfolgreich mit WordPress.com verbunden, wird Ihnen im Backend der neue Menüpunkt Jetpack angezeigt ❹. Über diesen Menüpunkt verwalten Sie alle mit Jetpack gelieferten Plug-ins und können diese auf Wunsch auch deaktivieren.

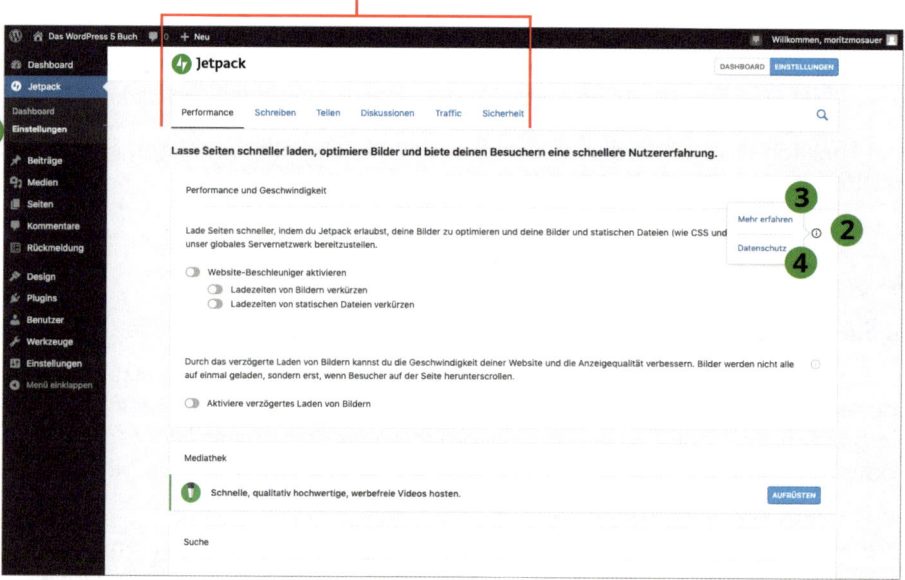

# Kurzübersicht: Jetpack

Jetpack ist eine komplexe Erweiterung und bietet zahlreiche Funktionen. Die Einstellungen finden Sie wie gewohnt direkt in der linken Seitenleiste ❶. Die Erweiterungen teilt das Plug-in thematisch in mehrere Register ❺ auf. Für jede einzelne Funktion finden Sie entweder eine Kurzerklärung oder einen Link zu ausführlicheren Informationen, wenn Sie auf das i-Icon klicken ❷. Neben dem Mehr erfahren-Link ❸ finden Sie auch immer einen Datenschutz-Link ❹. Dieser führt Sie zu Informationen, die erläutern, welche Daten der jeweilige Menüpunkt sammelt – siehe Seite 115.

Unter Performance sammelt Jetpack Funktionen, um die Ladezeiten Ihrer Website zu beschleunigen. Dazu optimiert Jetpack hochgeladene Bilder und liefert diese auf Wunsch über das eigene Server-netzwerk aus. Schreiben verbessert die Arbeitsweise mit WordPress und ermöglicht mit der Voll-bild-Karussellgalerie eine responsive Galerie – siehe Seite 269. Unter Teilen finden Sie typische Social-Media-Funktionen, um ein potenziell größeres Publikum zu erreichen. Diskussionen wiederum sammelt Funktionen zum Thema Kommentare. So ermöglicht Ihnen Abonnements, Ihren Benutzern einen E-Mail-Service anzubieten, der Kommentarschreiber über neue Kommentare informiert. Das Register Traffic kümmert sich um das Thema Suchmaschinenoptimierung. Mehr und bessere Funktio-nen bietet aber Yoast SEO, das ich später auf Seite 283 vorstelle. Zum Schluss hilft Ihnen Sicherheit, Ihre WordPress-Website besser zu schützen.

## Tipp

Nicht alle Funktionen von Jetpack sind kostenlos. Findet sich neben dem Menüpunkt eine Aufrüsten-Schaltfläche, führt Sie das Plug-in zu den Premium-Funktionen. Diese lohnen sich meiner Meinung nach nur für richtig große und umfangreiche Websites oder wenn Sie be-sonderen Wert auf Backups und Sicherheitsscans legen.

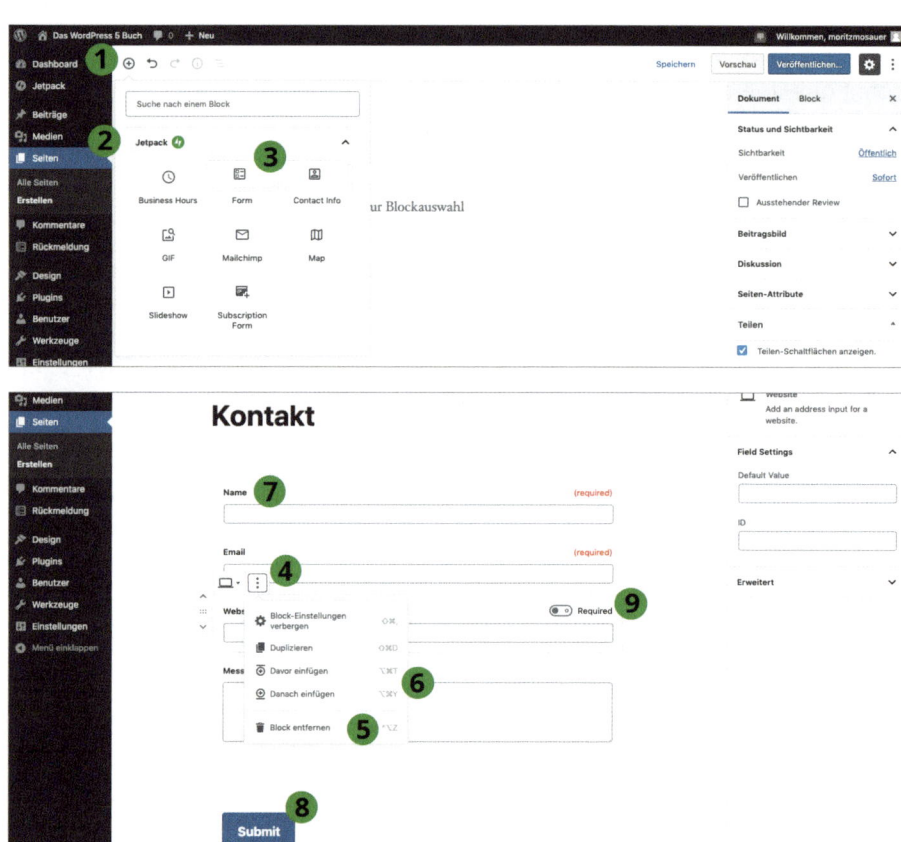

# Ein Kontaktformular erstellen

Ein Kontaktformular realisieren Sie mit dem Plug-in Jetpack (siehe Seite 259). Erstellen Sie zuerst eine Seite mit dem Titel Kontakt, um das Kontaktformular einzubauen. Im Gutenberg-Editor klicken Sie dann auf + 1 und scrollen das Menü herunter, bis der ausklappbare Menüpunkt Jetpack ❷ erscheint. Öffnen Sie den Menüpunkt und klicken Sie auf Form ❸, damit WordPress den Formularblock einbaut.

Bevor Sie das Formular editieren können, müssen Sie zuerst eine E-Mail-Adresse und einen Betreff eingeben. An die E-Mail-Adresse schickt WordPress ein ausgefülltes Formular. Der Betreff hilft Ihnen, die E-Mails im E-Mail-Eingang zu identifizieren. Anschließend klicken Sie auf Add Form und fügen das Formular ein.

Das Formular besteht aus mehreren Feldern, die Sie einzeln bearbeiten können. Weil ein Kontaktformular die Angabe für eine Website nicht benötigt, löschen wir als Erstes das Feld Website. Dazu klicken Sie auf das Drei-Punkte-Icon ❹ und wählen Block entfernen ❺. Gleichzeitig fügen Sie über das Drei-Punkte-Icon bei Bedarf neue Felder über Davor einfügen und Danach einfügen ❻ Ihrem Formular hinzu.

Um die Überschriften der Felder zu editieren, klicken Sie einfach auf die Titel, z. B. Name ❼ und benennen das Feld um in z. B. »Ihr Name«. Das Gleiche können Sie mit dem Button ❽ machen. Und wenn Sie gerade das Nachrichtenfeld bearbeiten, klicken Sie anschließend auch noch auf das Schaltersymbol Required ❾. Dadurch stellen Sie sicher, dass jemand eine Nachricht schreiben muss, um das Formular abschicken zu können. Jetzt sollte, wie auch bei den Feldern Name und Email, rechts neben dem Nachrichtenfeld in Rot required stehen.

Zum Schluss müssen Sie die Seite nur noch veröffentlichen, und das Formular geht online. Testen Sie, ob das Formular funktioniert. Ausgefüllte Formulare speichert Jetpack automatisch in WordPress ab. Diese finden Sie über den neuen Menüpunkt Rückmeldung in der Menüleiste. Selbstverständlich können Sie Kontaktformulare auch in Beiträge einbauen.

Alternative Kontaktformular-Plug-ins sind **Ninja Forms** und **Contact Form 7**.

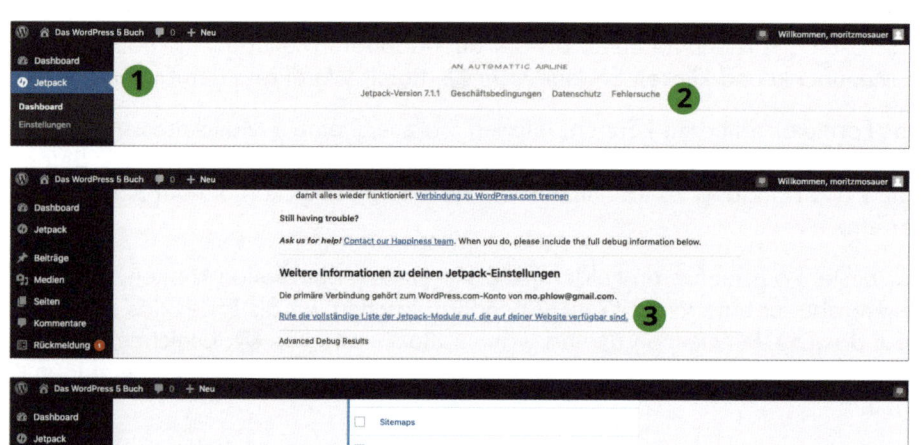

# Gefährlich: Statistiken mit Jetpack

Wenn Sie Jetpack aktivieren, aktivieren Sie automatisch das integrierte Statistikwerkzeug von Word-Press.com. Dieses fängt mit der Aktivierung sofort an, Daten über die Besuche Ihrer Website bzw. Ihres Blogs zu sammeln. Das ist datenschutzrechtlich äußerst problematisch und nach deutschen sowie EU-Richtlinien ein ungelöstes Problem, denn die Besucherdaten werden an externe Server in den USA geschickt. Wie und ob die Informationen vor dem Zugriff Dritter geschützt werden, darüber schweigt sich Automattic aus.

Darum kann es unter Umständen zu einer **Abmahnung** kommen. Dieser kommen Sie zuvor, indem Sie das Plug-in deaktivieren bzw. deaktiviert lassen. Leider versteckt das Plug-in die Einstellungen dazu tief. Aber mit den folgenden Schritten klappt es:

Am schnellsten gelangen Sie ans Ziel, wenn Sie in der Browserzeile an die Adresse Ihr WordPress-Installation /wp-admin/admin.php?page=jetpack_modules anhängen. Folgendes geht aber auch:

1. Wählen Sie Jetpack ❶ im Backend.

2. Scrollen Sie bis ganz unten und klicken Sie auf den Link Fehlersuche ❷.

3. Wählen Sie den Link Rufe die vollständige Liste der Jetpack-Module auf ... ❸ aus.

4. Suchen Sie den Menüpunkt Website-Statistiken und bewegen Sie die Maus über den Menüpunkt.

5. Schalten Sie die Statistiken ab, indem Sie auf Deaktivieren ❹ klicken.

Entscheiden Sie sich gegen die Statistiken von Jetpack, möchten aber trotzdem auf Statistiken nicht verzichten, empfiehlt sich der Einsatz von Google Analytics (*www.google.com/analytics*). Achten Sie darauf, dass Sie aber in Ihrer Datenschutzerklärung auf die Verwendung von Statistiken hinweisen.

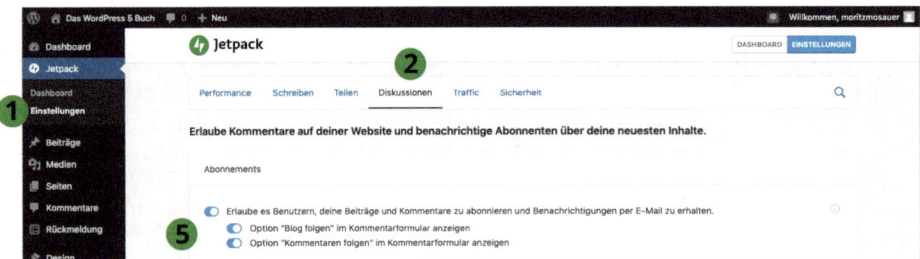

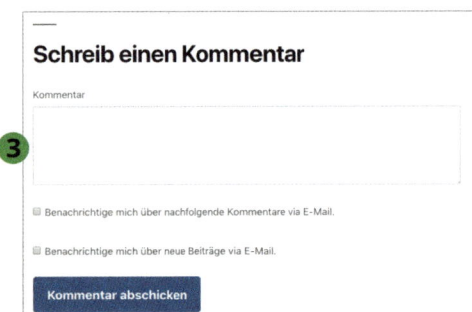

# Abonnements für Beiträge und Kommentare mit Jetpack

Das **Abonnementmodul** von Jetpack bietet Ihnen eine gute Möglichkeit, Ihren Besuchern eine Art **Newsletter** zu schicken. Wenn ein Besucher über neue Beiträge oder Kommentare per E-Mail informiert werden möchte, kann er einfach seine E-Mail-Adresse hinterlassen. Das Abonnementmodul sorgt dann dafür, dass – je nach Art des Abonnements – neue Beiträge und/oder Kommentare an ihn verschickt werden. Mit diesem Service binden Sie Besucher längerfristig an Ihre Website und geben Kommentarschreibern die Chance, bei der von ihnen kommentierten Diskussion am Ball zu bleiben. Denn dank des Abonnements können sie die Diskussion weiter mitverfolgen und auf Reaktionen zu eigenen Kommentaren wiederum antworten.

Bereits mit der Installation von Jetpack aktiviert sich die Funktion, die Sie unter Jetpack → Einstellungen → Diskussionen ❶ finden. Die Abonnement-Funktion ❷ zeigt das Modul auf zweierlei Weise an: direkt unterhalb jedes Kommentarformulars ❸ und in Form eines Widgets ❹. Das Widget finden Sie wie gewohnt unter Design → Widgets.

Die Einstellungen für die Abonnement-Optionen unter dem Kommentarformular finden Sie über Jetpack → Einstellungen → Diskussionen ❺. Setzen Sie ein Häkchen bei Blog folgen und/oder Kommentaren folgen, um Abonnements zu erlauben und anzeigen zu lassen.

## Tipp

Wenn Sie Jetpack nicht verwenden wollen, bietet Ihnen das Plug-in **Subscribe To Comments Reloaded** die gleiche Funktionalität. Sie finden es unter *www.wordpress.org/extend/plugins/subscribe-to-comments-reloaded/*.

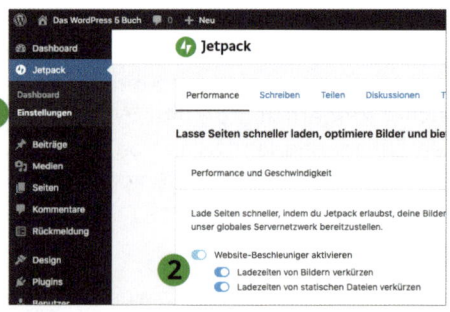

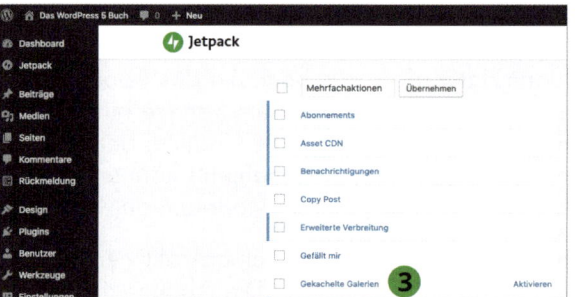

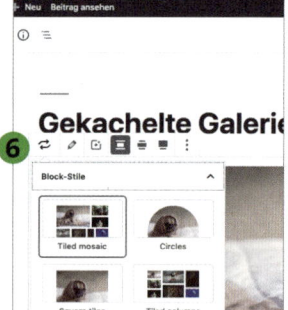

# Fotokarussell: Bildergalerien perfekt inszenieren

Jetpack bietet zwei hilfreiche Funktionen, damit Sie Ihre Bilder optimal in Szene setzen können: Gekachelte Galerien und Karussell. Die gekachelten Galerien arrangieren Ihre Bilder so, dass sie perfekt in Form von Kacheln zurechtgeschnitten werden, anstatt sie gleichförmig aufzulisten. Das Karussell öffnet die Bilder im Original, legt sie über den gesamten Bildschirm und erlaubt das komfortable Durchblättern der Bilder. Es funktioniert dank Responsive Webdesign auf allen Bildschirmen. Um Gekachelte Galerien und Karussell zu aktivieren, stellen Sie zuerst über Jetpack → Einstellungen → Performance ❶ den Website-Beschleuniger ❷ und alle Funktionen ein. Als Nächstes müssen Sie wieder, wie unter »Gefährlich: Statistiken mit Jetpack« beschrieben, den umständlichen Weg gehen, um gekachelte Galerien zu aktivieren ❸.

Wenn Sie jetzt eine neue Bildergalerie über Gutenberg anlegen, wie auf Seite 131 erläutert, können Sie verschiedene Typen aussuchen. Legen Sie dazu über das **Galerie-Icon** ❹ eine neue Galerie an. Klicken Sie auf das Icon und wählen Sie Tiled Gallery ❺. Fügen Sie Bilder Ihrer Galerie hinzu. Sobald Sie jetzt erneut auf das Block-Stile-Icon klicken ❻, sehen Sie die verschiedenen Möglichkeiten zum Arrangieren Ihrer Bilder.

Wenn Sie anschließend den Beitrag bzw. die Seite öffnen und auf ein Bild klicken, öffnet sich dieses im Karussell. Sollten Ihnen der schwarze Hintergrund des Karussells und/oder die angezeigten Foto-Metadaten nicht gefallen, können Sie diese in Jetpack → Einstellungen → Schreiben ändern.

## Hinweis

Die Funktion Gekachelte Galerien greift auf einen Bildbearbeitungsservice von WordPress.com zurück. Das bedeutet, dass das Jetpack-Plug-in die Bilder an WordPress.com schickt und die Kacheln dort auch für die Anzeige speichert.

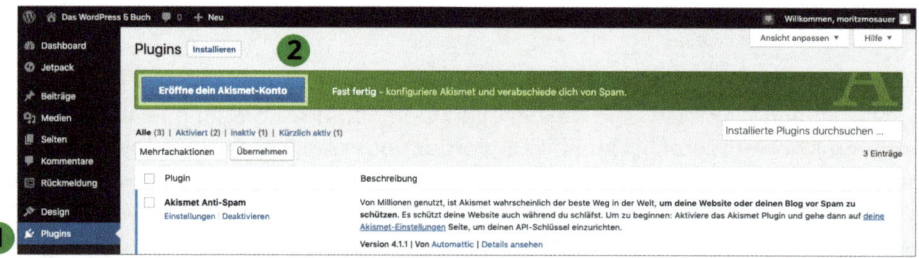

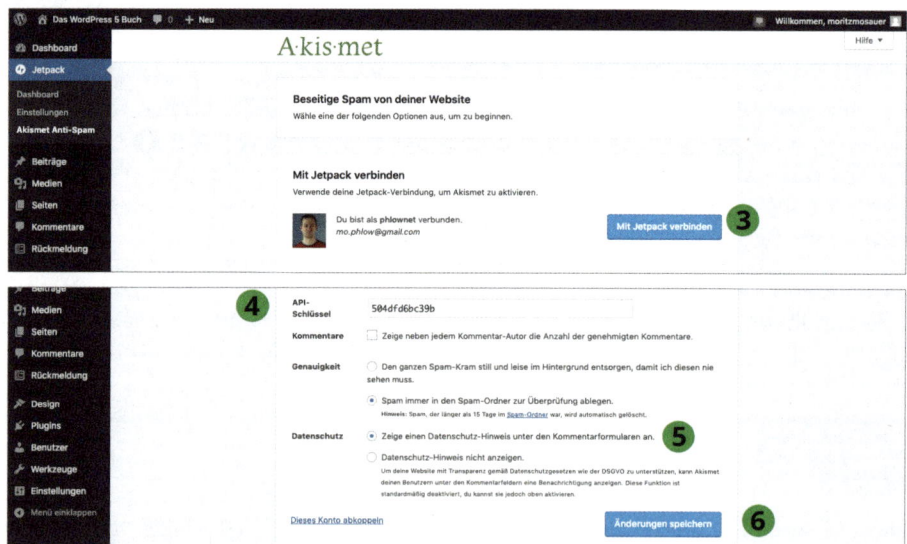

# Kommentar-Spam mit Akismet bekämpfen

Über kurz oder lang werden Sie die unliebsame Bekanntschaft mit Kommentar-Spam machen, wenn Sie die Kommentarfunktion nutzen. Spammer missbrauchen diese und versuchen, dort Links und Werbung zu platzieren. Kommentar-Spam beugen Sie mit zwei Plug-ins vor: Akismet und Antispam Bee.

Akismet ist bereits bei einer Neuinstallation von WordPress mit dabei, aber nicht aktiviert. Das Plug-in wacht wirksam über Kommentare, die per Kommentarfunktion oder Trackback an Ihr WordPress geschickt werden. Für den privaten Gebrauch ist Akismet kostenlos, solange Sie Ihre Website nicht kommerziell nutzen. Wenn Sie WordPress bereits mit Jetpack nutzen, besitzen Sie ein dazu notwendiges WordPress.com-Konto. Wenn nicht, müssen Sie eines anlegen. Denn um Akismet zu nutzen, benötigen Sie einen sogenannten **API-Key**. Den erhalten Sie so:

1. *Öffnen Sie den Menüpunkt* Plugins ❶ *und aktivieren Sie Akismet.*

2. Klicken Sie auf die Schaltfläche Eröffne dein Akismet-Konto ❷.

3. Wählen Sie auf dem nächsten Bildschirm Mit Jetpack verbinden ❸.

4. Jetzt sehen Sie Ihren eigenen API-Schlüssel ❹ und weitere Akismet-Einstellungen. Um einen Datenschutzhinweis anzuzeigen, empfehle ich Ihnen, ein Häkchen bei Zeige einen Datenschutz-Hinweis ... ❺ zu setzen.

5. Schließen Sie die Installation mit einem Klick auf Änderungen speichern ❻ ab.

Ab jetzt überwacht Akismet Ihr Kontaktformular und die Kommentare und untersucht neue Kommentare auf Spam. Einziger Nachteil ist die Tatsache, dass Sie einen externen Service nutzen, der auf einem anderen Server liegt. Ob und wie Akismet die von Ihnen übertragenen Daten speichert, dazu schweigt Automattic.

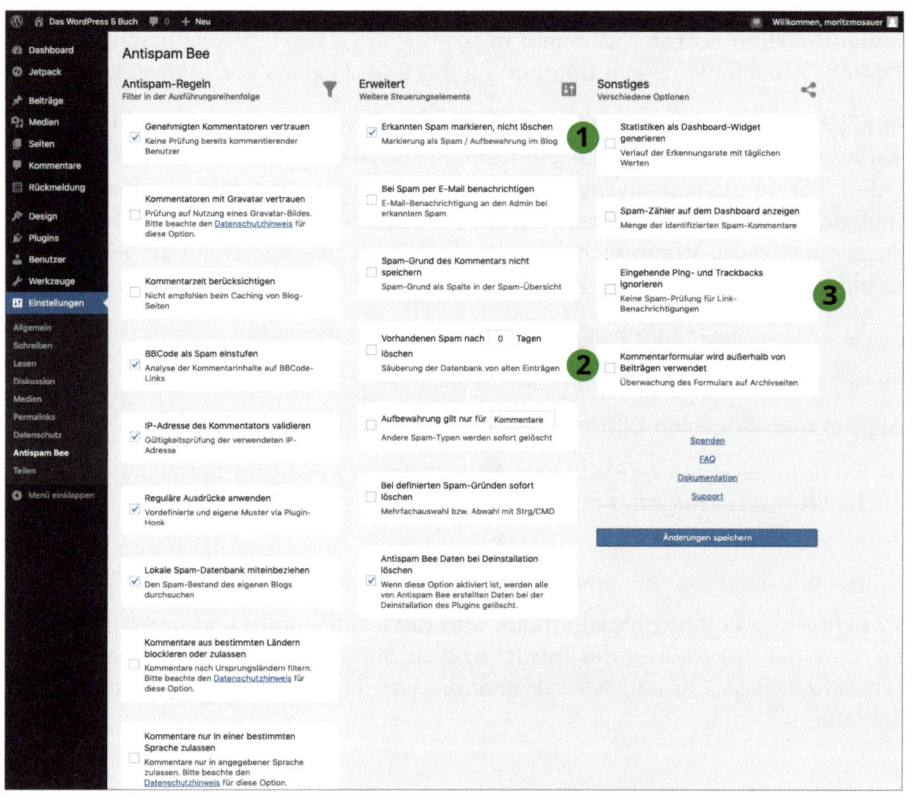

# Kommentar-Spam mit Antispam Bee bekämpfen

Antispam Bee blockiert Spam-Kommentare und -Trackbacks effektiv ohne die Verwendung von Captchas oder den Versand personenbezogener Daten an die Services Dritter. Das Plug-in ist kosten- und werbefrei sowie – laut Hersteller – zu 100 % konform mit der Datenschutzgrundverordnung (DSGVO). Obendrein belastet es nicht Ihre Datenbank bzw. die Performance von WordPress. Außerdem arbeitet Antispam Bee auch mit Akismet im Gespann einwandfrei zusammen. Über die Funktionsweise schweigen sich die Programmierer aus und erklären nur, dass sie das Originalkommentarfeld durch ihr eigenes ersetzen.

Nach der einfachen Installation über einen Klick unter Plugins gestaltet sich auch die Konfiguration simpel: Sie entscheiden mit einem Klick, ob Spam direkt gelöscht oder nur markiert werden soll ❶, nach wie vielen Tagen Spam automatisch gelöscht wird ❷ und ob die Biene auch über Trackbacks und Pingbacks ❸ wachen darf.

Eine ausführliche deutsche Dokumentation finden Sie über *http://phlow.org/antispambee*, wo alle Optionen einzeln erklärt werden. Entscheiden Sie sich für den Einsatz von Antispam Bee, sollten Sie nach Inbetriebnahme noch kontrollieren, ob Ihr Kommentarformular einwandfrei funktioniert.

## Hinweis

Wenn Sie über das Plug-in Jetpack die Funktion Kommentare aktivieren oder den Service Disqus nutzen, funktioniert Antispam Bee nicht.

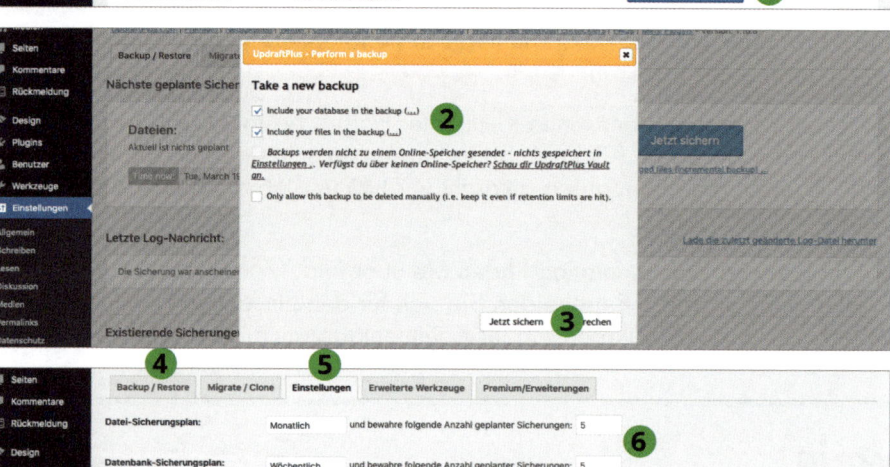

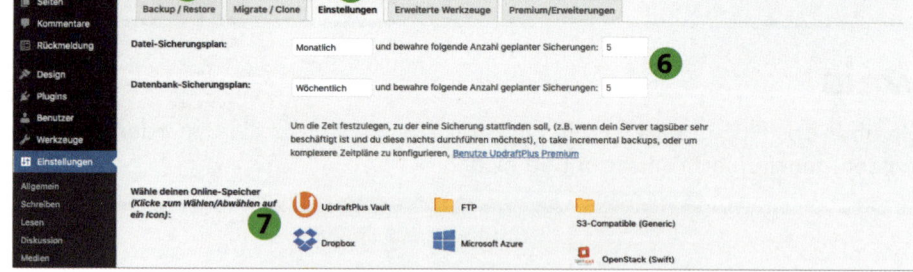

# Datenbank und Dateien automatisch sichern

Auch ein Server kann mal Schluckauf haben, abstürzen und Daten versehentlich zerstören. Oder ein Programmierer liefert ein fehlerhaftes Plug-in aus. Egal wann es passiert: Der Verlust von Daten ist äußerst schmerzlich. Darum sichern Sie Ihre Datenbank, hochgeladene Bilder, Plug-ins und Themes am besten kontinuierlich. Dabei hilft Ihnen das **UpdraftPlus WordPress Backup Plugin** (*https://wordpress.org/plugins/updraftplus/*). Außerdem bietet die Erweiterung die Funktion Wiederherstellen, mit der Sie aus einer Sicherungskopie einen älteren Zustand Ihrer WordPress-Site wiederherstellen können.

Manuelle Sicherungskopien legen Sie nach der Installation mit zwei Klicks an.

1. Installieren, aktivieren und rufen Sie das Plug-in über Einstellungen → UpdraftPlus Sicherungen auf.
2. Klicken Sie auf Jetzt sichern ❶.
3. Klicken Sie jeweils auf (...) ❷ und wählen Sie die zu sichernden Elemente aus.
4. Klicken Sie auf die Schaltfläche Jetzt sichern ❸.
5. Die Erweiterung erstellt nun eine Sicherungskopie und zeigt den Fortschritt in Form eines Balkens an. Fertig!

Ihre Sicherungen finden Sie immer über die Schaltfläche Backup/Restore ❹. Über diesen Menüpunkt können Sie auch Sicherungen wiederherstellen.

Automatisierte Sicherungskopien erstellt UpdraftPlus über den Menüpunkt Einstellungen ❺. Konfigurieren Sie den Sicherungsplan ❻ nach Belieben. Beachten Sie nur, dass die Sicherungskopien Webspace benötigen. Je mehr Sicherungskopien aufbewahrt werden, desto mehr Webspace belegt das Plug-in. Benutzen Sie z. B. Dropbox ❼ oder Google Drive, können Sie auch Sicherungskopien in der Cloud ablegen. Das funktioniert äußerst komfortabel, besonders mit der Dropbox.

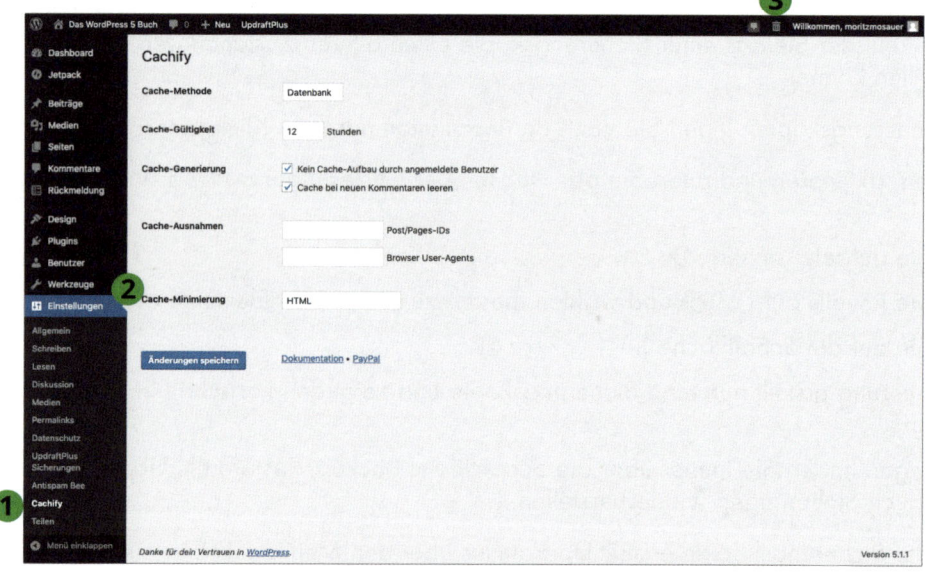

# Ihre Website bzw. Ihr Blog beschleunigen und optimieren

WordPress baut Webseiten und Blogs dynamisch zusammen, was bedeutet, dass bei jeder URL-Anfrage an den Server WordPress Daten aus der Datenbank herausholt, um anschließend mithilfe des Themes bzw. Templates die Webseite für den Besucher zusammenzubauen. In der Regel arbeitet der Server eine solche Anfrage im Bruchteil einer Sekunde ab. Wachsen aber die Anfragen an den Server, gerät er ins Schwitzen, und im schlimmsten Fall ist die Website nicht mehr erreichbar.

Um die Anfragen an Server und Datenbankserver zu reduzieren, bietet sich der Einsatz eines sogenannten **Caching-Plug-ins** an. Es speichert, grob gesagt, bereits eine Kopie der jeweiligen Webseite ab und liefert diese prompt aus, ohne dass die Datenbank mehrere Abfragen abarbeiten muss. Das beschleunigt die Ausgabe der Website und schont die Server-CPU.

Das bekannteste Caching-Plug-in für WordPress nennt sich **W3 Total Cache** und ist unter *https://wordpress.org/plugins/w3-total-cache/* zu finden. Für die Bedienung und seine Einstellungsmöglichkeiten benötigt man jedoch fundierte Erfahrungen im Umgang mit Servern und Kenntnisse in Webtechnologien.

Einfacher gestaltet sich das Plug-in **Cachify** (*http://wordpress.org/plugins/cachify/*). Es ist kompakt und übersichtlich, steigert die Performance und ist in deutscher Sprache erhältlich (auch die Dokumentation). Nach der herkömmlichen Installation finden Sie die übersichtlichen Einstellungsmöglichkeiten unter Einstellungen → Cachify ❶. Unmittelbar nachdem Sie das Plug-in aktiviert haben, beginnt es mit der Arbeit. Die Einstellungen können Sie so belassen. Interessant ist noch der Menüpunkt Cache-Minimierung ❷. Die Cache-Minimierung löscht sämtliche überflüssigen Zeichen im übermittelten HTML-Dokument und reduziert die Dateigröße einer Webseite. Dadurch verkürzen sich die Ladezeiten.

Um den Cache einmal komplett zu leeren, klicken Sie in der grauen Adminleiste einfach rechts auf den kleinen Mülleimer ❸. Weitere Informationen zur Arbeitsweise und den jeweiligen Funktionen lesen Sie in der Dokumentation unter *http://phlow.org/cachify*.

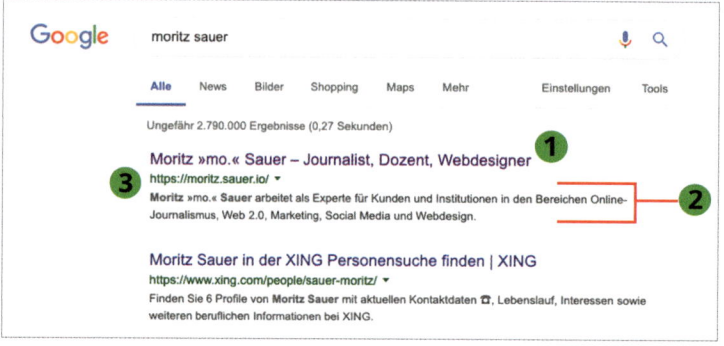

# Suchmaschinenoptimierung

Mithilfe der Suchmaschinenoptimierung erreicht Ihre Website bzw. Ihr Blog bessere Positionen in den Suchergebnissen von Google & Co., und diese kommen auch und vor allem Ihren Besuchern und Lesern zugute. Denn der Aufbau von Beiträgen im Internet orientiert sich stark an der Strukturierung von Büchern und Zeitungsartikeln. Der grundsätzliche Unterschied zum Buch sind die Links. Ansonsten gelten für suchmaschinenoptimierte Artikel ähnliche journalistische Grundsätze und Tugenden. Dazu gehören auf Webseiten diese Elemente:

- Überschriften und Zwischenüberschriften,
- drei bis neun wiederkehrende Such- bzw. Schlagwörter (Keywords) pro Beitrag/Seite,
- eine Kurzbeschreibung mit maximal 150 Zeichen,
- weiterführende Links zu ähnlichen Inhalten,
- gefettete oder kursiv geschriebene wichtige Schlüsselwörter im Text sowie
- Bilder mit aussagekräftigen Namen (Keywords).

Die folgenden Elemente, die Suchmaschinen in ihren Ergebnissen anzeigen, sind die drei wichtigsten eines Webdokuments:

**Überschrift ❶**: Die Überschrift eines Beitrags sollte die wichtigsten Schlagwörter enthalten, den Suchenden ansprechen und nicht länger als 70 Zeichen lang sein. Positionieren Sie die Schlagwörter so weit vorn wie möglich. Viele Themes greifen auf die Überschrift zurück, um den Seitentitel zu erzeugen.

**Kurzbeschreibung ❷**: Suchmaschinen zeigen kleine Textauszüge einer Webseite für die Kurzbeschreibung an. Diese Textauszüge sind meist nicht länger als maximal 150 Zeichen. Ohne Plug-in gibt es keine direkte Möglichkeit, einer Suchmaschine eine Kurzbeschreibung zu übergeben.

**URL ❸**: Die Adresse einer Webseite oder eines Blogartikels sollte lesbar und verständlich aufgebaut sein und wichtige Schlagwörter des Beitrags beinhalten, z. B. in dieser Form: *http://digitalkultur.tv/facebook-datenschutz*. Wie Sie die URL eines Beitrags/einer Seite bearbeiten, lesen Sie auf Seite 149.

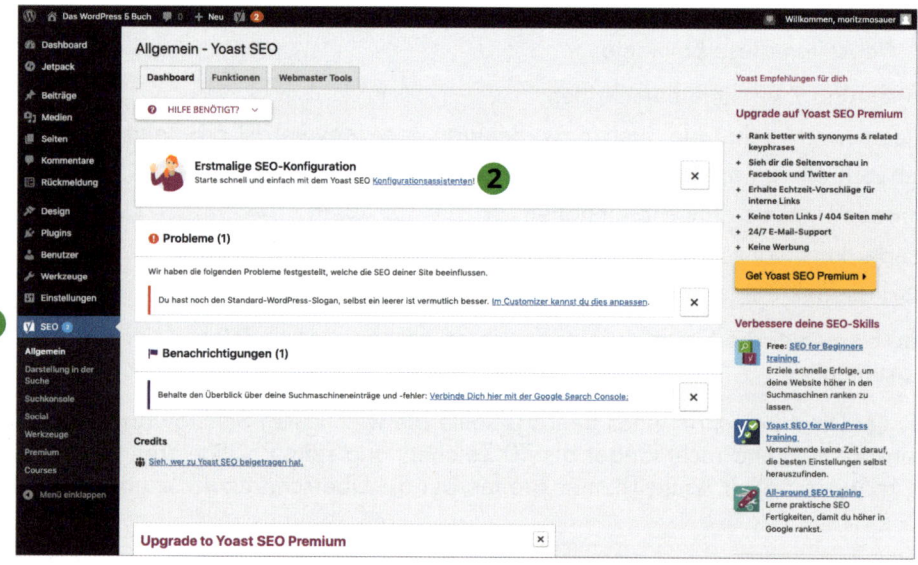

# Bessere Positionen bei Google & Co.

Zahlreiche Plug-ins buhlen um Ihre Aufmerksamkeit, wenn es um das Thema Suchmaschinenoptimierung geht. Das beste und großartigste Plug-in ist **Yoast SEO** (*https://wordpress.org/plugins/-wordpress-seo/*). Das Plug-in des niederländischen SEO-Experten bietet alle relevanten Funktionen für die Suchmaschinenoptimierung unter einer Haube. Dazu gehört die Möglichkeit, sowohl jeden einzelnen Beitrag/jede Seite individuell zu optimieren als auch Einstellungen für die gesamte Website vorzunehmen. Yoast SEO bietet Ihnen unter anderem folgende Funktionen: Optimierung für Webmaster Tools und soziale Netzwerke von Facebook über Twitter bis hin zu Pinterest und Instagram, automatische Sitemap-Generierung und die individuelle und automatisierte Erstellung von passenden Titeln und Beschreibungen für sämtliche WordPress-Webseiten.

Die Installation des Plug-ins funktioniert wie bei allen anderen Plug-ins auch. Nach der Aktivierung finden Sie die zahlreichen Einstellungsmöglichkeiten in der Navigation mit eigenem Symbol unter SEO ➊. Da die Behandlung der zahlreichen Einstellungsmöglichkeiten den Rahmen dieses Buchs sprengen würde, empfehle ich Ihnen, den äußerst hilfreichen Konfigurationsassistenten ➋ zu starten. Der Assistent leitet Sie geschickt durch die Optimierung der Website und fragt wichtige Parameter ab.

Aus Platzgründen gehe ich auf der folgenden Seite nur auf die wichtigste Funktionalität von Yoast SEO ein. Mehr zum Thema finden Sie unter *http://phlow.org/seo*, dort gibt es auch eine ausführliche Anleitung über mehrere Webseiten. Oder Sie lesen sich den exzellenten englischen *Leitfaden von Yoast* unter *https://yoast.com/wordpress-seo/* durch.

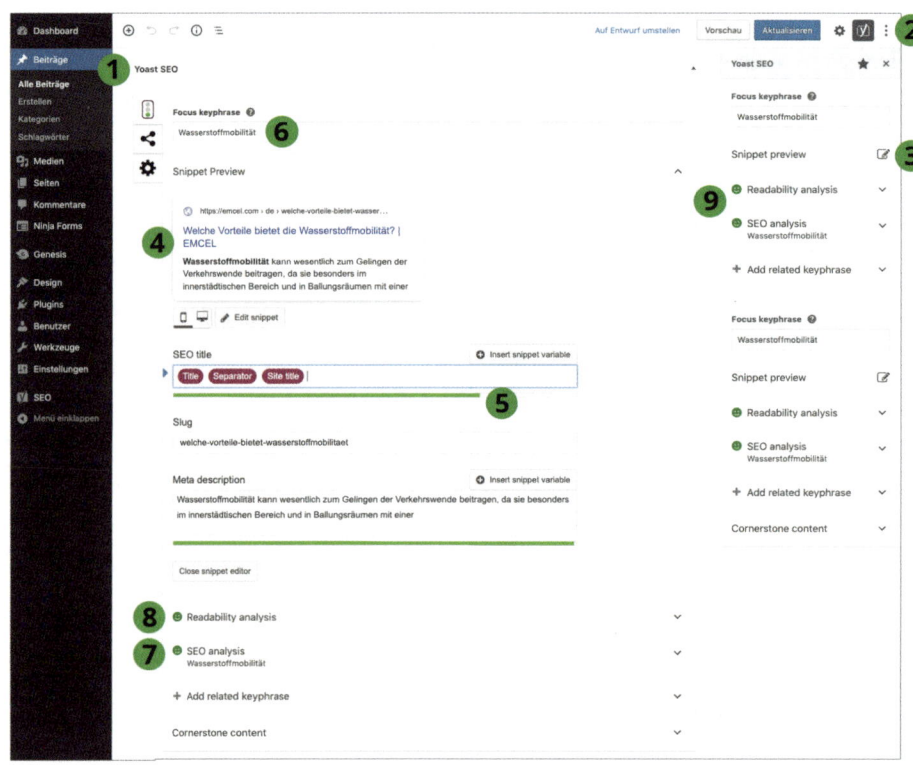

# Webseiten mit Yoast SEO optimieren

Wenn Sie **Yoast SEO** installiert und aktiviert haben, finden Sie unter jedem Beitrag ❶, jeder Seite und auf den Verwaltungsseiten für Kategorien und Schlagwörter neue Eingabefelder des Plug-ins. Den Schnellzugriff zu den Optionen finden Sie über das Y ❷ rechts oben neben den Optionen des Editors. Das ist der einfachste Weg, die drei wichtigsten Elemente für die Suchmaschinenoptimierung (siehe Seite 279) einzugeben und zu optimieren: den Titel, die Kurzbeschreibung und die URL. Klicken Sie dazu auf Snippet Preview ❸.

Komfortabel optimieren Sie die Beiträge über die Funktionen unterhalb des Editors. Wie das Suchergebnis des Beitrags/der Seite in den Suchergebnissen aussieht, zeigt Ihnen die Snippet Vorschau ❹. Diese können Sie direkt editieren. Klicken Sie einfach auf die jeweiligen Elemente wie Titel, Kurzbeschreibung oder URL. Während Sie die Vorschau editieren, zeigt Ihnen Yoast SEO über einen farbigen Balken ❺, ab wann die Eingaben optimal sind. Beachten Sie, dass dies nur eine Vorschau ist. Die Vorschau garantiert Ihnen nicht, dass Google & Co. die Einstellungen blind übernehmen.

In das Feld Focus keyphrase ❻ geben Sie das Hauptschlagwort oder die Wortfolge ein, auf die Sie sich konzentrieren. Füllen Sie dieses Feld aus, damit das Plug-in Ihren Beitrag analysieren kann. Sie starten die Analyse, indem Sie den Beitrag/die Seite speichern oder aktualisieren. Anschließend zeigt Ihnen das Plug-in unter SEO analysis ❼ an, ob Sie das Focus-Keyword an wichtigen Stellen genutzt haben und wo es noch Verbesserungsbedarf gibt.

Auch die Lesbarkeit Ihrer Beiträge analysiert Yoast SEO. Um die Lesbarkeit zu verbessern, klicken Sie auf das Register Readability analysis ❻. Hat das Plug-in an den Texten etwas zu mäkeln, heben Sie den bemängelten Text hervor, indem Sie auf das Augensymbol klicken. Yoast SEO markiert im Artikel dann die zu verbessernden Sätze.

Wie gut und ob ein Beitrag schon optimiert ist, zeigen Ihnen die Smileys in verschiedenen Farben an.

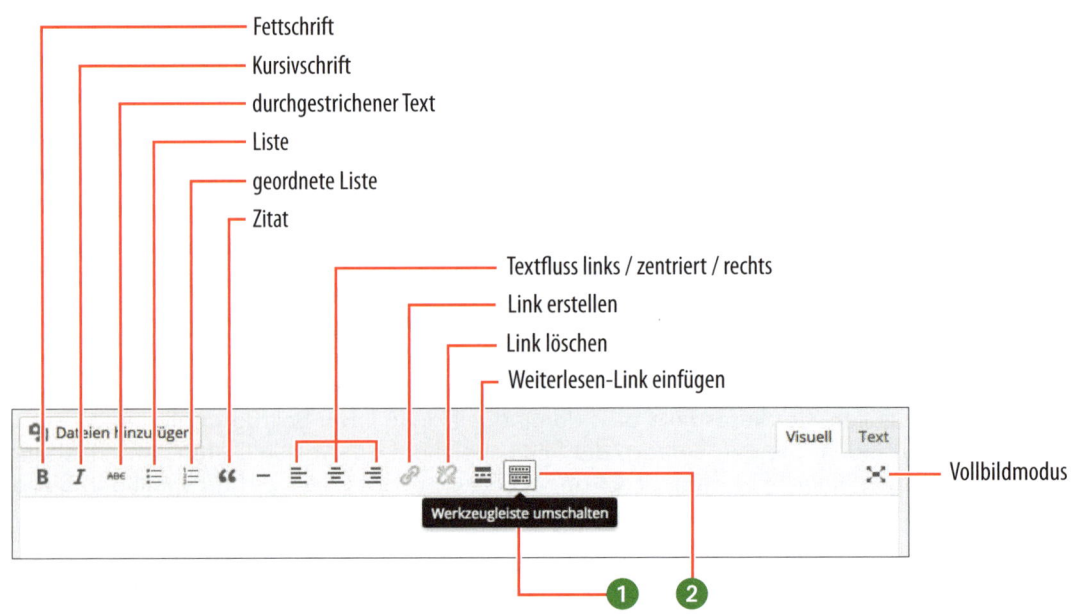

Fettschrift

Kursivschrift

durchgestrichener Text

Liste

geordnete Liste

Zitat

Textfluss links / zentriert / rechts

Link erstellen

Link löschen

Weiterlesen-Link einfügen

Vollbildmodus

Werkzeugleiste umschalten

Dateien hinzufügen

Visuell  Text

# Arbeiten mit dem alten Classic Editor

Mit dem Umstieg auf den Gutenberg-Editor wurde der alte Editor – jetzt Classic Editor genannt – als Plug-in ausgelagert. Dieses finden Sie unter *https://de.wordpress.org/plugins/classic-editor/*. Sollten Sie also den alten Editor bevorzugen, müssen Sie zuerst das Plug-in installieren, aktivieren und anschließend unter den Einstellungen festlegen. Öffnen Sie dazu Einstellungen → Schreiben und wählen Sie dann Classic Editor unter Standard-Editor für alle Benutzer.

Um eine Funktion hinter einem Symbol des Classic Editors kennenzulernen, bewegen Sie einfach den Mauszeiger über das Symbol. Anschließend blendet Ihr Browser einen Hinweis ❶ zum Symbol ein. Klicken Sie auf das letzte Symbol in der ersten Zeile ❷. Nach dem Klick öffnet sich die zweite, versteckte Symbolleiste des Editors. Diese bietet weitere Möglichkeiten, Text zu editieren und aus anderen Editoren unbeschadet einzufügen.

Mit den Verkettungssymbolen legen Sie Links an oder löschen diese.

## Tipp

Der Classic Editor hält auch Tastaturkürzel bereit. So fügt ⇧+↵ einen Zeilenumbruch ein. Drücken Sie die Strg-Taste (Windows) oder Cmd-Taste (Mac) und z. B. den Buchstaben B, formatiert der Editor ausgewählten Text in Fettschrift um. Mehr zu den Tastaturkürzeln erfahren Sie, wenn Sie auf das Fragezeichen in der Symbolleiste des Editors klicken.

unterstrichener Text

Blocksatz

Textfarbe

Text einfügen ohne Formatierung

Formatierung entfernen

Sonderzeichen einfügen

Absatzformate
(Überschrift, Absatz,
Monospace)

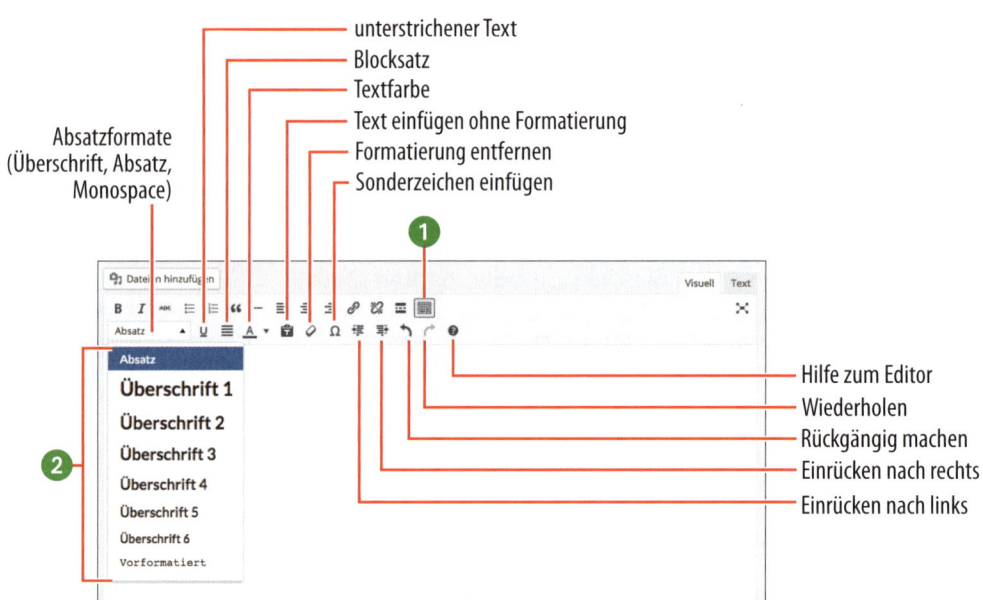

Hilfe zum Editor

Wiederholen

Rückgängig machen

Einrücken nach rechts

Einrücken nach links

# Noch mehr Funktionen des Classic Editors

Die zweite Zeile der Symbolleiste blenden Sie mit dem Symbol ganz rechts in der ersten Zeile ein ❶. Sie bietet Ihnen weitere Möglichkeiten, den Text zu gestalten und zu strukturieren. Über das Ausklappmenü ❷ wählen Sie Formate wie Überschriften, Absätze oder über Vorformatiert eine Monospace-Schrift aus. Vorformatiert wird oft für Codeschnipsel genutzt, die Schrift eignet sich aber auch, um z. B. einen Auszug aus einer E-Mail vom restlichen Text abzuheben.

Eigentlich ist die zweite Zeile der Symbolleiste bis auf die Funktion für das **Einfügen von Text** selbsterklärend. Leider kann das Kopieren von Textauszügen aus anderen Textverarbeitungsprogrammen wie Word oder OpenOffice in WordPress zu Problemen führen. Denn im Zwischenspeicher legt ein Textverarbeitungsprogramm nicht nur den Text ab, sondern auch die dazugehörigen Formatierungen. Fügen Sie den Text in das Textfeld ein, kopieren Sie Formatierungen mit, die höchstwahrscheinlich das Aussehen der Webseite beeinträchtigen.

Um dieses Problem zu umgehen, klicken Sie zunächst auf das Symbol mit dem T für Als Text einfügen. Text aus dem Zwischenspeicher, den Sie in das Eingabefeld kopieren, wird jetzt ausschließlich als Text ohne jegliche Formatierung eingefügt. Um den Modus wieder abzuschalten, klicken Sie einfach erneut auf das T-Symbol.

Mit einem Klick auf das Fragezeichensymbol blenden Sie die Editorhilfe ein, in der Sie die Tastaturkürzel nachschlagen können.

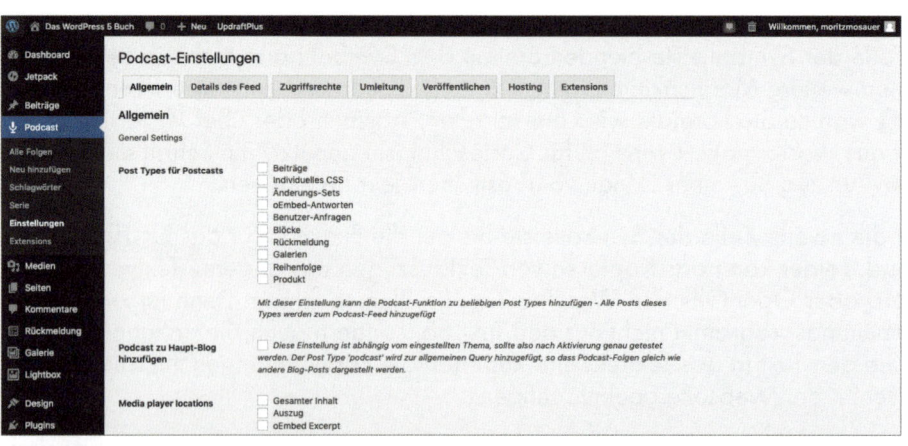

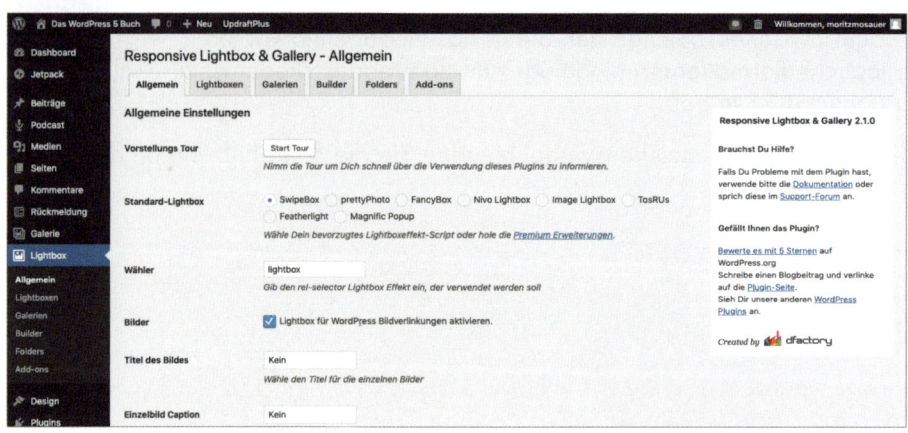

# Noch mehr Plug-ins

Die Zahl kostenloser Erweiterungen ist schier unendlich, sie aufzulisten, würde den Umfang des Buchs sprengen. Diese letzten drei möchte ich Ihnen jedoch nicht vorenthalten.

## WordPress-Website klonen und auf anderen Webspace transferieren

**Duplicator** (*https://wordpress.org/plugins/duplicator/*) hilft Ihnen auf unkomplizierte Weise, Ihre Website zu klonen und mithilfe eines Installers auf einem anderen Webspace zu installieren. So können Sie z. B. Ihre WordPress-Website gemütlich mit MAMP oder XAMPP auf Ihrem Rechner fertigstellen und anschließend mit Duplicator auf den Webspace übertragen. Das Installationsskript überschreibt dann die alte URL mit der neuen Adresse. Außerdem eignet sich Duplicator hervorragend, um Sicherungskopien zu erstellen.

## Praktisch für Podcaster

WordPress eignet sich hervorragend, um einen Podcast zu betreiben. Das einfach strukturierte **Seriously Simple Podcasting** (*https://wordpress.org/plugins/seriously-simple-podcasting/*) hilft Ihnen dabei, Podcasts zu realisieren, und optimiert diese sogar für iTunes. Die Podcast-Folgen verwalten Sie über ein neues Beitragsformat in der Seitenleiste namens Podcast. Wenn Sie doch mehr Optionen benötigen, dann schauen Sie sich **PowerPress** (*https://wordpress.org/plugins/powerpress/*) von Blubrry an. Die Funktionalität ist fast schon erschlagend komplex.

## Bilder schöner einblenden

Sie kennen sicherlich den Effekt: Sie klicken auf ein kleines Foto auf einer Webseite, und sanft öffnet sich ein Fenster in der Mitte, während die restliche Webseite abgedunkelt wird, damit das vergrößerte Bild in der Mitte des Bildschirms die volle Aufmerksamkeit bekommt. Dieser Effekt ist unter dem Namen **Lightbox** bekannt. Ein exzellentes Plug-in unter den zahlreichen Lightbox-Erweiterungen ist **Responsive Lightbox** (*https://de.wordpress.org/plugins/responsive-lightbox/*). Es bietet Ihnen leicht verständliche Einstellungsmöglichkeiten, um den Effekt an Ihre Vorlieben anzupassen.

# Kapitel 9
# Sicherheit, Updates und Sicherheitskopien

Laut dem amerikanischen Geschäftsmagazin Forbes nutzen mehr als 60 Millionen Websites Word-Press. Laut w3techs.com baut WordPress mehr als 33,4% der Websites im Internet. Die Zahl wird noch beeindruckender: Hinter 60,3% der Websites, die mit einem Redaktionssystem gebaut werden, steckt die Baumaschine WordPress (Stand April 2019).

Dieser Erfolg kommt nicht von ungefähr, denn in den letzten 16 Jahren haben die Programmierer von WordPress kontinuierlich daran gearbeitet, administrative Funktionen immer weiter zu vereinfachen und WordPress so leicht wie möglich bedienbar zu machen.

Der Nachteil dieser Popularität lässt sich mit dem von Windows oder Android vergleichen: Wenn viele Menschen ein System nutzen, zieht es unweigerlich auch die Menschen an, die es missbrauchen wollen: bösartige Hacker und Internetabzocker.

Zum Glück können Sie sich, Ihre Besucher und Ihre Daten schützen. Wie, das erfahren Sie in diesem Kapitel, das Ihnen alles rund um die Aktualisierung, Sicherheit und den Schutz Ihrer Website beibringt. Dazu erkläre ich Ihnen kurz ein paar technische Konzepte, denn eigentlich ist es einfach, WordPress abzusichern. Sie müssen es nur tun.

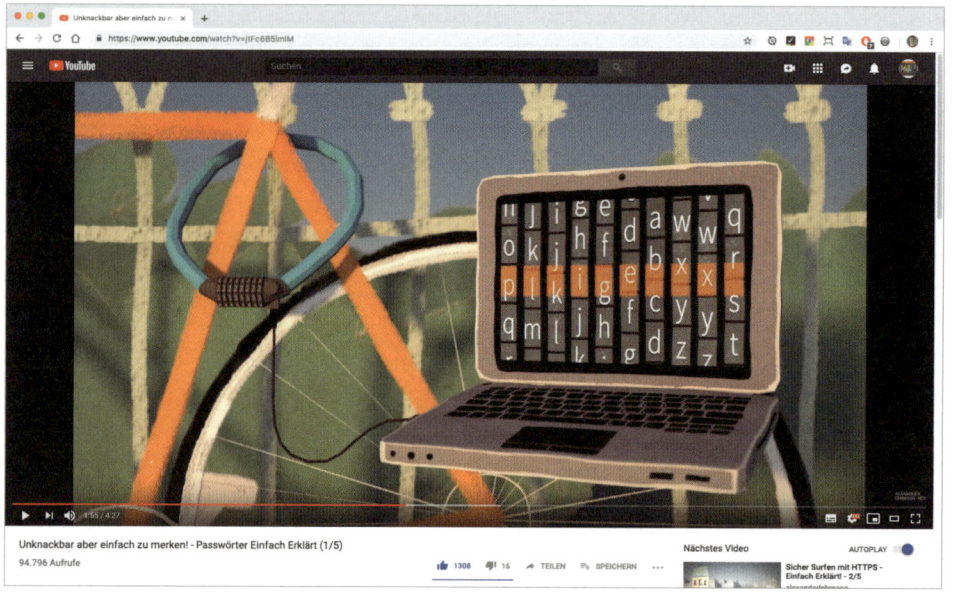

# Fünf einfache Regeln für mehr Sicherheit

Bereits mit – oder auch nach – der Installation einer eigenen WordPress-Website können Sie es Angreifern mit den folgenden Regeln äußerst schwer machen.

1. **Nutzen Sie einen kryptischen Benutzernamen.** Ihr Log-in-Benutzername sollte sich maßgeblich von Ihrem Autorennamen unterscheiden (und auf keinen Fall admin lauten). So kann der Angreifer von Ihrem Autorennamen nicht auf den Log-in-Namen schließen. Beispiel: Schokolade (Log-in) und Moritz »mo.« Sauer (Autorenname). Lautet Ihr Benutzername admin, legen Sie einen neuen Benutzer mit Adminrechten an, loggen sich aus und melden sich mit dem neuen Benutzer an. Dann löschen Sie den alten Benutzer. Wenn Sie den alten Benutzer löschen, fragt WordPress automatisch, auf welchen Benutzer die Beiträge und Seiten übertragen werden sollen. Mehr zu Benutzerrechten finden Sie auf Seite 117.

2. **Nutzen Sie kein Passwort, sondern einen Passsatz.** Passwörter sind toll, Passsätze sind besser. Denn je mehr Zeichen ein Passwort hat, desto schwieriger wird der Angriff. Wenn Sie in den Satz auch noch Zahlen und Sonderzeichen einbauen, perfekt! Beispiel: »Dreißig geteilt durch 10 = 3« – Mehr dazu in diesem YouTube-Video: *http://phlow.org/passwort*.

3. **Machen Sie Sicherheitskopien.** Sicherheitskopien retten Ihre Website, schonen Ihre Nerven und sparen richtig viel Zeit, wenn etwas schiefgeht. Nutzen Sie eine Erweiterung wie z. B. das auf Seite 275 vorgestellte UpdraftPlus-Plug-in. Es arbeitet auf Befehl automatisch im Hintergrund.

4. **Aktualisieren Sie WordPress, Plug-ins und Themes kontinuierlich.** Updates für WordPress, Plug-ins und Themes erweitern nicht nur das System, sondern stopfen auch gefundene Sicherheitslöcher.

5. **Überprüfen Sie Plug-ins und Themes eingehend vor der Installation.** Auf Seite 255 erkläre ich Ihnen, wie Sie Plug-ins und Themes einer Kontrolle unterziehen. Beachten Sie auch, dass jede Erweiterung ein neues potenzielles Sicherheitsrisiko darstellt. Zahlreiche Entwickler stellen oft irgendwann die Arbeit ein und pflegen das Plug-in oder das Theme nicht weiter.

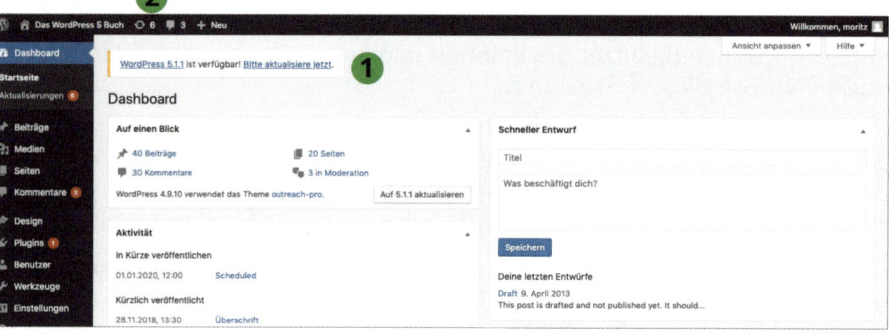

# Updates und Aktualisierungen

WordPress, Plug-ins und Themes werden kontinuierlich weiterentwickelt. Neue Versionen beheben Fehler, stopfen Sicherheitslöcher und bieten neue Funktionen, die sehr spannend sein können.

Zum Glück werden Sie automatisch über neue WordPress-Versionen, -Plug-ins und -Themes informiert, sofern diese über WordPress.org installiert wurden ❶. Wenn es Aktualisierungen für WordPress gibt, erscheinen in der grauen Adminleiste zwei kreisförmige Pfeile und eine Zahl ❷. Die Zahl gibt Auskunft darüber, wie viele Komponenten auf die Aktualisierung warten.

**Halten Sie Ihre WordPress-Installation stets auf dem aktuellen Stand!** Es kommt leider immer häufiger vor, dass WordPress-Systeme gehackt und zweckentfremdet werden, sodass im schlimmsten Fall sogar Schadsoftware über diese gekaperten Systeme verbreitet wird.

Um WordPress auf dem aktuellen Stand zu halten, müssen Sie kontinuierlich Updates einspielen. Dazu stehen Ihnen zwei Möglichkeiten zur Verfügung: die integrierte Aktualisieren-Funktion und der manuelle Upload über ein FTP-Programm. Auf den folgenden Seiten lernen Sie beide Varianten kennen.

Vor jedem Update sollten Sie unbedingt eine **Sicherheitskopie** von Ihrem kompletten Word-Press-Verzeichnis inklusive Datenbank erstellen (siehe mehr dazu auf Seite 275).

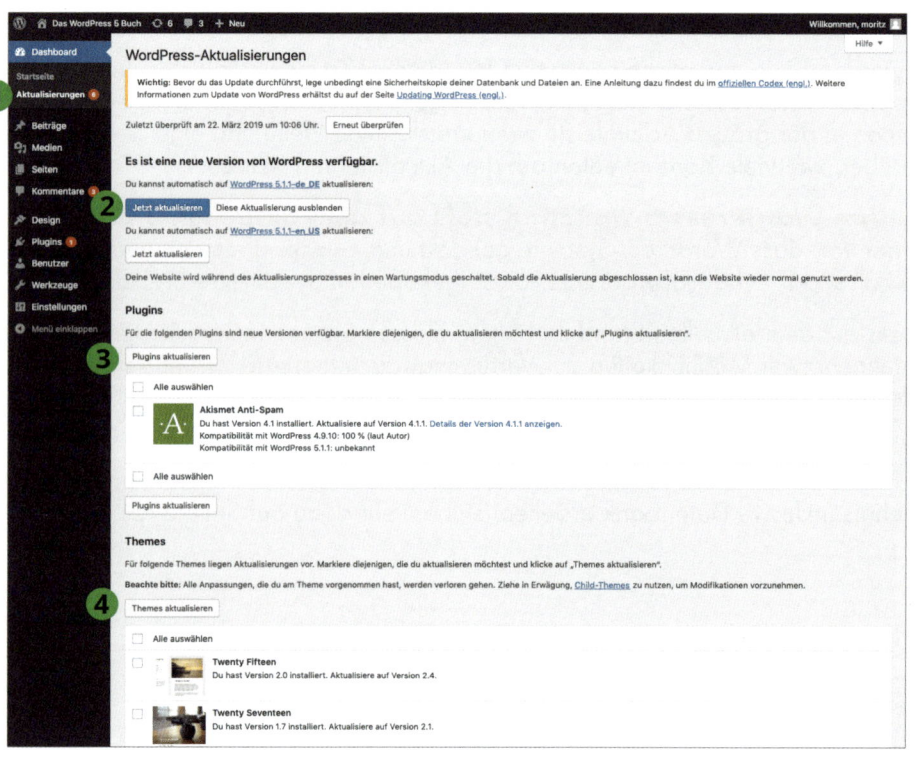

# WordPress automatisch aktualisieren

Wenn Sie WordPress automatisch aktualisieren möchten, gehen Sie so vor:

1. Loggen Sie sich in WordPress ein.

2. Erstellen Sie eine Sicherheitskopie Ihrer Datenbank und Ihrer Dateien – z. B. mithilfe des Plug-ins von Seite 275.

3. Öffnen Sie den Menüpunkt Dashboard → Aktualisierungen ❶.

   - **Um WordPress zu aktualisieren**, klicken Sie auf die Schaltfläche Jetzt aktualisieren ❷. Während des anschließenden Installationsprozesses lädt WordPress die neue Version automatisch herunter und aktualisiert sämtliche Dateien samt Datenbank.

   - **Um Ihre Plug-ins zu aktualisieren**, wählen Sie entweder alle veralteten Plug-ins oder nur dasjenige, das Sie aktualisieren wollen, aus. Klicken Sie auf Plugins aktualisieren ❸, um die Aktualisierung zu starten.

   - **Um Themes zu aktualisieren**, wählen Sie entweder alle veralteten Themes oder nur diejenigen, die Sie aktualisieren möchten, aus. Klicken Sie auf Themes aktualisieren ❹, um die Installation zu starten. **Vorsicht!** Sollten Sie an Ihrem Theme Veränderungen vorgenommen haben, gehen diese bei einem Update verloren.

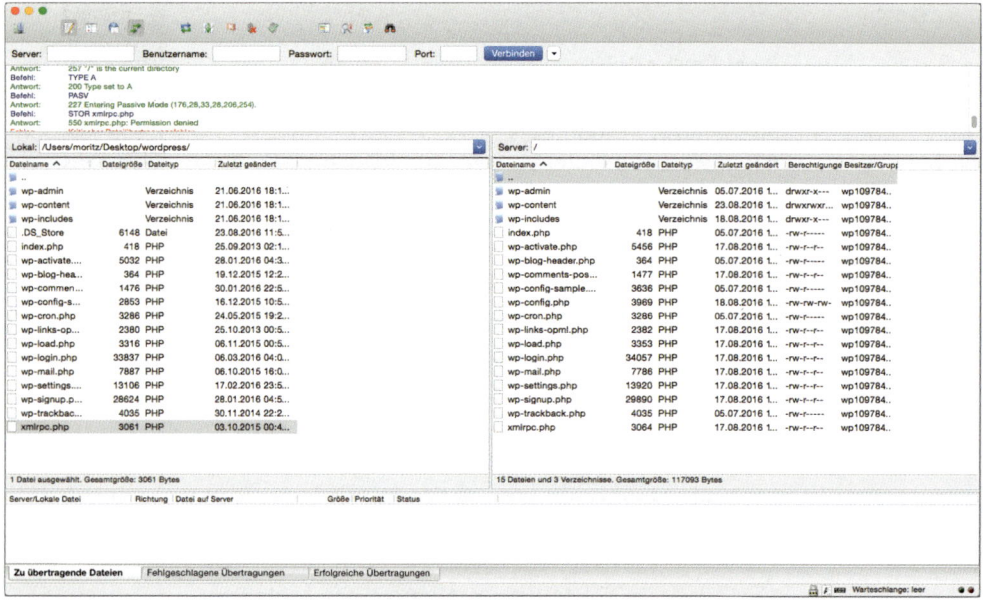

# WordPress manuell aktualisieren

Der sicherste Weg für eine Aktualisierung sämtlicher Komponenten ist der Upload via FTP. Es ist aber auch der Weg, der am meisten Zeit kostet. Wenn Sie die folgenden Schritte bei einem Update-Prozess beachten, sollte nichts schiefgehen, und Sie haben alle Daten, um WordPress im alten Zustand wiederherzustellen. So geht's:

1. Erstellen Sie eine Sicherheitskopie Ihrer Datenbank – z. B. mithilfe des Plug-ins von Seite 275.

2. Loggen Sie sich per FTP auf Ihrem Webspace ein und sichern Sie das komplette WordPress-Verzeichnis auf Ihrem Rechner.

3. Laden Sie die aktuelle WordPress-Version herunter. Die englische Version finden Sie unter *www.wordpress.org/download/* und die deutsche unter *https://de.wordpress.org/download/*.

4. Entpacken Sie das ZIP-Archiv auf Ihrem Rechner.

5. Laden Sie sämtliche WordPress-Dateien auf den Server hoch und stellen Sie sicher, dass Ihr FTP-Programm alle alten Dateien überspielt.

6. Öffnen Sie Ihren Browser und rufen Sie Ihre WordPress-Website auf. Geben Sie hinter der URL Ihrer Startseite /wp-admin/upgrade.php ein – z. B. so: *www.ihre-website.de/wp-admin/ upgrade.php*. Wenn die Datenbank aktualisiert werden muss, klicken Sie auf die dazugehörige Schaltfläche.

7. Öffnen Sie das Backend und schauen Sie unter Dashboard → Aktualisierungen nach, ob Sie WordPress, Plug-ins und Themes erfolgreich aktualisiert haben.

## Hinweis

Sollte es nach der Aktualisierung von WordPress zu Problemen kommen, liegt das oft an installierten Plug-ins, die veraltet sind. In einem solchen Fall deaktivieren Sie am besten sämtliche Plug-ins und aktivieren eines nach dem anderen, bis der Fehler auftritt.

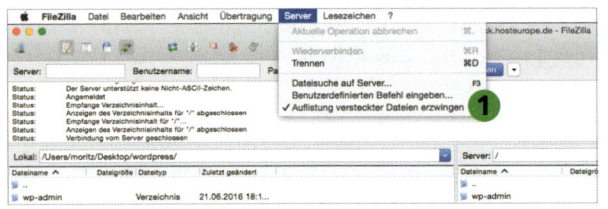

**② ‹› Hide wp-config.php and .htaccess**  Raw

```
1   # Prevent wp-config.php and .htaccess
2   # from being accessed use this code
3
4   <Files wp-config.php>
5   order allow,deny
6   deny from all
7   </Files>
8
9   <Files .htaccess>
10  order allow,deny
11  deny from all
12  </Files>
13
14  # Prevent Directory Browsing
15  Options All -Indexes
```

# Verzeichnisse und Dateien vor Zugriff schützen mittels .htaccess

In der Regel laufen WordPress-Websites auf einem Apache-Server. Solch ein Server hat meist eine Konfigurationsdatei namens .htaccess. Über diese bestimmen Sie z. B., dass eine 404-Fehlerseite angezeigt werden soll, wenn der Server eine angeforderte Webseite nicht finden kann. Wenn Ihr Webpaket, wie auf Seite 113 in »Permalinks: Linknamen ändern, Linkstrukturen bestimmen« beschrieben, das mod_rewrite-Modul unterstützt, sorgt die .htaccess-Datei dafür, dass die lesbaren Links funktionieren. Sie können über die .htaccess-Datei aber auch Dateien und Verzeichnisse vor unberechtigten Zugriffen schützen. Das erlaubt nicht jeder Webhoster. Sollte die folgende Anleitung nicht funktionieren, fragen Sie am besten beim Support nach, ob die Funktionen für den Schutz von Verzeichnissen und Dateien unterstützt werden. Und so schützen Sie Dateien und Verzeichnisse:

1. Die .htaccess-Datei liegt im Hauptverzeichnis. Laden Sie die Datei herunter und benennen Sie sie um, damit Sie eine Sicherheitskopie haben. Dann laden Sie die Datei einfach noch einmal herunter. Wird die Datei nicht angezeigt, könnte es sein, dass Ihr FTP-Programm versteckte Dateien nicht anzeigt. FileZilla veranlassen Sie über Server → Auflistung versteckter Dateien erzwingen ❶, die .htaccess-Datei anzuzeigen.

2. Öffnen Sie die heruntergeladene .htaccess-Datei in einem Texteditor wie Windows Editor, Notepad, Textedit oder z. B. dem kostenlosen Editor Atom. Word oder andere Textverarbeitungen taugen dazu nicht.

3. Fügen Sie die folgenden Befehle ❷ unterhalb der existierenden Befehle ein, um wp-config.php- und .htaccess-Datei zu schützen. Sie finden das Codeschnipsel aber auch über *http://phlow.org/wp-schutz*. Speichern Sie die Datei unbedingt als reine .txt-Datei ab.

4. Laden Sie Ihre bearbeitete .htaccess-Datei auf den Server hoch.

5. Testen Sie, ob WordPress weiter funktioniert. Fertig!

Tritt ein Fehler auf, können Sie jederzeit auf Ihre Sicherheitskopie zurückgreifen.

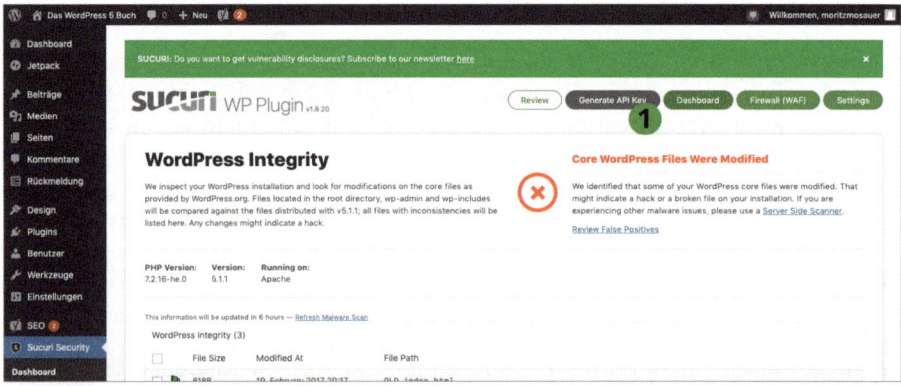

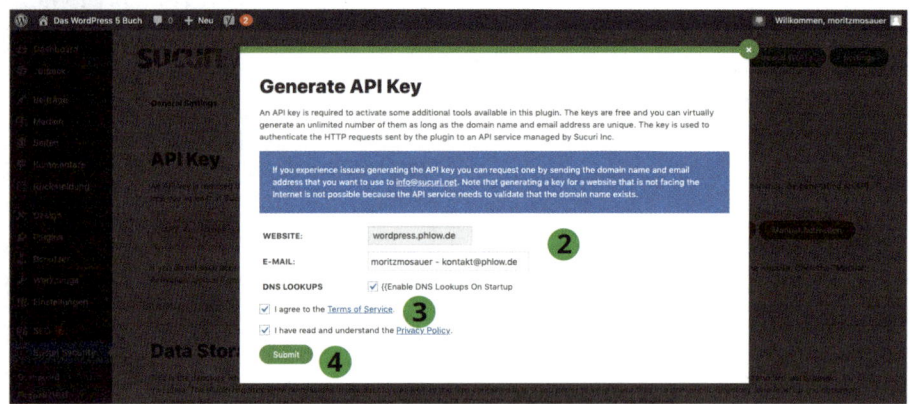

# Sicherheits-Plug-ins: die Qual der Wahl

Es gibt zahlreiche hochwertige Erweiterungen, die WordPress auf Sicherheitslücken durchleuchten und das System absichern. Zwei hervorragende Plug-ins sind **All In One WP Security** (*https://wordpress.org/plugins/all-in-one-wp-security-and-firewall/*) und **Sucuri Security** (*https://word-press.org/plugins/sucuri-scanner/*). Beide Erweiterungen sind auch für Anfänger verständlich und übersichtlich aufgebaut und helfen Ihnen schrittweise, WordPress wie einen Tresor abzusichern.

Egal welches Sicherheits-Plug-in Sie nutzen, alle Plug-ins gibt es auch in einer Premium-Version, die noch mehr Sicherheit verspricht. Wenn Sie aber WordPress stets aktualisieren und sichere Passsätze nutzen, reicht die Grundvariante.

Beschränken Sie Ihre Wahl aber auf ein Sicherheits-Plug-in. Ansonsten kann es Probleme geben, wenn die Erweiterungen um die Vorherrschaft kämpfen. Für dieses Buch habe ich mich für Sucuri Security entschieden, denn es hat nur eine Funktion nicht, die noch wichtig wäre: eine Absicherung gegen Brute-Force-Attacken. Diese bietet dagegen All In One WP Security. Nutzen Sie jedoch die Jetpack-Erweiterung, haben Sie sich gegen diese Art von Attacken bereits gewappnet.

1. Installieren Sie Sucuri Security wie alle anderen Plug-ins auch.

2. Anschließend benötigen Sie noch einen kostenlosen API-Key – einen Schlüssel, damit sich das Plug-in mit den Services von Sucuri verbinden kann. Klicken Sie dazu einfach auf Generate API Key ❶.

3. Geben Sie Ihre E-Mail ❷ im erscheinenden Pop-up ein und setzen Sie die Häkchen bei DNS Lookups, Terms of Service und Privacy Policy ❸.

4. Wenn Sie jetzt auf Submit ❹ klicken, verbindet Sucuri das Plug-in mit Ihrer WordPress-Installation.

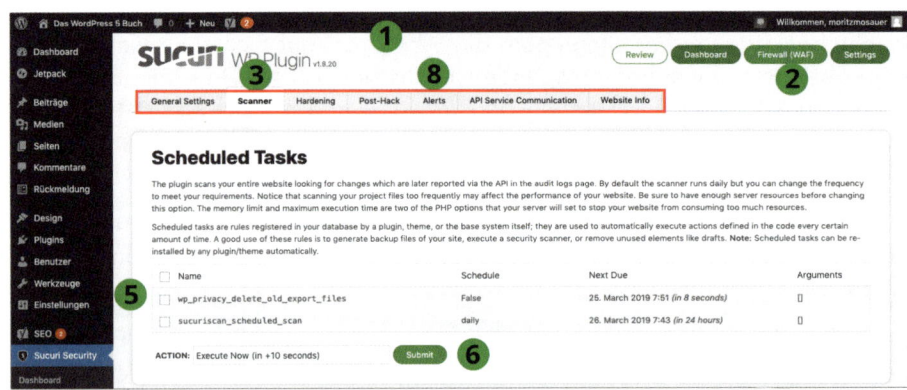

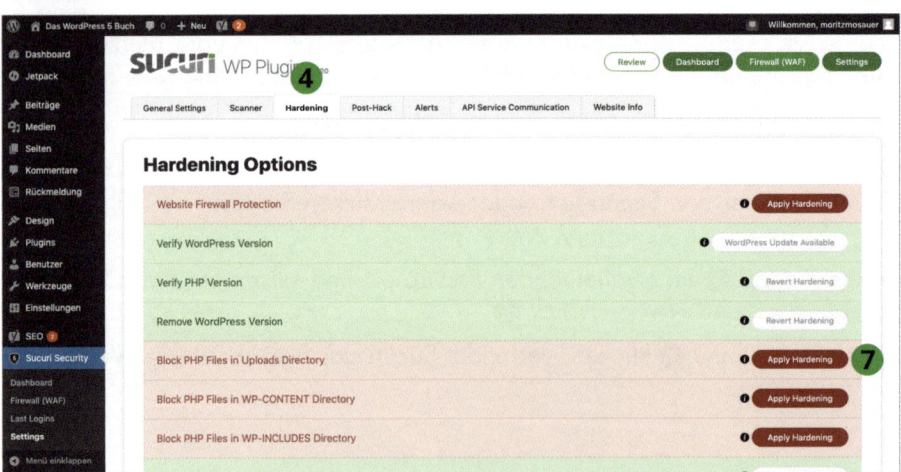

# WordPress abhärten mit Sucuri Security

Sicherheits-Plug-ins sind umfangreiche Erweiterungen. Das gilt auch für **Sucuri Security**, das Sie mit zahlreichen neuen Menüpunkten begrüßt ❶. Darum kann ich in diesem Buch nicht sämtliche Funktionen ausführlich durchsprechen. Da die Sonderfunktion Firewall ❷ eine Premium-Funktion ist, überspringe ich sie. Wichtig sind die beiden Menüpunkte Scanner ❸ und Hardening ❹.

Der Scanner durchleuchtet WordPress automatisch in den Standardeinstellungen einmal pro Tag. Dann sucht Sucuri nach veränderten Dateien, bösartigen Skripten, merkwürdigen Umleitungen oder SEO-Spam. Sie können den Scanner auch manuell starten, indem Sie zu untersuchende Dateien auswählen ❺ und anschließend auf Submit ❻ klicken.

Im nächsten Schritt härten Sie mit der Funktion Hardening ❹ WordPress ab. Diese überprüft, ob wichtige Dateien gegen Einsicht geschützt sind oder ob z.B. die readme.html-Datei gelöscht wurde. Diese verrät Angreifern im schlimmsten Fall, welche WordPress-Version Sie gerade nutzen.

Um WordPress weiter abzusichern, genügt in der Regel ein Klick auf die jeweilige Schaltfläche Apply Hardening ❼, und das Plug-in stopft das Sicherheitsloch. Härten Sie jetzt Ihre WordPress-Website ab, indem Sie einen Punkt nach dem anderen abarbeiten. Wie oben bereits erwähnt, müssen Sie nur auf die Firewall-Funktion verzichten, wenn Sie nicht zusätzlich Geld ausgeben wollen.

Es kann sein, dass Sucuri Security Ihnen kontinuierlich Warn-E-Mails schickt, wenn Sie viel mit Word-Press arbeiten. Diese E-Mails können nervig sein. Sie lassen sich aber unkompliziert über Alerts ❽ abstellen.

Interessant ist nur noch der Menüpunkt Post-Hack ❽. Dieser hilft Ihnen, WordPress nach einer Attacke schneller zu säubern. So »resetten« Sie z.B. alle Benutzer-Log-in-Passwörter, resetten Plug-ins oder setzen die **Security Keys** neu.

Ansonsten empfehle ich Ihnen, die sinnvollen Voreinstellungen so zu belassen.

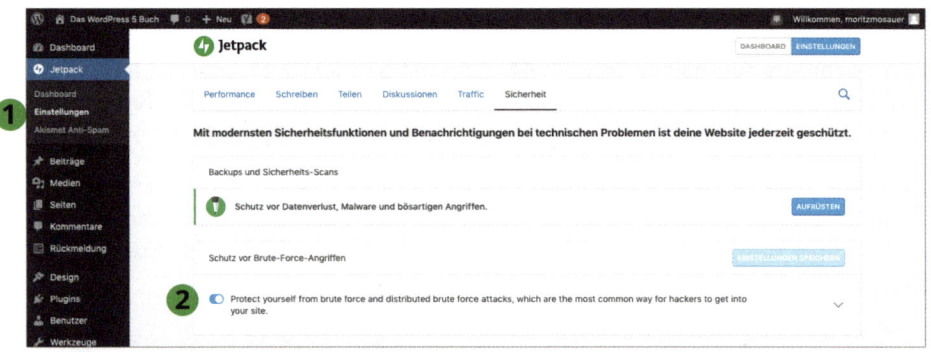

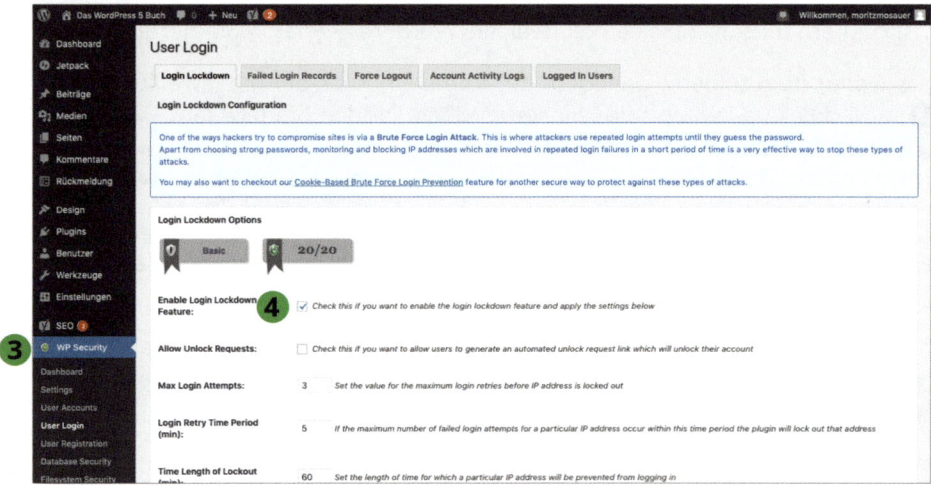

# Log-in vor Brute-Force-Angriffen schützen

Brute Force heißt übersetzt rohe Gewalt. Bei einem Brute-Force-Angriff versuchen Angreifer, Ihre WordPress-Website mit der einfachsten Methode zu knacken: Immer wieder wird das Log-in-Formular aufgerufen, um immer wieder neue Kombinationen aus Benutzername und Passwort auszuprobieren. Diese Methode nennt man auch **Exhaustionsmethode**, da der Server mit Kombinationen geflutet und belastet wird. Solche Angriffe können Stunden dauern.

Sie können diesen Attacken aber entgegenwirken, indem Sie ein Plug-in einsetzen, das den Aufruf des Log-in-Formulars nach x Aufrufen unterbindet. Nutzen Sie bereits die Jetpack-Erweiterung, werden Sie vor Brute-Force-Angriffen automatisch geschützt. Sicherheitshalber überprüfen Sie die Einstellungen und rufen Jetpack auf ❶. Unter Leistung und Sicherheit sollte Protect yourself from Brute force … ❷ aktiviert sein.

Ein weiteres Sicherheits-Plug-in, das sich um den Log-in-Bildschirm kümmert, ist **All In One WP Security**. Auch dieses ermöglicht, Angriffe auf das Formular einzugrenzen. Die Einstellungen finden Sie über das Menü unter WP Security → User Login ❸. Aktivieren Sie die Funktion, indem Sie ein Häkchen bei Enable Login Lockdown Feature setzen ❹.

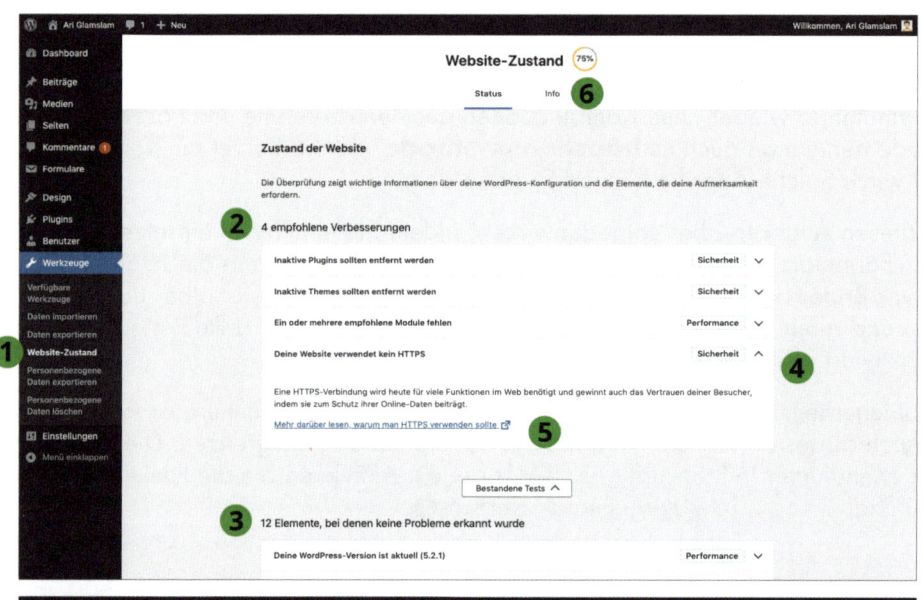

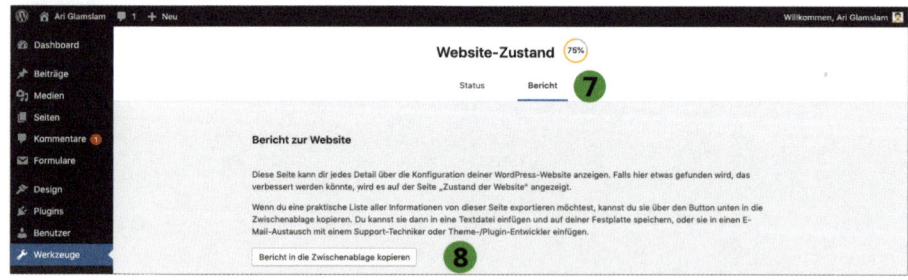

# Gesundheit von WordPress überprüfen

Ab WordPress Version 5.2 finden Sie unter Werkzeuge → Website-Zustand ❶ eine Übersichtsseite, mit der Sie schnell Ihre WordPress-Installation einer Prüfung unterziehen. An dieser Stelle durchleuchtet sich das System selbst und listet Ihnen sowohl empfohlene Verbesserungen ❷ als auch Bestandene Tests ❸ auf.

So weist WordPress im Beispiel etwa darauf hin, dass die aktuelle Website nicht per HTTPS ❹ ausgeliefert wird. Unter jeder Empfehlung finden Sie dann jeweils weiterführende Links ❺ für mehr Informationen oder Möglichkeiten, das System direkt zu verbessern.

Unter Info ❻ erhalten Sie einen Bericht ❼, den Sie in die Zwischenablage kopieren können ❽, um den Bericht z. B. einem Webdesigner zukommen zu lassen, falls Sie unsicher sind, wie Sie weiter vorgehen sollten.

# Import und Export: von WordPress.com zum selbst gehosteten Webauftritt und zurück

Einer der dicksten Pluspunkte von WordPress ist die Tatsache, dass die Betreiber hinter WordPress Sie nicht mit aller Macht an Ihre Entscheidung für oder gegen eine eigene Installation binden wollen. Ganz gleich, ob Sie auf WordPress.com eine Website betreiben oder eine eigene Installation laufen haben: Sie können problemlos Ihre Inhalte (Beiträge, Seiten, Bilder, Schlagwörter und Kategorien) von WordPress.com auf eine selbst gehostete Installation bringen – und umgekehrt. Versuchen Sie das mal mit Websites, die Sie auf Jimdo.de oder Wix.com aufgebaut haben.

Beachten Sie dabei, dass bei dieser Art von Im- und Export nur die Inhalte und keinerlei Einstellungen transferiert werden, d. h., die Einstellungen (die Konfiguration) von WordPress, von Ihrem Theme oder den genutzten Plug-ins werden nicht übertragen. Diese Einstellungen müssen Sie nachträglich vornehmen. Alternativ bietet Ihnen WordPress.com auch den kompletten Download samt Datenbank an. Das kostet allerdings etwas.

Da es sich bei der exportierten Datei um eine Textdatei handelt, werden auch die Bilder nicht automatisch exportiert. Sofern die Bilder online abrufbar sind und Sie das jeweilige Häkchen für den Import setzen, importiert sie aber WordPress und lädt sie automatisch auf Ihren Webspace hoch. Wie Export und Import im Detail funktionieren, lesen Sie auf der nächsten Seite.

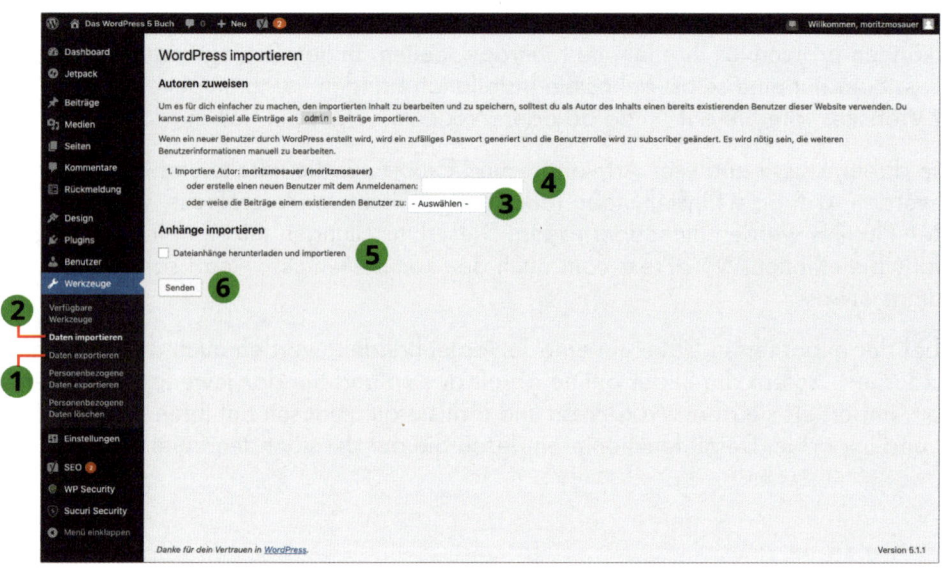

# Inhalte erst exportieren, dann importieren

Der Im- und Export von WordPress.com oder einer selbst gehosteten WordPress-Version funktioniert identisch, nämlich so:

1. Wenn Sie Ihre selbst gehostete Version aufgeben möchten und lieber auf WordPress.com setzen, müssen Sie auf WordPress.com ein Konto samt WordPress-Website anlegen. Möchten Sie von WordPress.com auf eine selbst gehostete Instanz umziehen, überspringen Sie diesen Schritt.

2. Loggen Sie sich jetzt in Ihr altes WordPress-System ein und öffnen Sie den Menüpunkt Werkzeuge → Daten exportieren ❶.

3. Wählen Sie Alle Inhalte und starten Sie den Export der XML-(WXR-)Datei, indem Sie auf die Schaltfläche Export-Datei herunterladen klicken. Der Browser startet dann den Download der Datei.

4. Loggen Sie sich anschließend in Ihr neues WordPress-System ein, öffnen Sie den Menüpunkt Werkzeuge → Daten importieren ❷ und klicken Sie auf WordPress.
   - Wenn Sie die Daten auf WordPress.com bringen möchten, suchen Sie einfach mit dem Befehl Datei auswählen die exportierte Datei auf Ihrem Computer und laden sie mit einem Klick auf Datei hochladen und importieren hoch.
   - Wenn Sie die Daten in ein selbst gehostetes WordPress-System hochladen möchten, müssen Sie nach dem Klick zuerst noch das Import-Plug-in installieren und anschließend Importer ausführen.
   - Dann suchen Sie über Datei auswählen die exportierte Datei auf Ihrem Computer und laden sie mit einem Klick auf Datei hochladen und importieren hoch.

5. Bevor WordPress den Import richtig startet, müssen Sie jetzt noch die zu importierenden Beiträge einem existierenden Benutzer zuweisen ❸ oder einen neuen Benutzer anlegen ❹.

6. Setzen Sie unbedingt ein Häkchen bei Dateianhänge herunterladen und importieren ❺, damit WordPress Bilder und Anhänge automatisch herunterlädt und importiert.

7. Starten Sie nun den Import mit einem Klick auf Senden ❻.

Der Import kann je nach Größe eine Weile dauern. Hat alles geklappt, meldet sich WordPress mit einem All done. Have fun! zurück. Sie sind erfolgreich umgezogen.

# Noch Fragen? – Die deutsche und die weltweite WordPress-Community helfen!

Dass WordPress heute das am weitesten verbreitete Redaktionssystem ist, basiert vor allem auf der Tatsache, dass es eine ausführliche Dokumentation des Systems gibt (in Englisch), und auf einer daraus resultierenden lebhaften **Community** auf *www.wordpress.org* ❶. Die weltweite Community tummelt sich neben all den nationalen Ablegern vor allem im WordPress-**Supportforum** ❷ unter *www.wordpress.org/support/forums/*, während Sie die ausführliche **Dokumentation** ❸ unter *http://codex.wordpress.org* finden.

Dank des sehr aktiven Forums und der Hilfsbereitschaft seiner Benutzer finden Sie auf nahezu alle Fragen eine Antwort. Um im Forum »mitzumischen« und Fragen zu stellen, müssen Sie sich ein kostenloses Konto ❹ zulegen. Leider können Sie dazu kein bestehendes WordPress.com-Konto nutzen. Bevor Sie jedoch eine Frage zu einem Problem formulieren, informieren Sie sich besser erst mal über die Suche ❺, ob Ihr Problem bekannt ist und ob vielleicht schon eine passende Lösung im Forum gefunden wurde. Das gehört zur Netiquette und löst Probleme in der Regel schneller, als auf eine Antwort zu warten. Darüber hinaus bieten zahlreiche YouTube-Tutorials Antworten auf WordPress-Fragen.

Wie oben erwähnt, gibt es weltweit auch nationale WordPress-Communitys. Die deutsche Community finden Sie offiziell unter *https://de.wordpress.org/* ❻ und die alte, deutsche, unabhängige unter *www.wpde.org*.

# Index

317